L'homme qui ne pouvait pas dormir

Arthur Stringer

Writat

Cette édition parue en 2024

ISBN : 9789359947051

Publié par
Writat
email : info@writat.com

Contenu

CHAPITRE I

À MANQUE DE PAY-DIRT

Pour commencer, je suis Canadien de naissance et j'ai trente-trois ans. Pendant neuf de ces années, j'ai vécu à New York. Et mes amis de cette ville me considèrent comme un auteur à succès.

Il fut un temps où je me considérais même à peu près sous le même jour. Mais cette période est révolue. Je dois maintenant faire face au fait que je suis un échec. Car lorsqu'un homme n'est plus capable d'écrire, il ne peut naturellement plus être considéré comme un auteur.

J'ai fait trop connaître le nom de Witter Kerfoot, je pense, pour expliquer que pratiquement toutes mes histoires ont été écrites sur l'Alaska. La raison pour laquelle j'ai eu recours à ce pays lointain pour mes décors reste plus ou moins un mystère pour moi. Peut-être était-ce simplement dû à son éloignement . Peut-être était-ce parce que les rédacteurs se souvenaient que je venais du pays du castor et en concluaient sagement qu'un Canadien serait plus à l'aise en écrivant sur le Nord gelé. Quoi qu'il en soit, lorsque je parlais du Yukon et de ses sentiers glacés, ils achetaient mes histoires et en demandaient davantage.

Et je leur ai donné plus. Je leur ai donné une fiction rouge sang sur des hommes armés et des revendicateurs, des reines Siwash et des pêcheries de saumon. Je leur ai donné des surhommes de fer, luttant contre le froid et la faim, et grondant, toujours hargneux, contre leurs ennemis. Je leur ai donné de jeunes ingénieurs oratoires, aux traits nets et aux nerfs d'acier, luttant contre les forces du mal hyperboréen. Je leur ai livré des bagarres qui ont fait que mes livres ont été discrètement exclus des bibliothèques scolaires tout en faisant venir des télégrammes de réalisateurs de cinéma pour obtenir les premiers droits. Je leur ai donné suffisamment de coups de feu pour tirer sur Chilcoot Pass au milieu du Pacifique, et j'ai été publiquement surnommé l'apôtre de l'école Eye-Socket, et pendant les trois cents nuits de mon mélodrame, *The Pole Raiders*, même J'ai vu sur les panneaux de Broadway une photo extraordinairement robuste de moi-même dans un Stetson libertin et une chemise de flanelle très ouverte au niveau de la gorge, avec un étui en peau de vache dépendant de ma taille herculéenne et un six-shooter très affreux. dépassant du haut ouvert de cet étui ceinturé. Mes éditeurs parlaient de moi, pour des raisons professionnelles, comme de l'interprète du Grand Nord-Ouest. Et j'ai exploité ce territoire avec l'industrie d'un blaireau. À ma manière, j'ai exploité l'Alaska. Et cela m'a rapporté une somme très respectable.

Mais je ne connaissais rien de l'Alaska, je n'avais même jamais vu ce pays. Je m'y suis «entassé», bien sûr, comme nous le faisions pour un examen de troisième année de grammaire latine. J'ai parcouru les atlas, envoyé des rapports gouvernementaux, étudié les Livres bleus de la RNWMP et glané une centaine de noms canadiens-français de méchants métis dans un annuaire téléphonique de la ville de Montréal. Mais je n'en savais pas plus sur l'Alaska qu'un habitant des îles Fidji n'en sait sur la Bourse de New York. Et c'était pour cela que je pouvais en parler si librement, si magnifiquement !

J'étais également prodigue de sang, je suppose, parce que je n'en avais jamais vu couler réellement - sauf dans le cas de ma petite nièce, lorsque ses amygdales avaient été enlevées et qu'une infirmière à la voix très douce m'avait aidé à sortir de l'opération et m'a donné à boire de l'eau glacée, après m'avoir dit qu'il valait mieux garder la tête aussi basse que possible jusqu'à ce que je me sente mieux. Quant aux armes à feu, je les abhorrais. Je n'ai jamais tiré avec une carabine à air comprimé sans d'abord fermer les yeux. Je n'ai jamais pris un fusil-canard sans grimacer d'aversion. J'ai donc pu faire des choses merveilleuses avec les armes à feu, sur le papier. Et avec le Yukon gelé et les armes à feu combinées, j'ai pu faire des miracles. J'ai donné de la chair de poule à tout un continent, tant de fois par saison. Et le continent semblait en profiter, car ces essais aériens sur le fer et le sang étaient toujours payés, et payés à des tarifs de plus en plus élevés.

Pendant que cela se produisait, quelque chose d'encore plus important se produisait, quelque chose qui m'a finalement mis en contact avec Mary Lockwood elle-même. C'est le hasard plus que toute autre chose, je pense, qui m'a lancé pour la première fois dans ce que l'on appelle de manière si indéfinie et souvent si désobligeante la société. La société, en règle générale, n'admet que les lions de ma vocation à travers ses portails sacrés. Et même ces lions, j'ai découvert, ont été acceptés sous protestation ou dans le cadre d'un effort louable de charité, et après avoir rugi leur petite heure, ont été laissés tranquillement retomber dans l'oubli. Mais j'avais eu la chance d'apporter des lettres aux Peyton et aux Gruger-Philmore , et ces vieilles familles, je serai assez honnête pour l'avouer, avaient été assez stupides pour m'apprécier.

donc fait de mon mieux pour être à la hauteur de ces affiliations antérieures. Je me suis retrouvé transmis, d'une retraite mystérieusement barricadée à l'autre. La visite à l'heure du thé se fondait dans le dîner formel, et le dîner formel dans la loge encore plus formelle du concours hippique, puis un appel pour combler un créneau au Metropolitan lors d'une soirée Caruso, ou un poste vacant pour un Danse d'assemblée chez Sherry's, ou une semaine à Tuxedo, en hiver, quand le patinage était bon.

J'ai travaillé dur pour tenir ma fin de match. Mais j'ai bien sûr été un imposteur tout au long de cette histoire. J'ai vite compris que je devais prouver qu'il était plus qu'acceptable ; Je devais aussi me montrer *fiable* . Que j'étais écrivain ne signifiait absolument rien pour ces gens. Ils avaient peu de patience avec le type génie aux cheveux longs. Cela n'a été apprécié que par les musiciens. J'ai donc vite appris à garder ma frange coupée, mon pantalon froissé et ma cravate à l'intérieur des revers de mon manteau. J'ai également appris à faire preuve d'intelligence, à adapter mon discours à celui de la douairière ou à celui de la débutante, et à être passablement amusant avant même l'arrivée du cours de champagne. Je me suis fait un devoir de me souvenir des engagements et des anniversaires, et j'ai envoyé plus d'une fois des fleurs et des Millairds , pour lesquels j'avais faim de payer. Même mes *pourboires* aux majordomes, aux valets de pied et aux servantes étaient, à cette époque-là, l'objet de considérations très secrètes et minutieuses.

Mais, comme je l'ai dit, j'ai essayé de tenir mon objectif. J'aimais *ces* grandes maisons ordonnées. J'aimais les gens calmes qui y vivaient. J'aimais regarder la vie avec leur indifférence pour les trivialités. Je suis devenu plutôt méprisant à l'égard de mes collègues plus modestes qui hantaient les théâtres du quartier et les auberges de Greenwich Village, prêchaient le socialisme et des poèmes en vers blancs devant le public des mansardes, et portaient des cravates à rideaux aux fenêtres et des œillères en celluloïd à grandes lentilles rondes. et se rendirent en groupes joyeux et gourmands de caramel aux sièges "rush" de *Rigoletto* . J'ai été accepté, comme j'ai déjà essayé de l'expliquer, comme un jeune célibataire impécunieux mais fiable. Et je suppose que j'aurais pu continuer à jouer ce rôle , année après année, jusqu'à devenir un vieux *beau fantasque et quelque peu usé* . Mais à peu près à cette époque , je donnais à l'Amérique du Nord ses premiers spasmes de chair de poule avec mon demi-dieu, un ingénieur gibsonien qui combattait le méchant jusqu'à ce que sa chemise de flanelle soit en lambeaux, puis brandissait son poing au visage de la Nature lorsqu'elle le poursuivait avec le froid éternel. . Et il y avait de l'argent à écrire pour les habitants des appartements sur ce froid éternel, sur la lutte griffe contre griffe et croc contre croc, et sur les orbites sans yeux. Mes revenus se sont accumulés comme une boule de neige. Et au fur et à mesure que j'en ai pris conscience, j'ai commencé à penser que je devais avoir un établissement – pas un studio dans une arrière-boutique à Washington Square, ni un grenier dans le village des Free- Versers , ni un simple appartement dans les années 60, ni même un appartement. duplex avec vue sur Central Park Sud. Je voulais être quelque chose de plus qu'un numéro. Je voulais une maison, ma propre maison, et un majordome aux pieds de chat pour allumer une bûche de caryer sur le feu, et un ensemble complet de *Sèvres* sur mon buffet en acajou, et de quoi étendre une bande de tapis rouge dessus lorsque le les landaulets et les limousines arrivèrent devant ma porte.

donc pris un bail de neuf ans pour la maison des Whigham à Gramercy Square. C'était démodé, calme et sans prétention au regard du passant, mais sous cette coquille quelque peu sombre se cachait un noyau de luxe incroyablement riche. C'était de bonne forme ; c'était incroyablement confortable, et ce n'était pas ce pour quoi le grimpeur s'agrippait. Le coût d'une réclamation, même sur neuf ans, m'a plutôt coupé le souffle, mais la pensée de l'Alaska a toujours servi à renforcer mon courage.

Il était nécessaire de beaucoup réfléchir à l'Alaska à cette époque, car après avoir acquis ma maison, je devais aussi recruter un homme pour la gérer, puis quelques autres personnes pour aider l'homme qui m'a aidé, et puis un une voiture de ville pour m'y faire aller et venir, et puis un chauffeur pour s'occuper de la voiture, et puis les vêtements de service pour le chauffeur, et les mille et une choses inattendues, en un mot, qui se présentent à la plume d'épingle. maître de maison et l'empêcher de se sentir trop seigneur de la création.

Pourtant, en Benson, mon majordome, j'ai sans aucun doute trouvé un joyau de première eau. Il se déplaçait aussi silencieux qu'une panthère, mais aussi vigilant qu'un aigle. Il pourrait être omniprésent et s'auto-effacer à la fois. Il était la douceur incarnée, et pourtant il pouvait me contraindre à suivre une ligne de conduite prédéterminée aussi inexorablement que des rails d'acier conduisent un tramway le long de sa ligne de circulation prédestinée. Il était en fait bien plus qu'un majordome. Il était à la fois valet de chambre, *chef de cuisine* , seigneur grand chambellan, acheteur, garde du corps et vieux parrain aux yeux bienveillants. L'homme m'a *dorloté* . Je pouvais le voir depuis le début. Mais j'étais déjà, même à cette époque, un spécimen surmené et légèrement neurasthénique, et j'étais assez content d'avoir toujours à mes côtés cette Efficacité masquée et silencieuse. Il y avait aussi des moments où ses activités se confondaient avec celles d'un infirmier de formation, car quand je fumais trop, il cachait mes cigares, et quand je travaillais trop dur, il se rappelait de manière impersonnelle ce que la promenade matinale à cheval dans le parc avait fait pour un ancien. maître à lui. Et lorsque j'ai commencé à utiliser de l'hydrate de chloral, pour m'endormir, cette dangereuse petite bouteille avait l'habitude de disparaître, mystérieusement et inexplicablement, de la place qui lui était réservée dans le meuble de ma salle de bain.

Il y a juste une chose pour laquelle Benson m'a déçu. C'était dans son aversion obstinée et déraisonnable pour Latreille , mon chauffeur français. Car Latreille était aussi efficace, à sa manière, que Benson lui-même. Il comprenait sa voiture, il comprenait le code de la route et il comprenait ce que j'attendais de lui. Latreille était, en quelque sorte, une trouvaille de moi. En dînant un soir chez les Peyton , j'avais rencontré le commissaire de police, qui m'avait donné une carte pour me promener dans le quartier général et inspecter les rouages de la justice. J'étais tombé sur Latreille alors qu'il était mesuré et "agressé" au Bureau d'Identification, avec ces étranges pinces de Bertillon qui prenaient ses mesures crâniennes. L'intelligence de cet homme m'intéressait ; l'air inaliénable de respectabilité sur son visage m'a convaincu, en tant qu'étudiant de la nature humaine, qu'il n'était pas destiné à un tel destin ni à un tel environnement. Et quand j'ai examiné son cas , j'ai découvert que son instinct n'était pas faux. Le malheureux avait été « accusé » d'un vol de voiture dont il était totalement innocent. Il m'a d'ailleurs expliqué tout cela les larmes aux yeux. Et les circonstances, lorsque je les ai examinés, ont confirmé ses dires. J'ai donc rendu visite au commissaire et j'ai été transféré aux agents de probation, d'où je suis passé au procureur adjoint du district, qui à son tour m'a délégué à un autre fonctionnaire, qui était assez cynique pour suggérer que le prisonnier pourrait éventuellement être libéré si J'étais prêt à aller jusqu'à le lier. Ce que je fis très promptement, car j'étais maintenant résolu à voir le pauvre Latreille redevenir un homme libre.

Latreille a montré sa reconnaissance pour mes efforts en m'économisant sept cents dollars lorsque j'ai acheté ma voiture de ville - même si la franchise m'oblige à admettre que j'ai découvert plus tard qu'il s'agissait d'une voiture d'occasion réhabilitée, et non d'un produit fraîchement sorti de l'usine, comme je l'avais fait. anticipé. Mais Latreille était fier de cette voiture, et fier de sa position, et j'étais fier d'avoir un chauffeur français, même si mon ardeur s'est atténuée un peu plus tard, quand j'ai découvert que Latreille , au lieu d'être originaire du *Bois de Boulogne* et du *L'avenue de la Paix* est née dans la banlieue un peu moins splendide de Trois-Rivières, sur le Saint-Laurent.

Mais mon intérêt pour Latreille devint à cette époque tout à fait subsidiaire, car il m'arriva quelque chose de bien plus important que les automobiles. Je suis tombé amoureux. Je suis tombé amoureux de Mary Lockwood, éperdument amoureux d'une fille qui aurait pu jeter une voiture de ville dans l'Hudson toutes les deux semaines et ne l'aurait jamais manquée. Elle était belle; elle était merveilleuse ; mais elle était terriblement riche. Cependant, malgré toutes ses odieuses richesses, elle était une fille terriblement honnête et honnête, une New-Yorkaise au corps sain, aux yeux clairs, à l'esprit pratique et à la vie normale qui, au cours de ses vingt-deux années d'existence active, Il avait suffisamment vu le monde pour savoir ce qui était du placage et ce qui était solide, et avait suffisamment vu d'hommes pour exiger d'eux une camaraderie mentale et non des « discours de squaw ».

Je l'ai vue pour la première fois à la vente Volpi, dans les galeries d'art américaines, où nous avons enchéri par hasard pour un vieux tapis italien, un velours bleu du XVIe siècle brodé de galons d'or. Mary m'a proposé de baisser, bien sûr. J'ai perdu ma nappe et avec elle j'ai perdu mon cœur. Lorsque je l'ai rencontrée à Obden-Belponts , une semaine plus tard, elle m'a avoué que je préférais avoir une conscience. Elle m'a généreusement proposé de me remettre cet oblong de vieux velours, si par hasard j'étais encore en deuil de sa perte. Mais je lui ai dit que tout ce que je demandais, c'était une chance de le voir de temps en temps. Et de temps en temps j'allais le voir. J'ai aussi vu son propriétaire, qui est devenu de plus en plus merveilleux pour moi, de semaine en semaine. Puis j'ai perdu la tête à cause d'elle. Cette *aphérèse* était si complète que j'ai raconté à Mary ce qui s'était passé et lui ai demandé de m'épouser.

Mary était très pratique à propos de tout cela. Elle a dit qu'elle m'aimait, qu'elle m'aimait beaucoup. Mais il y avait d'autres choses à considérer. Il faudrait attendre. J'avais mon travail à faire – et elle voulait que ce soit *un gros* travail, un travail magnifiquement important. Elle ne consentirait même pas à des fiançailles formelles. Mais nous avions une « entente ». J'ai été renvoyé à mon travail, ivre du souvenir de ses lèvres abandonnées, chaudes sur les miennes, de ses yeux nostalgiques et suppliants cherchant sur mon visage quelque chose qu'elle semblait incapable d'y trouver.

Cependant, mon travail auquel je suis revenu me semblait quelque chose de très plat, maigre et trivial. Et j'ai réalisé que c'était une condition qui ne suffirait jamais. Il fallait maintenir la marmite en ébullition, et en la faisant bouillir plus vivement que jamais. J'étais tombé dans des modes de vie plus ou moins luxueux ; J'avais développé des goûts pour le luxe et un penchant pour les antiquités, les bronzes chinois et ces *objets d'art* qu'on ne trouve jamais sur les comptoirs des bonnes affaires. J'avais dépassé les habitudes spartiates de ma jeunesse lorsque je pouvais déjeuner tranquillement chez Child's et dormir profondément sur un canapé-studio dans une chambre au dernier étage. Et de plus en plus, cet ogre rapace connu sous le nom d'Obligation Sociale avait tissé ses liens et ses chaînes autour de mes mouvements. Plus que jamais, je l'ai vu, j'avais ma fin à suivre. Ce qui aurait dû être une récréation était devenu presque un tapis roulant. J'étais un prétendant et j'avais ma prétention à soutenir. Je ne pouvais pas me permettre d'être « abandonné ». J'avais mes frontières à protéger et mes pouvoirs à apaiser. Je ne pouvais pas demander à Mary de se jeter sur personne. Alors au lieu d'essayer de suivre une extrémité, j'ai essayé d'en suivre deux. J'ai continué à me balader en marge des Quatre-Cents. Et j'ai continué à m'accrocher avidement à l'allusion de Mary concernant le travail, un travail glorieusement important.

Mais j'ai découvert que les travaux d'envergure étaient généralement accomplis par des hommes solitaires, vivant simplement et tranquillement, à l'écart des problèmes frivoles de la vie, séparés des distractions d'une ville qui semblait organisée uniquement pour les oisifs et les lotos. mangeur. Et je pouvais voir que les flux sortant de l'Alaska devenaient de plus en plus minces.

C'est pour remédier à cela, je suppose, que j'ai dîné avec mon vieil ami Pip Conners, tout juste revenu à la civilisation après quatorze longues années passées au Yukon. Notre dîner ensemble était mémorable. Cela a été l'une des étapes marquantes de ma vie. Je voulais enrichir mes informations sur ce coin reculé du monde, que, d'une certaine manière, j'avais préempté comme étant le mien. Je voulais des informations fraîches, des données de première main, une inspiration renouvelée. Et j'étais heureux de sentir la main cornée de Pip se fermer fraternellement autour de la mienne.

"Witter," dit-il en me regardant avec une admiration ouverte, "tu es une merveille."

J'ai aimé les éloges de Pip, même si j'étais un peu perdu pour en discerner l'inspiration.

"Tu veux dire ça?" Ai-je demandé, avec un signe de la main désinvolte à propos de ma demeure de Gramercy Square.

"Non, monsieur", fut la réponse rapide de Pip. "Je veux dire vos histoires. Je les ai toutes lues ."

J'ai rougi à cela, rougi ouvertement. Car de tels éloges de la part d'un homme qui connaissait la vie telle qu'elle était, qui connaissait la vie à l'état brut, étaient comme du miel à mes oreilles.

"Voulez-vous dire que vous pourriez les avoir là-haut ?" J'ai demandé, plus quelque chose pour dissimuler mon embarras que pour obtenir de véritables informations.

"Oui", reconnut Pip avec un rire plutôt stupide, "ils arrivent par la poste à peu près de la même manière qu'ici. Et les gens les lisent même, de temps en temps, quand la fumée des armes souffle. hors de la vallée!"

"Alors qu'est-ce qui vous a semblé merveilleux chez eux ?" M'enquis-je, un peu perplexe quant à sa ligne de pensée.

"Ce ne sont pas *eux* qui sont merveilleux, Witter. C'est toi. J'ai dit que tu étais une merveille. Et tu l'es."

"Et pourquoi suis-je une merveille ?" Ai-je demandé, la goutte de miel n'embarrassant plus ma pudeur.

"Witter, *tu es une merveille pour t'en sortir* !" fut la réponse solennelle de Pip.

"Pour s'en sortir ?" Je répète.

"Oui, pour le faire tomber ! Pour les ligoter , les bâillonner et les attacher ! Pour les faire venir manger dans votre main et ensuite crier pour en savoir plus ! Car je suis là-haut dans le Yukon britannique depuis Quatorze années agréables et confortables, Witter, et j'ai en quelque sorte appris à connaître le pays. Je sais comment les gens vivent là-bas et quelles sont les lois. Et cela peut vous paraître étrange, ami-auteur, mais les gens de là-bas Ce district ressemble rarement aux gens d'ici aux États-Unis. Et dans le Klondike et dans ce même Yukon britannique, il existe une loi sur les armes à feu qui interdit à tout civil de porter une arme à feu. Et cette loi est certainement appliquée. Le fait est que ", vous n'avez pas *besoin* d'une arme à feu. Et même si vous en faisiez entrer une en contrebande, la Gendarmerie vous la reprendrait bientôt !"

Je me suis assis à le regarder.

"Mais tous ces films", haletai-je. « Et tous ces romans sur… »

"C'est pourquoi je dis que tu es une merveille", interrompit Pip aux yeux sympathiques. "Vous pouvez tromper *tout* le monde *tout* le temps ! Vous l'avez fait. Et vous continuez à le faire. Vous pouvez les endormir et le sortir de la poche de leur pantalon avant qu'ils ne s'en rendent compte. Eh bien, vous avez même été en transe dans les questions de géographie scolaire quotidienne. Vous avez eu certains de vos héros-gars sur sept ou huit cents milles, et sur un toboggan en écorce de bouleau, entre le dîner. et le dîner. Et si ce n'est pas du génie, je ne l'ai jamais vu relié dans un livre de lecture !

Ce dîner a été une étape importante dans ma vie, d'accord, mais pas de la manière à laquelle je m'attendais. Car alors que j'étais assis là, dans des sueurs froides d'appréhension couronnées de honte, Pip Conners me racontait beaucoup de choses sur l'Alaska et le Klondike. Il m'a dit beaucoup de choses qui étaient nouvelles pour moi, d'une nouveauté décourageante, décourageante et dévitalisante pour moi. Sans le savoir, il m'a poignardé , poignardé de part en part. Sans rêver à ce qu'il faisait, il m'a éviscéré. Il m'a laissé un masque creux et vide d'auteur. Il m'a laissé un exilé sans abri, avec les portes de fer de Fact sévèrement fermées sur ce qui avait été une terre féerique de romance, une terre promise d' imaginations libres et insouciantes.

C'était ma première nuit blanche.

Je n'ai rien dit à Pip. Je n'ai rien dit à personne . Je tenais ce vautour de la honte dans mes bras et sentais son bec impur s'enfoncer dans mes entrailles. J'ai essayé de retourner à mon travail, le lendemain, pour me perdre dans la création. Mais c'était comme chercher du réconfort auprès d'un cadavre. Pour moi, l'Alaska a été tué, tué pour toujours. Et le fléau ne se limitait pas à mon travail. Il s'était glissé dans mon monde même, le monde que seul le travail de ma plume pouvait maintenir ordonné et organisé. La ville dans laquelle j'avais semblé être un conquérant s'est soudain étendue autour de moi un plateau plat et monotone d'ennui, aussi vide et vicié qu'un terrain de cirque après le départ du dernier chariot en toile.

Je n'ai pas l'intention de faire de ce récit les aveux d'un neurasthénique. Rien n'est plus éloigné de mes objectifs que la création d'une deuxième Cité de la Nuit Effroyable. Mais j'ai commencé à m'inquiéter. Et plus tard, j'ai commencé à amplifier mes ennuis. Je suis même resté à New York cet été-là, pour la simple raison que je ne pouvais pas me permettre de partir. Et ce fut un été incroyablement chaud. J'ai fait de mon mieux pour travailler, assis pendant des heures à regarder une feuille de papier vierge, me préparant comme un pied emmêlé pour saisir une idée passagère. Mais aucune idée n'est venue sur ce carré d'un blanc immaculé. Lorsque j'ai essayé de nouveaux domaines, sachant que l'Alaska était mort, les éditeurs ont secoué solennellement la tête et ont annoncé que ma nouvelle offre ne semblait pas avoir le claquement de mon ancienne manière. Puis la panique m'a envahi, et après une énième nuit blanche, je suis allé directement voir Sanson , le spécialiste des nerfs, et je lui ai dit que je devenais fou.

Il s'est moqué de moi. Puis il m'a tapoté avec désinvolture, a essayé mes réflexes, a pris ma tension artérielle et m'a posé encore plus timidement une ou deux questions. Il a fini par annoncer que j'étais aussi sain qu'un dollar, quoi que cela puisse signifier, et a suggéré après coup que j'abandonne le tabac et que je joue davantage au golf.

Cela m'a soutenu pendant une semaine ou deux. Mais Mary, lorsqu'elle arrivait en ville radieuse et fraîche pour trois jours de shopping, sembla déceler en moi un changement qui la surprit puis la troubla. J'avais amèrement conscience d'être une déception pour quelqu'un qui attendait de grandes choses de moi. Et pour échapper à cette mortification à double tranchant, j'ai encore une fois tenté de m'enfouir dans mon travail. Mais j'aurais tout aussi bien pu essayer de m'enterrer dans un beurrier, car il n'y avait là aucun effort ni aucune activité pour m'envelopper. J'ai été contraint à l'oisiveté, sans avoir jamais acquis l'art de ne rien faire. Car la vie avec moi était un peu comme du riz bouilli : il fallait le continuer à galoper pour éviter qu'il ne devienne pâteux. Pourtant, à présent, le feu lui-même semblait éteint. Et cela m'a incité à m'asseoir et à écouter mes œuvres, comme le dit l'expression française, ce qui n'est jamais une vocation profitable pour un homme naturellement nerveux.

Au bout du compte, comme disent les Irlandais, je suis retourné voir le docteur Sanson et j'ai exigé quelque chose, au nom de Dieu, qui me donnerait une bonne nuit de sommeil. Il était moins plaisant, cette fois. Il m'a dit d'oublier mes ennuis et d'aller pêcher pendant quelques semaines.

Je *suis* allé à la pêche, mais j'ai cherché des idées. Et je n'ai pratiquement pas eu de grève. Quitter la ville était plus que jamais hors de question. Aussi, pour me récréer, je me faisais conduire par Latreille en voiture, lorsqu'une soif fiévreuse de vitesse, dont j'avais du mal à me rendre compte, me poussait à des infractions quotidiennes au code de la route. En fait, j'ai été condamné à deux reprises à une amende, avec un bref avertissement du président du tribunal la deuxième fois, car le délit, dans cette affaire, était compliqué par une collision avec une voiture d'enfant vide. Latreille , vers cette époque, semblait étrangement conscient de mon état. De plus en plus, il semblait me râler à vif, jusqu'à ce que l'irritation se transforme en une véritable aversion pour cet homme.

Lorsque Mary est revenue en ville pour quelques jours, avant de partir pour les collines de Virginie pour l'automne, j'avais l'air si misérable et je me sentais si misérable que j'ai décidé de ne pas la voir. Je prenais du Véronal maintenant, pour m'endormir, et avec le temps plus frais, je cherchais un meilleur repos et un retour au travail. Mais mes espoirs étaient infondés. J'en suis venu à redouter la nuit et la bataille nocturne toujours récurrente pour le sommeil. J'ai perdu ma perspective sur les choses. Et puis vint la catastrophe suprême, la catastrophe qui fit de moi une sorte de Macbeth du XXe siècle.

Les détails de cette catastrophe étaient assez ridicules, et elle n'avait pas d'issue précise et claire, mais son effet sur mes nerfs trop tendus était suffisamment calamiteux. Cela s'est produit, assez curieusement, la nuit de l'Halloween, lorsque le monde est censé être consacré à la fête. Latreille m'avait emmené en voiture à un petit dîner-dansant chez Washburn's, à Long Island, mais j'étais parti tôt dans la soirée, perversement déprimé par une hilarité à laquelle je n'avais pas le cœur de me joindre. A deux reprises, en revenant vers la ville, j'avais appelé Latreille pour plus de vitesse. Nous venions de faire un virage dans la banlieue de Brooklyn lorsque mes phares braqués révélèrent la silhouette d'un homme, un homme instable et vacillant, visiblement ivre, chancelant et tombant directement devant ma voiture.

J'ai entendu le crissement des freins et les cris aigus d'une foule de jeunes le long du trottoir. Mais c'était trop tard. Je pouvais sentir l'impact lorsque nous frappions. Je pouvais sentir le bruit sourd et la secousse nauséabonde alors que les roues martelaient ce corps tombé.

Je me suis levé, sans trop savoir ce que je faisais, et j'ai crié comme une femme. Puis je me laissai tomber faiblement sur mon siège. Je pense que je sanglotais. Je remarquai à peine que Latreille n'avait pas réussi à arrêter la voiture. En fait, il m'a parlé deux fois avant que je m'en rende compte.

« Allons-nous continuer, monsieur ? » » a-t-il demandé en me regardant par-dessus son épaule.

" *Continuez !* " criai-je, sachant désormais assez bien ce que je disais, cédant simplement à cette panique aveugle et lâche pour l'auto-préservation qui marque l'homme au plus bas.

Nous avons cogné, fait des embardées et nous sommes éloignés à toute vitesse sur les ailes de la lâcheté. J'étais là, haletant et serrant mes doigts humides l'un contre l'autre, comme j'ai vu faire des femmes hystériques, réclamant à Latreille de la vitesse, et encore de la vitesse.

Je ne sais pas où il m'a emmené. Mais j'ai pris conscience de l'obscurité réconfortante de la nuit qui nous entourait. Et j'ai remercié Dieu, comme Caïn a dû le faire lorsqu'il s'est retrouvé seul avec sa honte.

" Latreille , " dis-je, la respiration saccadée tandis que nous ralentissions, " l'avons-nous... l' *avons-nous tué* ? "

Mon chauffeur s'est retourné sur son siège et a étudié mon visage. Puis il a regardé attentivement en arrière pour s'assurer que nous n'étions pas suivis.

"C'est une voiture lourde, monsieur", a-t-il finalement admis. Il l'a dit froidement et presque impersonnellement. Mais ces mots sont tombés comme un marteau sur mon cœur.

"Mais nous n'aurions pas pu tuer un homme", ai-je crié d'une voix folle et faible, alors que nous nous arrêtions net au bord de la route.

"Quarante deux cents livres... et il a les deux roues !" protesta calmement mon ennemi, car je sentais maintenant qu'il était en quelque sorte mon ennemi.

"Au nom du ciel, qu'est-ce que tu vas faire ?" J'ai haleté, car j'ai remarqué qu'il descendait de son siège.

« Ne ferais-je pas mieux d'enlever le sang des trains roulants avant de retourner en ville ?

"Sang?" J'ai tremblé en m'agrippant à la rampe devant moi. Et ce seul mot m'a fait comprendre l'horreur de la chose dans toute son effroi. Je pouvais voir les essieux, les marchepieds et la barre de frein dégoulinants de rouge, festonnés de lambeaux de chair, maculés de sang noircissant. Et je me couvris le visage avec mes mains, et je gémis à haute voix dans ma misère d'âme.

Mais Latreille ne m'a pas attendu. Il souleva le coussin du siège, sortit des chiffons de la boîte à outils et se glissa hors de vue sous la voiture. Je pouvais sentir les tremblements occasionnels qui parcouraient le cadre alors qu'il s'occupait de cette tâche macabre. Je pouvais entendre son grognement de satisfaction quand il avait fini. Et je l'ai regardé avec des yeux frappés alors qu'il traversait la vague obscurité et jetait ses vêtements révélateurs loin par-dessus la clôture en bordure de route.

"Tout va bien", annonça-t-il d'un ton amical en remontant dans la voiture. Mais il y avait une nouvelle note dans le comportement de cet homme, une note qui, même à travers ce brouillard noir de terreur, me parvint et éveilla mon ressentiment. Nous étions partenaires dans le crime. Nous étions partenaires d'un drame d'une lâcheté indescriptible, et j'étais au pouvoir de cet homme jusqu'à la fin des temps.

L'issue de cette catastrophe, comme je l'ai déjà dit, fut indéfinie, terriblement indéfinie. J'étais trop secoué et malade pour en découvrir les conséquences. J'ai laissé cela à Latreille , qui semblait assez bien comprendre ce que j'attendais de lui.

Cette première nuit s'est écoulée et rien n'est arrivé. La matinée s'est éternisée et mon camarade criminel n'a apparemment rien rencontré qui mérite une répétition. Puis encore une autre nuit allait et venait. J'ai parcouru les rapports d'hôpitaux publiés et les dossiers de police, le cœur dans la bouche. Mais je n'ai pu découvrir aucun récit officiel de la tragédie. J'ai même rencontré mon bon ami le patrouilleur McCooey, apparemment par accident, et je l'ai retenu lors de son passage à Gramercy Park pour lui demander des informations informelles sur les accidents de rue et si ces phénomènes étaient en augmentation ces derniers temps. Mais rien d'important, apparemment, n'était venu aux oreilles de McCooey. Et je le regardais alors qu'il avançait placidement du pied devant ma maison, avec un de mes meilleurs cigares caché sous sa tunique, me demandant ce que le monde dirait s'il savait que Witter Kerfoot, l'intrépide créateur de surhommes musclés qui grognent. et se battre et serrer une poigne de fer dans les dents d'Extremity, avait fui comme un lapin un être humain qu'il avait renversé et tué ?

J'espérais pourtant contre tout espoir, m'efforçant de me dire qu'il n'était pas facile de tuer un homme, me reprochant passionnément de ne pas avoir fait ce que j'aurais dû faire pour secourir les blessés, puis me rappelant avec tristesse ce que Latreille avait mentionné. sur le poids de ma voiture. Pourtant, ce n'est que la nuit suivante, alors que je m'aventurais dehors pour entrer dans cet odieuse machine de destruction, que cette incertitude s'est transformée en fait.

« *Vous l'avez eu* », annonça mon chauffeur d'un côté de la bouche, pour que Benson, qui se tenait sur le perron de la maison, n'entende pas ces paroles fatidiques.

"Je l'ai?" Répétai-je, vaguement irrité par l'utilisation par l'homme de ce pronom personnel singulier.

"Tué!" » telle était l'explication monosyllabique de Latreille . Et mon cœur s'est arrêté de battre.

"Comment sais-tu ça?" Ai-je demandé avec horreur en murmurant. Car j'ai suffisamment compris la loi du pays pour savoir qu'un speeder qui fuit la victime de sa négligence est techniquement coupable d'homicide involontaire.

"Un homme que je connais, nommé Crotty, a aidé à transporter le corps jusqu'à sa maison. Crotty vient de m'en parler."

Mon visage a dû effrayer Latreille , car il a couvert son mouvement de saisie de mon bras en m'ouvrant cérémonieusement la portière de la voiture.

« Asseyez-vous bien, mec ! ordonna-t-il avec sa voix sèche et conspiratrice. "Asseyez-vous bien, car c'est tout ce qui reste à faire!"

Je me suis assis bien. C'était tout ce qu'il y avait à faire. J'ai supporté sans commentaire l'avènement de la suffisance de Latreille . Il s'établit aussitôt entre nous une entente tacite sur le silence. Pourtant, j'avais des raisons de penser que ce silence n'était pas toujours aussi profond qu'il y paraissait. Car à la fin de mon troisième jour de solitude, d'auto-torture, je suis allé dîner dans mon club. J'y suis allé avec les dents serrées. J'y suis allé dans l'espoir de débarrasser mon système de la peur de soi, un peu comme un alcoolique va dans un bain turc. Je suis allé me mêler une fois de plus à mes camarades, pour prouver que j'étais sur un terrain d'entente avec eux.

Mais le mixage n'a pas été une réussite. J'ai traversé ce portail familier avec une peur tremblante de l'hostilité. Et j'ai trouvé ce que je cherchais. Je me suis aperçu que j'étais regardé froidement par des hommes qui s'étaient autrefois fait passer pour mes amis. J'ai dîné seul, opprimé par la découverte que j'étais délibérément évité par les confrères de ce qui aurait dû être une camaraderie organisée. Puis je me suis ressaisi et j'ai soutenu tristement que tout cela n'était que pure imagination, les vapeurs d'un esprit morbide et chlorotique. Pourtant, l'instant d'après, un contre-choc m'a été confronté. Car tandis que je regardais tristement par la fenêtre de ce club , j'aperçus Latreille lui-même. Il se tenait là, sur le trottoir, parlant avec assurance à trois autres chauffeurs regroupés autour de lui entre leurs voitures. Rien, me rappelai-je soudain, ne pouvait empêcher cet homme de bavarder. Et un mot tombé à l'oreille d'un serviteur se transmettait bientôt à un autre. Et cet autre porterait le murmure encore plus largement, jusqu'à ce qu'il se propage comme une infection du bas des escaliers au haut des escaliers, et des maisons privées jusqu'aux toits des maisons. Et déjà j'étais un homme marqué, un paria, un paria sans aucune nature amicale pour m'engloutir.

Je suis rentré chez moi ce soir-là avec un fil à plomb balancé sous mes côtes là où mon cœur aurait dû être. J'ai essayé de dormir et je n'ai pas pu dormir. J'ai donc pris une double dose d'hydrate de chloral et j'ai été récompensé par quelques heures de cauchemar dans lequel j'étais un Attila du XXe siècle conduisant une voiture de course sur une avenue sans fin de nourrissons dénudés. Tout cela était si horrible que cela m'a laissé boiter et trembler devant le fouet du jour. Puis, sortant d'une désolation vide qui devenait de plus en plus insupportable, je me suis accroché fébrilement à la pensée de Mary Lockwood et des collines aux couleurs automnales de Virginie. J'ai ressenti le besoin de m'éloigner de cette ville du sommeil perdu. J'éprouvais le besoin d'« extérioriser » ce qui rongeait mon âme. J'ai été saisi d'un besoin soudain et fébrile de compagnie. J'ai donc envoyé un télégramme de quarante mots à la seule femme au monde vers laquelle je pouvais compter dans mon extrémité. Et le lendemain matin m'a apporté une réponse.

Il disait simplement : « Ne venez pas ».

Le fond semblait tomber du monde, avec ce message bref, et je cherchais désespérément, désespérément, quelque chose de stable pour me soutenir. Mais il n'y avait rien. Mauvaise nouvelle, me rappelai-je amèrement, j'avais l'habitude de voyager vite. *Marie le savait* . La chaîne sans fin s'était élargie, comme une onde sans fil. Il avait continué, comme un gaz de guerre, jusqu'à détruire même les pentes au-delà du Potomac. Car Marie *le savait* !

Ce n'est que deux jours plus tard qu'une note, dans son écriture de palissade aussi pointue que des pointes de flèches, suivit le télégramme.

« Il y a certaines choses, écrit Mary, dont je peux à peine parler sur papier. Du moins, pas comme je préférerais en parler. Mais ces choses doivent nécessairement provoquer un changement dans votre vie et dans la mienne. Je ne veux pas paraître dur, Witter, mais nous ne pouvons pas continuer comme nous le faisons. Nous devrons tous les deux nous habituer à l'idée de marcher péniblement avec un seul harnais. Et je pense que vous comprendrez pourquoi. Je ne demande pas d'explications, rappelez-vous. Je demande simplement un armistice. Si vous avez l'intention de me le permettre, je veux toujours être votre ami, et j'espère qu'aucun fossé perceptible ne se creusera [Note du transcripteur : bâiller ?] entre nous, lorsque nous chance de dîner à la même table ou de parcourir le même *cotillon* . Mais je dois m'incliner devant ces circonstances nouvelles qui semblent vous avoir affrontés avant même qu'elles ne se présentent à moi. Ainsi, quand je vous dis au revoir, c'est plutôt au passé. , je pense, qu'à Toi."

Ce fut la première nuit, je me souviens, où les somnifères ne me furent d'aucune utilité terrestre. Et ce ne serait pas un récit honnête des événements si je négligeais de dire que le lendemain je m'enfermai dans mon cabinet et bus beaucoup plus de *Pommery-Greno* qu'il ne me convenait. En fait, je me suis saoulé aveuglément, bêtement, insensé. Mais cela semblait draper un voile entre moi et le passé. Cela a fait un feu de joie dans mon corps pour brûler les débris de mon esprit. Et quand le pauvre vieux Benson au regard patient m'a mélangé un bromure et m'a mis au lit, je me suis senti comme un patient sortant de l'éther après une opération majeure. J'étais fatigué et je voulais rester allongé là et me reposer longtemps.

CHAPITRE II

LE VASE SANG DE BŒUF

C'était une semaine plus tard, et bien après deux heures, au plus profond reflux de l'heure la plus morte de la terre, lorsque Benson souleva la portière et entra dans ma chambre.

J'ai posé le livre sur lequel mon cerveau se grattait comme un chien gratte devant une porte fermée. C'était un volume des *nouvelles de Gautier* . Je venais d'atteindre ce point légèrement apaisant d' *Une Nuit de Cléopâtre* où la flèche mystérieuse, sifflant à travers la fenêtre du palais d'une reine qui s'ennuie presque jusqu'à l'extinction, s'enfonce en frémissant dans les lambris de cèdre au-dessus de son canapé.

Mais l'incident, cette fois, semblait avoir perdu de son attrait. Tout cela semblait très vide et vieux, très stupide et lointain. Le frisson du drame, pensais-je, est susceptible de s'échapper d'une situation lorsqu'il s'agit d'une situation sur un circuit de deux mille années de décomposition. J'ai donc regardé mon serviteur avec un peu d'apathie et pourtant un peu intrigué par ce qui était manifestement un calme d'apparence étudié.

"Benson, pourquoi n'es-tu pas au lit ?"

"Si vous me pardonnez, monsieur", commença l'intrus, "j'ai un gentleman ici."

Il était si extraordinairement cool à ce sujet que je me levai comme un poisson à l'apparition de quelque chose d'inhabituel.

"A cette heure de la nuit ?" J'ai demandé.

"Oui Monsieur."

"Mais quel *genre* de gentleman, Benson ?"

Benson hésita ; c'était le genre d'hésitation qui est capable de traduire le silence en excuses.

"Je pense, monsieur, que c'est un cambrioleur."

"Un quoi?" Ai-je demandé, incrédule.

« Le fait est, monsieur, que j'ai eu peur de l'entendre à la serrure. Lorsqu'il a forcé la porte, monsieur, ne pouvant actionner la serrure, je l'attendais.

L'aspiration abandonnée était un signe infaillible de troubles mentaux chez Benson. J'ai fermé mon livre et l'ai jeté de côté. Ce n'était qu'un drame de la seconde dimension, aussi vieux et moisi qu'une momie. Et ici, apparemment, c'était l'aventure de la première eau, quelque chose de mon propre monde et de mon époque.

"Cela semble plutôt intéressant, Benson. Ayez la gentillesse de faire venir ce monsieur."

Je m'assis, jetant un second regard aux aiguilles traînantes de la petite horloge française sur ma cheminée. Mais Benson semblait encore un peu mal à l'aise.

"Je... j'ai pris la liberté de l'attacher un peu, monsieur", expliqua ce vieux dissimulateur astucieux, "étant obligé, pour ainsi dire, d'user d'un peu de force."

" Bien sûr. Ensuite, détachez-le autant que nécessaire et allez le chercher ici. Et vous pourriez apporter une bouteille de *Lafitte* et une bouchée. Pour deux, s'il vous plaît. "

"Oui, monsieur," répondit-il. Mais il hésitait quand même.

"Le revolver, monsieur, est dans le tiroir du cabinet à votre gauche."

Il y avait des moments où le vieux Benson pouvait presque me faire rire ; des moments où les transparences de ses obliquités les transformaient en quelque chose de presque respectable.

"Nous n'aurons pas besoin du revolver, Benson. Ce dont j'ai le plus besoin, c'est d'amusement, de distraction, d'excitation, n'importe quoi - n'importe quoi pour me permettre de traverser cette nuit d'enfer sans fin."

Je pouvais sentir ma voix s'élever sur les derniers mots, comme le bruissement d'un cheval de course terrifié. Ce n'était pas bon signe. Je me levai et arpentai le tapis, comme un naufragé arpentant une île aride et vide. Mais ici, me suis-je dit, il y avait une empreinte opportune. J'ai attendu, essoufflé comme un Crusoé attendant son vendredi.

J'ai attendu si longtemps que je commençais à craindre un incident. Puis la portière s'écarta une seconde fois et Benson conduisit le cambrioleur dans la pièce.

J'éprouvais, en le regardant, un net sentiment de déception. Il n'était pas du tout ce à quoi je m'attendais. Il ne portait pas de masque noir et n'était ni costaud ni féroce. Ce qui m'a d'abord impressionné, c'est sa minceur, une minceur presque féline. Ce que j'ai ensuite remarqué, c'est qu'il avait très peur, si peur, en fait, que son visage avait la teinte d'un gant blanc un peu sale. Cela n'aurait jamais pu être un visage rougeaud. Mais sa pâleur saisissante actuelle, supposai-je, devait être en grande partie due au traitement infligé à Benson, même si j'étais toujours intrigué par l'expression de terreur abjecte qui donnait aux yeux du captif leur éclat animal. Il se tenait devant moi pendant tout le monde comme si un interne d'hôpital avait pratiqué des exercices abstrus de bandages sur son corps, si proprement et pourtant si fermement le redoutable Benson l'avait entravé et enveloppé ses bras dans une demi-douzaine de mon meilleur linge de table irlandais. -serviettes. Par-dessus ceux-ci, encore une fois, avait été enroulée et bouclée une sangle de coffre. Benson n'avait pas lésiné sur son travail. Son cambrioleur était enveloppé aussi solidement qu'un boucher enveloppe un rôti de côtes désossé.

Mon espoir d'avoir des discussions divertissantes sur les avenues les plus pittoresques de la vie a été malheureusement de courte durée. L'homme restait à la fois maussade et silencieux. Son mutisme maussade était manifestement celui d'un état d'esprit bas, menacé par de vagues incertitudes et mystifié par un environnement nouveau. Le sang coulait toujours lentement le long de son col souillé, là où le petit chiot de Benson lui avait écorché le cuir chevelu.

Pourtant, ses yeux, à tout moment, étaient suffisamment alertes. Ils semblaient acquérir une sagesse étrange, la sagesse inarticulée d'un reptile, me déroutant, malgré toute leur terreur, avec un certain sentiment intérieur de sécurité vicieuse. Lui poser des questions était aussi vain que lancer des cailloux sur un alligator. Il avait apparemment décidé de ne pas ouvrir les lèvres ; bien que son regard, pendant tout ce temps, n'ait jamais été oisif ou vide. J'ai abandonné, avec une pointe de colère.

"Fouillez-le", dis-je à Benson qui attendait. Comme cette phrase de la pègre était nouvelle pour ces respectables oreilles angliennes, j'ai dû la traduire. "Voyez s'il porte une arme à feu. Fouillez ses poches, chacune d'entre elles."

C'est ce que Benson fit, avec un mélange affectif de prudence sourde et de répugnance ouverte. Il fouilla de poche en poche, avec autant de précaution que les petits garçons fouillent dans les trous d'un furet, et avec un œil toujours fixé sur le visage incolore et semblable à un sphinx à côté de lui.

Le résultat de cette recherche a été très encourageant. D'une poche sortit un vilain Colt au canon court. D'un autre arrivaient deux clés passe-partout et quelques centimètres de fil de cuivre plié en bobine. D'un autre encore sortit une petite lampe de poche électrique. Sous le manteau de notre cambrioleur, dont une extrémité reposait dans la poche gauche de son gilet, se trouvait un « jimmy » en acier de vingt pouces. C'était un outil très attrayant, un peu comme un lève-poêle long et extrêmement mince, avec une extrémité inclinée. J'ai trouvé cela évocateur d'un énorme pouvoir de levier, tentant de tester sa force. Il s'est avéré aussi invitant à la main qu'un « driver » bien équilibré d'un golfeur.

De la poche droite de son gilet, Benson sortit une montre en or pour femme, deux bagues, une barrette en or et un pied ou deux de chaîne à médaillon à l'ancienne, en or massif. Rien ne permettait de savoir qui pouvait être le propriétaire de ces bijoux.

"Je suppose que tu viens d'acheter ça chez Tiffany's ?" J'ai demandé. Mais l'aiguille de l'antiphrase n'avait aucun effet sur sa peau indurée. Sa passivité commençait à m'énerver. Il aurait pu être une figure de cire de l'Eden Musée , sans ses yeux reptiliens alertes et toujours exaspérants. Je me suis levé et je l'ai confronté.

"Je veux savoir d'où vient ce truc."

Le cambrioleur au visage blanc me regardait toujours avec ses œillères maussades et rebelles. Mais pas un mot ne sortit de ses lèvres.

"Alors nous enquêterons un peu plus loin", dis-je en regardant son sternum un peu protubérant. "Continuez vos recherches, Benson, et récupérez tout." Car il était évident que notre visiteur, avant de nous honorer ce soir-là, avait visité d'autres maisons.

J'observai Benson avec un intérêt accru tandis que sa main exploratrice minutieuse descendait à l'intérieur du gilet ouvert du cambrioleur. Je l'ai vu se sentir là, et ce faisant, j'ai remarqué un changement d'expression sur le visage de notre prisonnier. Il avait l'air inquiet et harcelé à ce moment-là ; il semblait avoir perdu son assurance tranquille et serpentine. Sa petite tête maigre, aux yeux pathétiquement avides, prit une allure de rat. Je compris alors vers quelle fin mon esprit tendait à tâtons. L'homme ne ressemblait pas à un serpent. Il ressemblait à un rat. C'était un rat acculé. Rat semblait écrit partout sur lui.

Mais à ce moment mes yeux se tournèrent vers Benson, car j'avais vu sa main emporter un petit vase en partie enveloppé dans un mouchoir de poche. Ce mouchoir était extrêmement sale.

Je lui pris le vase des mains, retirant le chiffon qui le masquait. Ce n'est qu'en faisant un effort que je parvins à dissimuler ma surprise. Un simple coup d'œil sur cette mince petite colonne de porcelaine *sang-de-bœuf* m'a appris de quoi il s'agissait. Il n'y avait aucune possibilité d'erreur. Un simple aperçu suffisait. C'était de la collection Gubtill . Pour une fois, mes doigts avaient caressé le même vernis et les mêmes contours tendres. Une fois auparavant, et dans des circonstances très différentes, j'avais pesé ce délicat tube de porcelaine entre mes mains contemplatives.

Je me suis assis et je l'ai regardé plus attentivement. J'ai examiné le fond craquelé, avec ses tons marbrés brillants et ses nuances rubis pâles qui s'approfondissaient en pourpre. J'ai regardé le pied du blanc émaillé avec sa teinte vert pâle qui s'accentuait lentement. Puis j'ai levé les yeux vers la lèvre délicate, la lèvre qui avait été autrefois blessée et astucieusement entourée d'un anneau d'or. C'était un vase de la période K'angshi , un spécimen rare et magnifique parmi les monochromes de Lang Yao. Et l'histoire dit que trente ans auparavant, elle avait été achetée au sixième prince de Pékin et qu'elle avait toujours été connue sous le nom de « La Flamme ».

Anthony Gubtill et moi avions fait une offre pour ce vase. Notre lutte pour cela avait été animée et avait même fait l'objet d'un paragraphe ou deux dans les journaux du matin. Mais une humeur inexplicablement imprudente s'était emparée de ce vieux collectionneur parcimonieux, et il avait gagné, même si le lendemain de la vente de Graves j'avais été membre de ce dîner convenablement apprécié qui avait vu son installation entre une amphore de haricot en fleurs de pêcher assez précieuse. -un fond rouge, avec des taches de roses accentuées par les nuages habituels de vert pomme, et un Lang Yao cylindrique en cendres de roses plus grand et, à mon avis, beaucoup plus précieux avec une base en ivoire sculpté. Nous avions considéré cette occasion comme un événement, car de telles choses ne se produisent naturellement pas tous les jours. Ainsi, la simple vue du vase me ramena chez les Gubtill , dans cette maison riche et spacieuse du bas de la Cinquième Avenue où j'avais passé de nombreuses soirées heureuses. Et cela me ramena à mon tour à une certaine vente Volpi et à une vieille nappe italienne en velours bleu. Depuis la nappe, ils sont passés à Mary Lockwood et à la beauté de son visage alors que nous nous tenions côte à côte, regardant le galon d'or le long des bordures de ce vieux vêtement. Puis j'ai interrompu ma mémoire, avec une grimace, en réalisant soudain que le vagabond avait pénétré dans des sentiers strictement interdits.

Je posai le vase sur ma table et m'en détournai, sans me soucier de trahir mon intérêt pour lui, ni de donner aux yeux de rat qui m'observaient encore la moindre idée de mes véritables sentiments. Pourtant, l'idée qu'une telle beauté soit entre les mains d'une telle brute me rendait malade. J'étais irrité par l'idée même qu'une telle grâce et une telle délicatesse puissent être indignées par des haillons infects et par le contact encore plus infect d'un voleur sournois. J'étais mécontent de cet outrage, tout comme n'importe quel esprit normal serait mécontent de l'enlèvement d'un enfant délicat par un singe de la jungle.

Je me suis retourné et j'ai regardé le criminel de haut en bas. J'ai remarqué, pour la première fois, que son visage était perlé de sueur.

"Puis-je vous demander ce que vous comptez faire avec ça ?" Ai-je demandé en regardant, contre ma volonté, le fragile petit trésor connu sous le nom de La Flamme.

L'homme bougeait avec inquiétude, et pour la première fois. Pour la première fois aussi, il parla.

"Donnez-le à son propriétaire", dit-il.

"Et qui est son propriétaire ?"

Il a regardé alternativement de moi au vase, puis de nouveau.

"Il appartient à un ami à moi sur la Cinquième Avenue", eut-il l'audace d'affirmer.

"Et où l'as-tu eu ?"

« Dehors ! »

Je ne pus retenir une pointe d'impatience tandis que mon regard tombait sur les outils trop éloquents du cambriolage.

"Et tu t'attends à ce que j'avale ça ?" ai-je demandé.

"Je m'en fous de ce que tu avales. Je connais la vérité quand je le dis !"

"Et tu me dis la vérité ?" J'avais du mal à contenir ma colère.

"Bien sûr," fut sa réponse brève.

"C'est un lâche mensonge !" J'ai encore crié. "Vous êtes un lâche et un menteur, comme tous ceux de votre espèce furtive, qui vous rôdez dans les coins sombres, qui rampez sous les lits, qui vous armez jusqu'aux dents, et qui êtes prêts à assassiner des femmes innocentes, à les frapper dans le noir, plutôt que d'être découvert ! C'est de la lâcheté, la lâcheté la plus basse et la plus mesquine !

La sueur ressortait sur son visage en gouttes scintillantes.

"Qu'est -ce qui te mange , de toute façon ?" il a ordonné. "Qu'est- ce que j'ai fait ?"

J'ai rapproché de lui le groupe de bijoux pour femmes.

"Vous avez accompli le travail le plus ignoble et le plus sale auquel un homme puisse s'abaisser. Vous avez rampé et rampé et vous êtes faufilé dans l'obscurité pour voler des femmes et des enfants!"

"Qui *t'a donné* le droit de me traiter de lâche ?"

"Oserez-vous laisser entendre qu'il y a tout sauf une lâcheté basse et flagrante dans un travail comme celui-ci ?"

"Essaye-le," dit-il avec un sourire qui rendait son visage hideux.

"Pourquoi devrais-je l'essayer ?" ai-je demandé. "Pensez-vous que parce que je ne porte pas de jimmy ni d'arme à feu, je ne peux pas faire face à un danger honnête quand j'en ai besoin ?"

J'ai jeté un coup d'œil aux murs de ma tanière, parsemés de trophées, depuis l'orignal mâle au-dessus de la cheminée jusqu'à la peau de léopard sous mes talons. L'autre homme suivit mon regard, mais avec une moue de mépris. Bien entendu, il avait conclu hâtivement que ces reliques de rencontres en plein air constituaient une sorte de leçon de bravoure qui m'appartenait en personne.

"Bah," dit-il, apparemment heureux de m'entraîner dans une affaire secondaire moins personnelle, " *c'est* tout un jeu de rôle . Affrontez ce que j'ai, et vous atténuerez votre cri. Ensuite vous partirez." dans la réalité."

"Le vrai truc, blackjacker les femmes de chambre et courir comme un chien écorché à la vue d'un bouton en laiton!"

Je pouvais voir sa soudaine grimace et le fait qu'il lui fallait un effort pour parler.

"Vous constateriez que cela demandait du courage, d'accord, d'accord", rétorqua-t-il. "Et le genre de nerf qui n'est pas un long costume de tireur de manchettes."

Mon mouvement de mépris le rapprocha d'un pas ou deux. Mais c'est Benson qui parla le premier.

« Ne ferions-nous pas mieux d'avoir la police, monsieur ? suggéra-t-il. Le cambrioleur, les yeux rivés sur mon visage, s'est encore rapproché, comme pour écarter toute suggestion telle que celle de Benson.

« Vous sortez au milieu de la nuit », poursuivit-il avec une volubilité moqueuse. "Sortez la nuit et regardez une maison. Éloignez- vous et regardez-la bien et abondamment. Ensuite, demandez-vous qui est à l'intérieur et ce qui se passe derrière ces murs de briques, qui est éveillé et d'où va venir un coup de feu . , et quelles chances de fuite vous aurez, et la taille du morceau que vous obtiendrez si vous êtes pincé. Restez simplement là et dites-vous que vous devez entrer dans cette maison, faire votre transport et récupérer " "

J'ai dû toucher à sa fierté professionnelle. J'avais joué avec ce totem éthique qu'on appelle l'honneur des voleurs.

"Très bien," dis-je, me tournant soudainement vers lui alors que l'inspiration me venait. "Nous allons l'essayer, et nous l'essayerons ensemble. Car je vais vous faire reprendre ce truc, et le rapporter ce soir."

Je pouvais voir son visage assombri. Puis un changement soudain s'est produit. Ses yeux de rat commencèrent à scintiller.

"Je pense que nous devrions avoir la police, monsieur", répéta Benson, se souvenant sans doute de sa rencontre en dessous des escaliers. "C'est un homme rare et délicat, monsieur."

J'ai compris, après y avoir réfléchi plus sérieusement, que cela donnerait à mon ami trop de cordes, trop de chances de trahison. Et il ne serait pas trop gentil dans ses méthodes, je le savais, maintenant que je l'avais coincé. Une deuxième idée me vint, plutôt enivrante. Je me suis soudain senti comme un croisé sauvant de la pollution une relique sacrée. Je pouvais percevoir le gémissement d'un sentiment dramatique incontrôlé dans cette affaire.

"Benson," dis-je, "je vais laisser ce digne gentleman ici avec vous. Et pendant que vous prendrez soin de lui, je vais rendre ce vase en fleurs de pêcher à son propriétaire."

"Il n'est pas en ville ce soir", interrompit mon cambrioleur troublé.

"Et pour démontrer à son esprit quelque peu cynique qu'il n'y a rien d'extraordinaire dans son secteur d'activité particulier, je propose de le restituer de la même manière qu'il a été pris."

Benson avait l'air troublé.

"Je vous demande pardon, monsieur, mais cela ne pourrait-il pas nous causer tous quelques ennuis ? Ne pourrions-nous pas attendre jusqu'au matin, monsieur, et en discuter tranquillement, comme avec votre ami M. McCooey, ou avec le lieutenant Belton. , monsieur, ou le monsieur du bureau de Pinkerton ?

"Et qu'un tireur de manchette vienne chercher de l'aide pour une pareille trivialité ? Jamais, Benson, jamais ! Vous vous installerez confortablement ici avec ce vaillant gentleman du black-jack, et garderez son beau Colt tout près de vous pendant que vous " Je le fais. Car je vais ramener ce morceau de porcelaine à sa place, même si je dois affronter une douzaine de chiens de compagnie et effrayer toutes les femmes de ménage de la Douzième Rue et les rendre hystériques. "

Personne, je l'ai soutenu à plusieurs reprises, n'est complètement sain d'esprit après minuit. Cette conviction m'est revenue alors que je me tenais devant cette maison à la façade sombre de la Cinquième Avenue, à cette heure de marée descendante de la nuit où même Broadway est vide, me demandant ce qui se cachait derrière le masque de pierre brune, me demandant quels dangers se cachaient dans cette tristesse intérieure. , spéculant sur ce que les dormeurs remuaient et quels yeux, alors même que je me tenais là, pourraient être vigilants et observer.

Comme Benson l'avait suggéré, j'aurais pu attendre convenablement jusqu'à l'aube, ou j'aurais pu monter tranquillement les larges marches de pierre et continuer à sonner la sonnette électrique jusqu'à ce qu'un domestique endormi réponde. Mais cela, après tout, semblait absurdement banal et banal. C'était sans le moindre drame, et j'étais aussi impatient d'essayer cet séduisant instrument d'acier à pointe inclinée sur une porte opposée qu'un garçon avec un nouveau couteau l'est de tailler les boiseries de la chambre d'enfant.

Il y avait un frisson de nouveauté même à se tenir devant une maison sinistrement imposante et à l'aspect tout à fait inquiétant, et à être conscient du fait que l'on avait décidé de son invasion secrète. Je ne pouvais plus nier qu'il fallait faire preuve d'une certaine forme de nerf. J'en étais en effet convaincu en voyant approcher la silhouette d'un patrouilleur en tournée. Cela m'a amené, alors que je sentais le jimmy comme un pilier contre mes côtes et la lampe de poche comme une tête de torpille dans ma poche, à me retourner rapidement dans la Douzième Rue et à marcher vers la Sixième Avenue. J'ai ressenti une nette lueur de satisfaction alors que les pas de la patrouille se dirigeaient vers le nord dans le calme de l'avenue.

Mais la maison elle-même semblait aussi imprenable qu'une forteresse. Cela m'a un peu découragé de constater que même le gril du sous-sol n'avait pas été dérangé. Pour la deuxième fois, je me tournai et me dirigeai lentement vers la Sixième Avenue. Alors que je me dirigeais à nouveau vers l'est , j'ai découvert que la dernière maison de la rue latérale, la maison attenante au manoir de la Cinquième Avenue qui faisait l'objet de mon attaque, était vacante. Cela ne fait aucun doute. Ses portes et fenêtres étaient fermées par des volets soigneusement peints.

Ceci, me suis-je pensé, pourrait marquer une ligne d'approche possible. Mais là encore, je me trouvais face à ce qui semblait être une position imprenable. Je reculais un peu, étudiant cette façade en planches en forme de cercueil, lorsque mon talon grinça contre le revêtement en fer d'une goulotte à charbon. Cette chute à charbon se trouvait à mi-chemin entre la bordure et la balustrade de la zone. Je l'ai regardé pendant un moment ou deux. Puis quelque chose m'a incité à tester son bord avec le bout de ma chaussure. Puis, m'assurant que la rue était vide, je me baissai et m'agrippai au bord du disque de fer. C'était assez lourd. Mais un simple coup de traction m'a montré que sa chaîne de verrouillage avait été écartée.

Il ne fallut qu'un instant pour soulever le bouclier métallique d'un côté de la tête de la goulotte. Il ne me fallut qu'un instant de plus pour m'abaisser dans la goulotte elle-même. Je voyais bien que c'était un début quelque peu ignominieux. Mais j'étais sûr d'être sur la bonne voie. Il fallut un effort pour remettre le disque de fer sur l'ouverture. Il m'a également fallu de nombreuses contorsions étranges du corps pour me frayer un chemin dans ce tunnel étroit et sale.

Mon entrée plutôt péremptoire dans le silo à charbon a provoqué un bruit effrayant, suffisamment bruyant pour réveiller le plus dormeur des dormeurs. Je me suis donc accroupi là pendant plusieurs secondes, inhalant la poussière, écoutant et me demandant si les murs au-dessus de moi abritaient ou non un gardien. Puis je sortis le projecteur de poche et, d'une pression de doigt, dirigeai mon rayon d'éclairage vers une cloison de bois coupée en deux par une porte de bois peinte.

Un net sentiment de déception m'envahit lorsque je me penchai pour examiner cette porte et constatai qu'elle avait déjà été ouverte de force. Je savais cependant que je suivais les traces de mon prédécesseur plus expérimenté. Viennent ensuite un débarras, puis une buanderie, avec une autre porte fermée en haut de l'escalier menant au premier étage.

Ici, j'ai attendu et écouté pendant un certain temps. Mais encore une fois, rien que l'obscurité et le silence et cet arôme de moisi propre aux maisons inoccupées m'entouraient. À ce moment-là, je me sentais plus à l'aise et j'étais plus tranquille dans mon étude du passage vers le haut. Bien sûr, je n'ai été confronté à rien de plus inquiétant que des meubles fantomatiques recouverts de coutil et des lustres suspendus en cristal enveloppés dans une étamine. Je commençai à admirer l'astuce de mon ami le cambrioleur à choisir un chemin si détourné et pourtant si protégé. Il y avait presque du génie là-dedans. Son avance, j'en étais sûr, se dirigeait vers le toit. Comme je m'y attendais, j'ai trouvé l'auvent ouvert. La serrure, je le voyais, avait été judicieusement crochetée. Et jusqu'à présent, il n'y a eu aucun incident.

Mais une fois sur le toit, je prévoyais qu'il me faudrait être plus prudent. En escaladant les tuiles les plus hautes qui marquaient la ligne du toit suivant, je savais que j'avais effectivement pénétré dans les lignes ennemies. Pourtant, la voie semblait encore assez claire. Car, en arrivant au toit de la seconde maison, je constatai qu'il restait également ouvert. Mon prédécesseur m'avait rendu les choses d'une facilité presque décevante. Pourtant, d'une autre manière, il avait laissé les choses doublement dangereuses. J'ai dû supporter le poids de tout faux pas qu'il aurait pu commettre. J'étais appelé à faire face à la responsabilité de son intrusion et de la mienne.

C'est donc avec d'infinies précautions que j'ai soulevé l'auvent et que je me suis penché sur ce petit puits de ténèbres, respirant l'air plus chaud qui m'infiltrait au visage. Il s'en dégageait une odeur bien différente de celle de la maison que je venais de quitter. Il y avait là quelque chose de révélateur, quelque chose de plus vital et électrique, éloquent d'un lieu habité, d'êtres humains et de leurs repaires et sentiers, de mouvement, de vie et de menaces vaguement définies. C'était, me figurais-je, un peu comme cette odeur d'homme qui se transmet sous le vent à un élan traqué et méfiant.

Je descendis sur l'échelle de fer qui menait à l'obscurité incertaine, couvrant le piège derrière moi. J'ai commencé à sentir, à mesure que je descendais à tâtons, que tout cela devenait plus qu'un jeu. J'étais troublé par la pensée à quel point je m'étais aventuré dans une incertitude. J'ai commencé à être opprimé par la pensée de la complexité de mon chemin. Je me sentais intimidé par les subtilités indéterminées qui m'attendaient encore. Une inquiétude nouvelle s'emparait de moi, une sorte de faible fièvre de peur, une impatience croissante de remplacer ma précieuse porcelaine, de terminer ma mission et de m'enfuir au grand jour.

Alors que je tâtonnais de plus en plus bas dans l'obscurité, je commençai à comprendre que la vocation d'un cambrioleur n'était pas que de la bière et des quilles. J'ai commencé à avoir un peu honte de mes exploits d'une heure auparavant.

Puis je me redressai brusquement, car un son s'était glissé jusqu'à mes oreilles. Le picotement qui parcourut mon corps n'était pas uniquement dû à la peur. Pourtant, alors que je me tenais là dans l'obscurité, une main contre le mur, j'ai perçu le rythme d'un ronflement lent et étouffé. Il y avait quelque chose d'étrangement rassurant dans cette vibration répétée, même si elle servait à souligner les dangers qui m'entouraient. Ce n'était pas sans rappeler le bruit d'une bouée à cloche flottant jusqu'au pont d'un paquebot enveloppé de brouillard.

Je n'étais plus en proie à aucun sentiment d'hésitation. J'étais déjà trop enfoncé dans les bois pour penser à faire demi-tour. Ma seule passion était désormais de boucler le circuit, d'émerger de l'autre côté.

J'ai commencé à me demander, alors que je cherchais la rampe de l'escalier et que je descendais prudemment les marches, comment le cambrioleur lui-même avait effectué cette sortie finale de la maison. Et plus tôt je m'éloignerais des dortoirs, plus je me sentirais en sécurité. Chaque chambre était un banc de dangers, et tous, je le savais bien, ne seraient pas équipés de la même généreuse bouée sifflante que celle que je venais de laisser derrière moi. Il y avait aussi quelque chose de satisfaisant à savoir que je me rapprochais au moins de plus en plus du rez-de-chaussée. Cela était dû, non pas tant au fait que j'approchais d'une partie de la maison que je connaissais plus ou moins, mais plutôt au fait que ma descente marquait l'approche d'une voie d'évasion possible. Car cette idée était désormais au premier plan dans mon esprit, et aucun aviateur doté d'un moteur hésitant n'a jamais eu envie de revenir sur terre avec plus d'empressement que moi.

L'obscurité totale et le silence des salles inférieures commençaient à m'énerver. J'étais heureux de sentir le poteau qui m'assurait que j'avais atteint la dernière marche de ma descente. J'étais soulagé de pouvoir tourner prudemment et silencieusement vers la gauche, de tâtonner vers une porte que je savais se dresser devant moi dans l'obscurité, puis de tourner prudemment la poignée et d'entrer.

J'ai su tout de suite, avant même de sortir la lampe de poche de ma poche, que j'étais dans la bibliothèque. Et la pièce qui ouvrait sur cette pièce, je m'en souvenais, à moitié bureau bordé d'armoires et à moitié salle d'exposition informelle, était la pièce dans laquelle Anthony Gubtill conservait précieusement ses bibelots. Cela ne prendrait qu'une minute ou deux, je le savais, pour remplacer sa petite porcelaine inestimable. Et encore une ou deux minutes, pensais-je, devraient me permettre de sortir en toute sécurité et de rentrer chez moi.

Je me tenais dos à la porte, déterminé à ce qu'aucune erreur intempestive ne gâche la fin de mon aventure. Ma première précaution fut de sortir ma lampe de poche et de m'assurer de mon chemin. Je laisse le rayon incandescent palper d'un air interrogateur la pièce massivement meublée, posée un instant sur une étagère en marbre, en métal et en verre. Je me souvenais, avec presque un sourire de satisfaction, de la petite *Clytie* au-dessus de la cheminée et de l' *Hébé* en bronze qui se tenait à côté de la lourde lampe de lecture. Cette lampe, m'avait dit un jour Gubtill , venait de Munich ; et je me suis souvenu de son rire sur le fait qu'il était arrivé dans une malle "couchette" et qu'il avait échappé à son devoir.

Puis j'ai laissé la lumière vacillante se déplacer vers l'extrémité de la table de lecture scintillante et boisée. Je restais là, sélectionnant objet après objet dont je me souvenais, les remarquant avec un détachement d'esprit singulier tandis que ma lumière continuait de faire le tour du fond de la pièce.

Puis je me suis dirigé tranquillement vers la porte ouverte à l'arrière et, en coupant cette deuxième pièce avec ma lance de lumière, je me suis assuré que l'espace entre l'amphore en fleurs de pêcher et les cendres de roses de Yang Lao avec la base en ivoire était effectivement vide.

J'écoutais le tic-tac exotique d'une horloge roumaine à cadran d'airain . Je m'attardai là, laissant mon puits de lumière chauve s'enraciner comme un museau de porc le long de cette étagère si peuplée de tons et de contours délicats. Je soupirai un peu d'envie en me tournant vers l'autre bout de la pièce.

Puis, d'un coup, j'ai arrêté de respirer. Automatiquement, j'ai laissé mon pouce se soulever du ressort de ma lampe de stockage et la lumière s'est immédiatement éteinte. Je me tenais là, tous les nerfs de mon corps étant à bout. Je m'accroupis en avant, picotant et scrutant l'obscurité devant moi. Car j'avais soudain découvert que je n'étais pas seul dans la pièce.

Là, face à moi, repéré aussi distinctement qu'un projecteur pour bébé distingue le visage d'un acteur, j'avais aperçu le propriétaire de la maison lui-même, à moins de dix pas de moi. Il était assis dans un fauteuil en cuir vert à haut dossier. Il a dû me surveiller depuis le début, à chaque instant et à chaque mouvement. Il n'avait fait aucun effort pour m'interrompre ou m'intercepter. Il était trop sûr de sa position.

J'ai attendu ce qui m'a semblé un temps interminable. Mais pas un son, hormis le tic-tac plaintif de l'horloge, ne parvint à mes oreilles. Pas même un mouvement n'eut lieu dans l'obscurité.

La menace indéfinie de ce silence était trop pour moi. Tout cela s'est transformé en quelque chose qui ressemble étrangement à un cauchemar. Je m'éloignai involontairement, me demandant ce que je devrais dire et de quelle manière je devrais commencer ma stupide explication. Je m'accroupis et reculai obliquement, comme si une certaine valeur résidait dans l'intervention de l'espace, et comme si quelque chose de venimeux me faisait face. Je retombai lentement en arrière, piaffant frénétiquement autour de moi pour trouver une tangibilité durable à laquelle m'accrocher. Ce faisant, mon corps est entré en contact avec un meuble – ce que je ne pouvais pas dire. Mais je m'en éloignais, paniqué, comme un poulain devant un journal tombé.

Mon mouvement brusque renversa un deuxième meuble. Il devait s'agir d'une sorte d'écran pliable, car il tomba au sol dans un fracas retentissant. J'ai attendu, retenant mon souffle, avec des horripilations de peur qui irritaient chaque membre de mon corps, sachant trop bien que cela devait effectivement marquer la fin.

Mais il n'y eut aucun mouvement, aucun mot prononcé, aucun bruit. J'ai regardé dans l'obscurité, toujours à moitié dans l'expectative. J'essayais de me dire qu'il s'agissait peut-être d'une simple hallucination, que l'attention avait projeté dans mon champ de vision une figure purement imaginaire. J'attendais toujours, le cœur battant. Puis la tension est devenue plus que je ne pouvais supporter. En fait, j'ai avancé d'un pas ou deux, regardant toujours aveuglément dans l'obscurité, écoutant et attendant toujours.

Puis j'ai repris mon souffle avec une nouvelle suspicion soudaine, avec une peur rapide qui s'est écrasée, comme une balle, à travers le film de conscience. Cela a été suivi d'un sentiment de choc nauséabond, équivalant presque à une nausée physique.

J'ai de nouveau levé la lampe de poche. Cette fois, ma main trembla sensiblement alors que je tournais le rayon électrique directement devant moi. J'ai laissé le petit cercle d' éclairage se diriger à travers l'obscurité, se diriger vers le visage blanc qui semblait l'attendre. Ensuite, je l'ai laissé se reposer.

Je me souviens avoir reculé d'un pas ou deux. J'ai peut-être appelé, mais je n'en suis pas sûr. Pourtant, je n'étais que trop sûr d'une chose. Là, devant moi, était assis Anthony Gubtill . *Il était bien mort* .

Mon premier sentiment n'était pas tout à fait celui de la terreur. Cela s'est accompagné d'un élan d'indignation face à l'injustice, à la brutalité de tout cela. J'ai pu remarquer la robe de chambre matelassée qui recouvrait le corps détendu. J'étais suffisamment calme pour supposer qu'il avait entendu l'intrus ; était venu enquêter, et avait été frappé et astucieusement poussé sur une chaise. Cette déduction fut suivie d'un éclair d'exultation lorsque je me rappelai que son meurtrier était connu, que le crime pouvait facilement être prouvé contre lui et que, même à l'heure actuelle, il était en sécurité sous la garde de Benson.

Je me dirigeai vers le mort, fortifié par la connaissance d'une vaste et nouvelle obligation. Ce n'est qu'après avoir examiné le visage une seconde fois et vu comment la mort avait été causée par un coup cruellement violent, porté par un instrument contondant, que l'énormité de ma propre intrusion dans cette maison de l'horreur m'est revenue à l'esprit. J'ai ressenti un besoin soudain de lumière, de lumière qui donne à réfléchir et qui rationalise. Même le tic-tac de l'horloge au cadran d'airain était devenu quelque chose de fantasmatique et d'énervant.

Je tâtonnais fébrilement et aveuglément à la recherche d'un interrupteur électrique. Puis, tout à coup, je m'arrêtai de nouveau, mon mouvement arrêté par un bruit.

Je savais, en me levant et en écoutant, que ce n'était que le ronronnement d'une automobile, faible et étouffé par la rue. Mais cela m'a soudain fait prendre conscience de l'embarras de ma position. Se trouver dans cette maison, ou même en sortir, n'était plus une chose souhaitable. Mon caprice téméraire, devant une réalité si imposante, s'est réduit à quelque chose de pire que l'absurdité. Et ma pensée revint d'un bond à la porcelaine dans ma poche. J'ai rappelé l'ancienne rivalité entre le mort et moi pour The Flame. Je me suis souvenu des détails de mon arrivée entre ces murs où je me tenais. Et mon sang s'est glacé. Ce n'était pas une question de maladresse ; c'était une question de péril. Car qui, me demandais-je encore, croirait une histoire aussi absurde, ou accepterait une excuse aussi extravagante ?

L'horloge tournait de façon accusatrice. Le bruit de l'automobile s'est arrêté. Je venais de le constater avec soulagement lorsque le bruit sourd d'une porte silencieusement fermée tomba sur mes oreilles surprises. Puis vint le murmure des voix. Il n'y avait plus aucun doute à ce sujet. Un moteur était venu jusqu'à la porte, et certaines personnes étaient entrées dans la maison.

Je me suis glissé jusqu'à la bibliothèque et j'ai écouté. Puis je suis revenu sur la pointe des pieds et j'ai fermé la porte de la pièce intérieure. Je me sentais plus en sécurité avec ne serait-ce qu'un panneau d'un demi-pouce entre moi et ce que contenait cette pièce intérieure.

Puis j'ai écouté. J'ai commencé à entendre le bruit des pieds. Puis vint le bruit d'une autre porte ouverte, puis le claquement d'un interrupteur. Il n'y avait rien de secret dans la nouvelle invasion. Je savais, alors que je me reculais derrière l'une des chaises à haut dossier de la bibliothèque, que la façade de la maison était déjà éclairée.

Puis vint le son d'une voix qui l'appelait, apparemment venant du haut des escaliers. C'était une voix prudente et soigneusement modulée ; Je l'ai pris pour celui d'un jeune homme d'une vingtaine d'années.

"C'est toi, Caddy ?"

Puis vint un silence.

"Je dis, c'est toi, Orrie ?" » demanda-t-on dans un chuchotement quelque peu somnolent. Il y avait quelque chose d'étrangement rassurant dans cette voix enfantine banale. Anthony Gubtill , je le savais, n'avait pas de famille immédiate. Je me souvenais cependant vaguement d'une conversation au sujet d'un neveu et d'une nièce canadiens qui lui avaient parfois rendu visite.

« Ch —s— chut !" dit une voix de femme venant du hall inférieur, "Ne réveille pas oncle Anthony."

Ce devait être une jeune femme. Sa voix était pensive, comme celle d'une fille qui pourrait rentrer fatiguée d'un bal chez Sherry. Pourtant, sachant ce que j'avais fait, sa lassitude de jeune fille a pris un pathétique indescriptiblement poignant.

"C'est une heure horrible, n'est-ce pas ?" » demanda une deuxième voix d'homme venant du hall inférieur. Il y avait des bruits qui semblaient impliquer que les enveloppes étaient en train d'être retirées.

"Presque quatre", fut la réponse d'en haut. "Tu as passé un bon moment, Caddy ?"

J'ai entendu un bâillement étouffé.

"Plutôt", répondit la voix de la jeune fille.

"Je dis, Orrie , évoque ces halètements égyptiens pour une bouffée ou deux, d'accord ?" » demanda le jeune d'en haut, toujours dans un chuchotement de scène. "Et, Caddy, assure-toi que le loquet est fermé."

"Sur quoi?" » demanda Orrie .

"La porte, espèce d'idiot !" fut la réplique endormie et bon enfant.

Puis je me suis soudainement baissé derrière le dossier de ma chaise, car le jeune homme appelé Orrie avait ouvert la porte de la bibliothèque. Il entra dans la pièce à tâtons, sans allumer l'électricité. Je pouvais voir ses jeunes épaules fines et le flou blanc de son devant de chemise. Derrière lui, encadrée dans l'embrasure de la porte, se tenait une jeune fille d'une vingtaine d'années, une blonde vêtue de bleu pâle, aux bras et aux épaules nus. Sa peau avait l'air très douce et semblable à celle d'un bébé sous la forte lumière latérale. Je ne pouvais réprimer quelque chose qui était presque un frisson à la pensée de cette gaieté insouciante et de cette jeunesse si proches de la sombre tragédie derrière moi, si inconscientes du réveil qui pouvait survenir à presque tout moment.

« *Dépêchez* -vous ! » » dit la jeune fille fatiguée, tandis que le jeune homme fouillait le bout de la table. J'ai réalisé, en la regardant, que mon premier devoir serait de garder ces jeunes yeux ronds de ce qui pourrait les confronter dans cette pièce intérieure.

"Je les ai ! " répondit l'homme. Il resta un moment sans bouger. Puis il se tourna et sortit de la pièce, fermant doucement la porte derrière lui.

J'ai poussé un soupir de soulagement et je me suis levé une fois de plus. Rien, vivant ou mort, j'en ai décidé, ne me retiendrait désormais dans cette maison. Pourtant, malgré toute cette extase d'impatience nouveau-née, j'étais toujours obligé d'attendre, car j'entendais occasionnellement des bruits de pas et un ou deux murmures derrière la porte fermée. Puis tout son s'éteignit ; l'obscurité et le silence m'envahirent à nouveau.

J'ai sorti la porcelaine Yang Lao de ma poche, je l'ai déballée et je suis retournée dans la pièce intérieure. J'ai tâtonné le long du mur dans l'obscurité, tournant largement autour de la chaise en cuir vert au centre. Je reposai le vase sur son meuble, sans même allumer ma lampe. Puis je contournai le mur, cherchai la porte de la bibliothèque et tâtonnai prudemment à travers la largeur périlleuse de la pièce remplie de meubles. Il m'a fallu plusieurs secondes pour trouver la porte qui donnait sur le couloir. Une fois franchie et traversée le couloir, je savais que seul un loquet à ressort se dressait entre moi et la rue. J'ai donc tourné la poignée rapidement et j'ai ouvert la porte.

Mais je ne suis pas passé par là. Car, au lieu de l'obscurité, je me suis retrouvé confronté à un éclat de lumière. Dans cet éclat de lumière se tenaient trois personnages en attente et impatients. Ce qui m'a le plus troublé, c'est que l'homme appelé Orrie tenait à la main un revolver qui semblait avoir la taille d'un canon-jouet. Cela a été dirigé directement vers mes yeux clignotants. L'autre jeune, en pyjama cerise avec des grenouilles orange et une robe de chambre nouée à la taille avec une ceinture de soie, se tenait juste derrière lui, tenant dans ses bras un Savage extrêmement méchant de la marque des magazines. Derrière ce garçon toujours, tout près du poteau, se tenait la jeune fille en bleu, toute somnolence disparue de son visage.

La vue de ce trio aux yeux écarquillés et enthousiaste m'a irrité au-delà des mots. Il n'y avait plus aucun frisson dans cette chose. J'en avais trop enduré ; Je ne pouvais pas réagir à cette nouvelle urgence. Je n'arrêtais pas de me demander si l'idiot au Colt réalisait à quel point une pression délicate actionnerait la gâchette sur laquelle je pouvais voir son doigt trembler. Mais ce tremblement, c'était clair, était plus dû à l'excitation qu'à la peur.

"Nous l'avons!" s'écria le jeune en pyjama cerise. J'aurais pu être un black bass un peu têtu attiré dans son épuisette , à en juger par sa façon de parler.

"Ne bouge pas !" ordonna le plus âgé des deux, fronçant les sourcils en un froncement de détermination juvénile. "N'ose pas bouger d'un pouce, ou je te ferai un trou."

Je n'avais pas l'intention de déménager.

« Surveillez ses mains », a incité le jeune homme. "Il devrait les héberger."

"Oui, Orrie , il devrait les installer", répéta la jeune fille près du newel-post. Elle me rappelait, avec ses blancs, ses roses et ses bleus délicats, le cabinet de porcelaine que j'avais si récemment contemplé.

"Reculez par la porte", cria Orrie . "Allez, recule !"

J'obéis avec lassitude à cet ordre quelque peu chevalin. Puis il m'a ordonné de mettre mes mains au-dessus de ma tête. Je l'ai fait sans hésitation ; Je n'avais aucune envie de discuter pendant que Colt me regardait dans les yeux.

Ils m'ont suivi, en file indienne, dans la pièce. C'est la fille qui a fermé la porte alors qu'Orrie allumait les lumières. Elle se tenait dos à moi, étudiant mon visage. Je voyais que je les intéressais plutôt tous. Mais dans cet intérêt je n'ai décelé aucune trace d'amitié ou de respect. La seule que je semblais mystifier était la fille à la porte.

"Avez-vous quelque chose à dire ?" » demanda Orrie en redressant les épaules.

"Oui, j'ai beaucoup de choses à dire", lui dis-je. "Mais je préfère te le dire seul."

Je pouvais voir son mouvement de dédain.

"Voulez-vous écouter ça !" commenta le jeune en pyjama cerise.

"Et si vous voulez bien arrêter de me pointer ce pistolet au visage", continuai-je avec une certaine chaleur, "et ensuite renvoyer ces enfants hors de la pièce, je dirai ce que je dois, et je le ferai très brièvement ! "

"Enfants!" » dit la jeune fille à la porte avec un cri d'indignation.

"Nous resterons à tes côtés, mon vieux", assurait le jeune héros en cerise, les talons bien écartés.

"Et pourquoi devrais-je m'enfermer avec un cambrioleur ?" » s'enquit l'astucieux Orrie , en me regardant avec la plus grande insolence. Pourtant, je voyais qu'au moins la précision de mon articulation le laissait un peu perplexe.

"C'est idiot", rétorquai-je. "Je ne suis pas un cambrioleur et tu devrais le savoir."

À mon grand étonnement, un petit rire tripartite a accueilli cette déclaration.

"Alors qu'est-ce que tu es?" » demanda Orrie, incrédule .

Je savais qu'il ne servait plus à rien de tourner autour du pot.

"Oui qui es-tu?" » demanda l'autre jeune.

Il tenait toujours le chargeur-revolver en équilibre dans sa main droite. Il fallait que la vérité éclate.

"Je m'appelle Witter Kerfoot", leur dis-je aussi régulièrement que possible. "Kerfoot, de Gramercy Park West."

"Quel numéro?"

Je lui ai donné le numéro. Je pouvais voir le trio échanger des regards ; c'étaient clairement des regards amusés. Mes jeunes amis, je pouvais le voir, jouissaient d'un mélodrame familial, un mélodrame dans lequel j'étais évidemment le plus stupide des méchants. J'ai commencé à me sentir un peu comme un phonographe écrasant un disque de bande dessinée.

"Et avec ce visage !" éjacula l'homme appelé Orrie .

Le mépris discret de son regard me fit me déplacer, de sorte que je pus m'apercevoir dans le miroir vénitien entre les étagères de la bibliothèque. Cet aperçu était en effet surprenant. J'avais complètement oublié le transit par le trou à charbon. Je ne me rappelais même pas comment ni quand j'avais cassé la couronne de mon chapeau. J'étais resté aussi inconscient de l'égratignure sur ma joue que des toiles d'araignées du grenier qui festonnaient mes vêtements. En me regardant dans le miroir, je n'ai vu qu'un pied maladif et crasseux avec les mains sales et un chapeau cassé. Ce n'était pas étonnant qu'ils aient ri. Mon environnement au cours de la dernière heure n'avait pas été orienté vers une conscience vestimentaire. J'étais sur le point d'enlever mon couvre-chef honteusement défigurant lorsque le jeune homme s'est retourné sur moi avec le coup Savage à bout portant sur mon visage.

"N'essayez rien de tout ça !" Il haletait. "Garde ces mains."

La situation dans son ensemble était si hors de propos, si éloignée du problème plus grave auquel eux et moi étions confrontés, qu'elle m'a découragé et m'a mis en colère.

« Nous en avons assez de cette pourriture ! » J'ai protesté.

"Oui, nous allons éliminer la pourriture et le ligoter", proclama l'homme au Colt.

"Alors fouillez-le d'abord", suggéra le jeune homme. "Tiens, Caddy, prends le Colt d'Orrie pendant qu'il le traverse", ordonna-t-il, avec le ton de poitrine d'une sauvagerie nouvellement acquise, "et s'il essaie de bouger, fais-le voler !"

La jeune fille, les yeux écarquillés et réticente, prit le lourd revolver. Puis Orrie s'avança vers moi, quoique d'une manière tout à fait méfiante et discrète. Poursuivre mes protestations, je le voyais, ne serait que perdre mon souffle. Il n'y avait rien d'autre à faire que de se soumettre à la farce.

Je n'ai rien dit pendant qu'il sortait la lampe de poche révélatrice. Je suis également resté silencieux pendant qu'il déterrait triomphalement le Jimmy et les passe-partout damnables. Je pouvais voir l'échange de regards exultants alors qu'ils étaient jetés sur le dessus de table poli.

"Récupérez les sangles des sacs de golf !" suggéra le jeune avec le Sauvage. Je ne pouvais m'empêcher de penser à quel point cette scène était parallèle à une autre de même nature et la même nuit, où Benson et moi avions été les maîtres de la situation.

L'homme appelé Orrie semblait un peu déconcerté par le fait qu'il n'avait trouvé aucun objet de valeur dans mes poches extérieures, mais il n'a pas abandonné. Il ignora sombrement mes protestations tandis qu'il explorait encore plus profondément et sortit mon portefeuille monogrammé, puis un étui à cigarettes en or sur lequel mon nom était dûment inscrit. Il les retourna plusieurs fois dans sa main et les examina attentivement. Alors une grande lumière parut venir à lui. Il a succombé, comme l'ont fait même ses aînés, à un soudain sentiment de drame.

Je l'ai vu se précipiter vers la pièce extérieure et consulter un annuaire téléphonique. Il feuilletait les pages avec des doigts rapides et impatients. Puis il revint à grands pas et me regarda de haut en bas.

"Je sais ce que cet homme a fait", s'écria-t-il, les yeux brillants de conviction.

"Quoi?" » demanda le plus jeune.

"Il n'a pas visité que cette maison ce soir. Il a visité celle de Witter Kerfoot aussi. Il a pris ces choses de là. Et maintenant *c'est à nous de le ramener avec elles* !"

Je pouvais voir la pure théâtralité de la situation s'emparer de ses deux auditeurs. Je les voyais s'y rendre, même si la jeune fille semblait encore hésiter.

« Ne ferais-je pas mieux d'appeler oncle Anthony ? » suggéra-t-elle.

D'un seul coup, ses paroles m'ont ramené à la fois à la tragédie qui était si proche et à la complexité périlleuse de ma propre situation.

"Non, c'est idiot !" coupé à Orrie . "La voiture est toujours dehors. Caddy, je pense que tu devras venir. Tu peux t'asseoir avec Jansen sur le siège du conducteur."

Le héros de la manœuvre s'est retourné vers moi. Je pensais surtout à la fille aux yeux doux et à la peau blanche et à la façon dont je pourrais l'éloigner en toute sécurité.

"Veux-tu venir tranquillement ?" m'a demandé mon ravisseur.

"Oui", répondis-je sans lever les yeux, "je viendrai tranquillement".

Ce fut la voix de la jeune fille, un peu aiguë d'excitation, qui rompit ensuite le silence.

" Orrie , ce n'est pas un cambrioleur ! " s'écria-t-elle, dans sa triple conviction.

"Alors qu'est-ce qu'il est ?"

"C'est un gentleman."

"Qu'est-ce qui te fait penser cela ?" » demanda l'indifférent Orrie alors qu'il me faisait signe, d'un mouvement brusque de son canon Colt, vers la porte du hall.

"Je sais à ses ongles !" fut sa réponse sans conséquence mais tout à fait précise.

Orrie rit.

"Alors vous donneriez du thé et des macarons à tous les barbiers cambrioleurs de Sing Sing ", se moqua-t-il. "Et notre vraie réponse nous attend à Gramercy Square."

Il ne nous fallut qu'une minute ou deux en voiture pour nous faire passer de la Douzième Rue à la Vingtième, puis nous diriger vers l'Est dans le calme de la place. Mes ravisseurs avaient insisté pour que je ne parle pas. "Pas un mot!" ordonna Orrie , et je pouvais sentir son canon insolent contre mes côtes alors qu'il donnait l'ordre pour la deuxième fois. Ils étaient ivres, je le voyais, de l'ivresse de leur exploit. Ils étaient préoccupés par leur subtil sens du drame. Avec l'autosuffisance dictatoriale d'une véritable ébriété , ils m'avaient interdit tout effort d'explication. La bulle, pensaient-ils, était bien trop jolie pour être piquée.

Ils sont descendus, un devant moi et un derrière moi, portant toujours leurs armes à feu stupides et meurtrières. La jeune fille resta assise. Puis nous montâmes tous les trois mes marches d'un air sombre.

"Il est inutile de sonner", expliquai-je avec lassitude. "Mon mot de passe vous admettra."

"Mais j'insiste pour sonner", dit Orrie alors que je mettais la clé dans la serrure.

"Je serai obligé, dans ce cas, d'appeler l'officier qui nous surveille du coin", fut ma réponse tranquille.

"Appelez et soyez pendu, alors !" » était l'ultimatum du jeune homme.

Un mot par-dessus leurs épaules a amené mon vieil ami McCooey, le patrouilleur, à traverser le coin et à monter les marches. J'ai ouvert la porte alors qu'il nous rejoignait. Puis j'ai allumé les lampes du hall et j'ai fait face à mes deux ravisseurs.

"Officier, je veux que vous me regardiez très attentivement, puis que vous garantissiez à ces messieurs que je suis Witter Kerfoot, le propriétaire et occupant de cette maison."

" Bien sûr , c'est Kerfoot", dit McCooey imperturbable. "Mais quel est le problème cette fois ?"

"Quelque chose de plus grave que ce dont rêvent ces messieurs. Mais si nous montons tous les trois tranquillement à l'étage, vous y trouverez mon homme Benson. Vous y trouverez également un autre homme, attaché avec une demi-douzaine…"

McCooey, depuis la porte, m'a coupé court.

"Je suis désolé, monsieur, mais je ne peux pas rester pour voir votre blague."

"Mais tu dois le faire."

"Le fait est, monsieur", expliqua-t-il d'une voix plus basse, " Creegan , du quartier général , a un condamné à perpétuité Sing-Sing enfermé dans ce bloc, et je tiens le bout des lignes de police - une prison. -briseur, monsieur, et un méchant rusé, appelé Pip Foreman, le Rat ! »

"Le rat?" J'ai fait écho.

"C'est pareil, monsieur. Mais je dois partir."

"N'y va pas," dis-je en fermant la porte. " *Votre homme est en haut, il vous attend* ! "

" Tu m'attends ? " il a ordonné. "Quel homme?"

"L'homme qu'on appelle le Rat", ai-je essayé de lui expliquer. " Et je vous serais très reconnaissant, McCooey, si vous faites le moins de possible pour gérer cette situation, car la vérité est que je me sens plutôt fatigué et j'imagine qu'il y a cinq ou six heures de bon temps. " un sommeil honnête m'attend!"

CHAPITRE III

LE CODE DE LA ROUE VOLÉ

J'y étais pour une nuit. Je m'en suis rendu compte en m'allongeant sur ma grande chaise de bibliothèque verte et en fermant les yeux. Car quelque part, juste devant mes paupières bien fermées, je pouvais encore voir une sorte de moulinet tournant vivement, brillant comme une orange blanc laiteux sur un brouillard violet trouble qui pâlissait et s'assombrissait à chaque battement de mon pouls.

Je ne connaissais bien que deux symptômes. Tout le campement de la Conscience était fiévreusement éveillé, alerte, sur *le carquois* . Cette roue à épingles blanche et palpitante était une affaire purement personnelle entre moi et mon imagination. C'était quelque chose qui m'appartenait distinctement. C'était *moi* . Et étant essentiellement subjective, elle ne peut être ni bannie ni contrôlée.

donc décidé de me diriger vers l'open. Penser à un lit à baldaquin, dans une telle époque d'éveil intensifié, serait une moquerie. Car j'étais le théâtre de cette veille morbide qui entraînait avec elle une conscience mentale surpeuplée de l'existence bien au-delà de ma propre vision physique, comme si j'avais été nommé veilleur de nuit pour le monde entier, avec un oeil scrutateur sur tous ses aspects. une multitude d'activités et d'aberrations. Il me semblait capable de reprendre sa respiration pendant qu'il dormait de son sommeil cosmique. Il me semblait que je réfléchissais avec une distance lunaire au-dessus de ses plaines grouillantes, déprimé par ses dimensions énormes, confus par son enchevêtrement incompréhensible et le fouillis de · destins entrecroisés . Ses innombrables voix de minuit semblaient se fondre dans un vague soupir, si pensivement lointain, si inexprimablement tragique, que lorsque je me tenais sur le seuil de ma porte et entendais le son d'un jeune Roméo écervelé qui sifflait devant le Club des Joueurs, sa répétition stridente de une chanson sur le toit de Broadway semblait plus que discordante ; cela semblait une profanation. Cet imbécile était heureux, alors que le monde entier était assis, les poings serrés, attendant une fin indéfinie.

Il était minuit passé, me souvenais-je en fermant la porte. Car cela devait faire une heure et plus depuis que j'avais regardé dehors et vu les douze éclairs de rubis du sommet le plus haut de la Tour Métropolitaine signalant son message douloureux qu'un autre jour était passé. J'avais regardé ces douze clins d'œil le cœur serré, trouvant quelque chose de sardonique dans leur vive légèreté, car un tic neurasthénique révélateur de ma paupière droite m'avait rappelé qu'un certain Satan à la pêche connu sous le nom d'Insomnia tirait et secouait une fois de plus mon âme, comme un hameçon tire et secoue la bouche d'une truite.

Je savais, alors même que je m'éloignais tristement de la porte de ma maison et que je faisais les cent pas tout aussi tristement autour de l'enceinte du parc clôturée en fer, que j'étais destiné à une autre nuit blanche. Et je n'avais pas l'intention de le laisser enfermé entre quatre murs. J'avais déjà essayé cela auparavant, et de cette façon, je m'en souvenais, c'était la folie.

donc erré sans relâche dans les rues désertes, sans aucune pensée active de destination ni aucun sens immédiat de l'orientation. Tout ce dont je me souvenais, c'est que la ville s'étendait autour de moi, baignée dans une nuit d'une douceur exceptionnelle, une nuit qui aurait dû la laisser belle. Mais il gisait autour de moi, dans son silence, aussi mort, plat et rassis qu'un verre de vin tiède.

Je me jetai avec lassitude sur un banc de Madison Square, face à la fontaine qui jaillissait lentement et qui m'avait si souvent semblé une sorte de pouls visible de la ville endormie. J'étais assis, regardant paresseusement le Flatiron Building, où, tel un soc éternel, il jetait ses éternels sillons croisés de la Cinquième Avenue et de Broadway le long des chaumes enchevêtrés d'acier et de pierre de la ville. Puis j'ai regardé les dormeurs tout autour de moi, les dormeurs heureux blottis et affalés le long des bancs du parc. Je les enviais, tous les mortels de cette armée en haillons et sans abri ! Je les détestais presque. Car ils buvaient profondément de la seule chose qui m'avait été refusée.

Alors que je m'allongeais là, mon chapeau baissé sur mes yeux, j'écoutais le ronronnement et les éclaboussures apaisantes de la fontaine en constante pulsation. Puis je laissai mon regard errer inconsolablement vers le sud, devant la statue de bronze de Seward. J'ai observé le chauffeur d'un taxi de la vingt-troisième rue, du type "night-hawk", endormi sur son siège. Il était assis là, avec son chapeau et son manteau délavés, aussi immobile que du métal, comme s'il s'était posé là à travers tous les âges, comme une statue d'airain du Sommeil sous sa *patine adoucie* du temps.

Puis, alors que je regardais paresseusement vers le nord, j'ai soudain oublié la fontaine, le chauffeur de l'engoulevent et les dormeurs. Car à la sortie de la Cinquième Avenue, au-delà de l'endroit où la double rangée de globes électriques descendait la douce pente de Murray Hill comme un double brin de perle sur la poitrine d'une femme, j'ai aperçu une silhouette se tournant tranquillement vers le calme de la place. Il attirait et retenait mon regard parce que c'était le seul mouvement dans cet endroit d'un calme absolu, où même les arbres teintés de vert-de-gris se tenaient aussi immobiles que s'ils avaient été coupés dans des plaques de cuivre.

J'ai regardé la silhouette alors qu'elle se rapprochait de plus en plus. La solitude de minuit semblait transformer le promeneur occasionnel en un émissaire de mystère, en quelque chose de fascinant et de capital. Je m'assis indolemment sur mon banc de parc, le regardant tandis qu'il dérivait sous les lampes à arc d'un blanc laiteux dont les globes épars ressemblaient tellement à un tourbillon de bulles prises dans les branches des arbres.

J'ai observé l'étranger d'aussi près qu'un voyageur au milieu de l'océan observe l'approche d'un bateau à vapeur solitaire. Je n'ai pas bougé pendant qu'il restait un moment près de la fontaine. Je ne donnai aucun signe de vie tandis qu'il regardait lentement autour de lui, hésitait, puis se dirigeait vers le bout du banc sur lequel j'étais assis. Il y avait quelque chose de militaire chez cette jeune silhouette élancée dans son pardessus-cape intempestif et incongru. Il y avait aussi quelque chose d'alerte et d'observateur prudent dans les mouvements de l'homme alors qu'il s'installait sur le banc. Il était assis là, écoutant le ronronnement et les éclaboussures de l'eau. Puis, en un laps de temps incroyablement court, il s'endormit profondément.

J'étais toujours assis à côté de lui. Je réfléchissais encore paresseusement à qui et ce que pourrait être le nouveau venu, lorsqu'un autre mouvement attira mon attention. C'était l'approche presque silencieuse d'une deuxième silhouette, plus grande, la silhouette d'un homme aux larges épaules en serge bleu marine, passant tranquillement entre la double file de dormeurs. Il fit une fois le tour de l'anneau en granit de la fontaine. Puis il se laissa tomber avec hésitation sur le siège à côté de l'homme au pardessus cape, à moins d'un mètre cinquante de l'endroit où j'étais assis.

Quelque chose chez lui, à partir du moment où il a pris ce poste, a attiré mon attention. Je l'observais sous le bord de mon chapeau alors qu'il regardait autour de lui avec prudence. Je n'ai pas bougé alors qu'il laissait ses yeux cachés s'attarder un instant ou deux sur ma silhouette allongée. Je le regardais toujours alors qu'il se penchait en avant et écoutais la respiration profonde de l'homme si proche de lui.

Puis j'ai vu une main sortir de son côté. Il y avait quelque chose de rapide et de reptilien dans ses mouvements. Je l'ai vu toucher et toucher la poitrine de l'homme endormi. Puis je l'ai vu se glisser, tel un serpent, sous le tissu du manteau.

Il s'y déplaça pendant une seconde ou deux, comme s'il explorait activement le recoin de toutes les poches possibles.

Puis j'ai vu la main furtive se retirer doucement mais rapidement. En s'éloignant, il apportait avec lui un paquet qui brillait en blanc à la lumière de la lampe, manifestement un paquet de papiers. Celui-ci fut glissé en toute hâte dans la poche du manteau du nouveau venu à côté de moi. Il n'y avait pas un bruit. Il n'y avait plus de mouvement.

L'homme aux larges épaules resta assis là pendant ce qui devait être une bonne minute. Puis il se leva doucement et s'éloigna tout aussi doucement.

Ce n'est qu'à ce moment-là que la pleine réalité de ce qu'il avait fait m'est revenue à l'esprit. Il avait délibérément volé un homme endormi et sans protection. Il était en ce moment en train d'emporter le butin d'un vol prédéterminé et audacieux. Et je m'étais assis calmement et sans protester et j'avais regardé un voleur, un « plongeur » professionnel, commettre un crime sous mes yeux, à moins de cinq pieds de moi !

En trois pas rapides, je me suis approché de l'homme endormi et je le secouais. Je gardais toujours les yeux fixés sur la silhouette du voleur qui reculait lentement alors qu'il progressait apparemment timidement à travers la place. J'avais souvent entendu parler de ces harpies des rues connues sous le nom de « Lush-Dips », ces pickpockets professionnels qui chassent en état d'ébriété au bord des routes. Mais je n'en avais jamais vu auparavant au travail.

« Vite ! Réveillez-vous ! m'écriai-je en secouant désespérément l'épaule du dormeur. "Vous avez été volé !"

Le prochain mouvement de ce petit drame de minuit était inattendu et surprenant. Au lieu d'être confronté aux plaintes controversées d'un dormeur à moitié éveillé, comme je m'y attendais, j'ai été soudainement et fermement attrapé par le bras et je me suis précipité sur le siège à côté de lui.

"Vous avez été volé !" Répétai-je, alors que je sentais cette prise ferme me tirer vers le siège .

"Fermez-la!" dit une voix calme et très éveillée, tout près de mon oreille. J'ai eu du mal à arracher mon bras de la main qui s'y accrochait encore.

"Mais tu as été *volé* !" J'ai postulé. J'ai remarqué que son propre regard était déjà dirigé vers le nord, vers l'endroit où la silhouette vêtue de bleu se déplaçait toujours sans but sous les lampes à arc.

"Comment sais-tu ça?" il a ordonné. J'ai été frappé par sa voix résolue et plutôt autoritaire.

"Eh bien, je l'ai vu de mes propres yeux ! Et voilà l'homme qui l'a fait !" Lui dis-je en désignant le nord.

Il m'a tiré la main et s'est retourné vers moi.

"Regardez cet homme !" » dit-il presque violemment. "Mais pour l'amour du ciel, *reste tranquille* !"

"Qu'est-ce que cela signifie?" Ai-je naturellement demandé.

Il m'a balayé d'un rapide coup d'œil. Pourtant, il regardait plus mes vêtements, j'imagine, que mon visage. Mon tailleur lui parut tout à fait satisfaisant.

"Qui es-tu?" Il a demandé. J'ai pris mon temps pour répondre, car je commençais à en vouloir à ses notes répétées de supériorité.

"Mon nom, si c'est ce que vous voulez dire, se trouve être celui, peu harmonieux mais hautement respectable, de Kerfoot : Witter Kerfoot."

"Non, non," dit-il avec une vive impatience. " *Qu'est-ce que* tu es?"

"Je ne suis rien de grand-chose, sauf un membre d'un club plutôt respectable et un homme qui ne dort pas très bien."

Ses yeux observaient toujours attentivement la silhouette qui s'éloignait lentement. Ma désinvolture semblait avoir été perdue pour lui. Sa jeune main musclée se resserra soudain sur ma manche.

« Par Dieu, monsieur, vous *pouvez* m'aider ! » cria-t-il dans sa barbe. "Il le faut ! J'ai le droit de faire appel à vous, en tant que citoyen honnête, comme..."

"Qui es-tu?" Je l'ai interrompu, tout à fait moi-même à ce moment-là.

"Je suis le lieutenant Palmer", avoua-t-il distraitement, tout en observant la silhouette en mouvement.

"Et je dois arrêter cet homme, sinon cela me coûtera une cour martiale. Je dois *l'*avoir. Attendez ! Asseyez-vous ici sans bouger. Maintenant, regardez ce qu'il fait !"

J'ai vu le voleur se laisser tomber sur un banc vide, jeter un coup d'œil à sa montre, regarder négligemment autour de lui, puis se pencher en arrière, les jambes croisées. Il ne s'est rien passé de plus.

"Eh bien," demandai-je, "c'est quoi le jeu ?"

"Ce n'est pas un jeu", rétorqua-t-il, de son ton rapide et décisif. "C'est presque une tragédie. Mais maintenant je l'ai trouvé ! Je l'ai placé ! Et *c'est* l'homme que je recherche !"

"Je n'en doute pas", admis-je langoureusement. "Mais dois-je supposer que cette petite scène de banc était une sorte de piège soigneusement étudié ?"

"C'était la seule façon pour moi de remporter le titre", a-t-il admis.

« Décrocher quoi ? » Ai-je demandé, conscient de son hésitation.

"Oh, tu dois savoir", concéda-t-il finalement, "maintenant tu as vu tout ça ! Et je sais que tu es... tu es le bon genre. Je ne peux pas tout te dire. Mais je suis au large du *Connecticut* . C'est le vaisseau amiral de la première division de notre flotte de l'Atlantique, le vaisseau amiral du contre-amiral Shrodder . J'ai été envoyé pour conférer avec l'amiral Maddox, le commandant du Navy Yard. Ensuite, je devais communiquer avec le contre-amiral Kellner, le superviseur des auxiliaires navals. C'était en relation avec le nouveau code de roue d'urgence de la marine. Je ne peux pas vous l'expliquer ; il y a beaucoup de données du département de la marine dans lesquelles je ne peux pas accéder. Mais j'étais à terre ici à New York. avec une liste des nouveaux signaux de code sans fil.

"Et tu les as laissés s'enfuir ?"

"Il n'y avait aucune raison de le dire. Ils m'ont été volés , volés d'une manière mystérieuse que je n'arrive pas à comprendre. Je n'ai qu'un indice. J'avais dîné au Plaza. Puis je suis allé à la salle de bal et je me suis assis à travers les théâtres amateurs de l'hôpital français. J'avais sur moi les formes codées et ils m'inquiétaient. Alors j'ai « divisé la roue », comme on dit dans le service. Je veux dire, je les avais divisés et je suis parti Une moitié enfermée à mon hôtel alors que je portais encore l'autre moitié. Chaque partie, je le savais, serait inutile sans l'autre. Comment ou quand ils ont eu la moitié que je portais, je ne peux pas le dire, pour ma vie. Je me souviens avoir dansé deux ou trois fois dans la salle de bal après la représentation théâtrale. Mais ça ne pouvait pas être n'importe laquelle de ces femmes. Elles n'étaient pas de ce genre.

"Alors qui était-ce ?" Pour la première fois, un sentiment de son côté enfantin m'avait envahi.

"C'est juste ça, je ne sais pas. Mais je sentais toujours que j'étais suivi. J'étais presque certain d'être suivi. Ils le seraient après la seconde mi-temps, je le sentais. Alors j'ai fait un mannequin et j'ai flâné. "

Sa voix s'est éteinte et il m'a de nouveau attrapé le bras.

"Tu vois, il est encore en mouvement ! Il s'en va, cette fois. Et *c'est* l'homme ! Je veux que tu m'aides à le surveiller, à surveiller chaque pas et chaque tour. Et s'il y a un deuxième homme, je vais te demander de le surveiller. suivez-le, pendant que je m'en tiens à celui-ci. Ce n'est pas tout à fait pour moi, rappelez-vous ; c'est plutôt pour tout le Service !

Nous étions alors debout, passant vers le nord le long des allées asphaltées qui serpentaient entre les arbres.

"Vous voulez dire que cet homme est une sorte d'agent, un espion étranger, qui s'intéresse à vos secrets navals ?" Ai-je demandé, alors que nous regardions nonchalamment la silhouette dans un cercle bleu se diriger vers la Cinquième Avenue.

"C'est ce que je dois découvrir. Et je le ferai, si je dois le suivre en enfer et en revenir !" fut la réponse du jeune officier. Puis il s'arrêta brusquement, avec un avertissement murmuré.

"Tu ferais mieux d'aller vers l'ouest, vers Broadway. Puis marcher vers le nord jusqu'à la Cinquième Avenue, vers le coin de Brentano. Je remonterai Madison Avenue, de l'autre côté de lui, et marcherai vers l'ouest sur la Vingt-sixième Rue. Ne parle pas. à moi pendant que nous passons. Mais surveillez-le à chaque instant. Et s'il y a un deuxième homme, suivez-le !

Un instant plus tard, je me dirigeais vers l'ouest en direction du vieux coin de la maison Hoffman. Alors que je m'approchais du trottoir de l'avenue , j'ai vu la silhouette imperturbable en bleu s'arrêter à côté du monument Farragut, à la limite nord-ouest de Madison Square. Je l'ai vu sortir un cigare, allumer lentement et délibérément une allumette sur la pierre de l'exèdre, puis allumer son cigare tout aussi lentement et délibérément.

J'ai senti, en le voyant, que c'était une sorte de signal. Ce soupçon s'est renforcé lorsque, un instant plus tard, j'ai vu une femme sortir d'une porte voisine. Elle portait un chapeau à plumes Gainsborough et une robe de couleur crème. Sur ses jeunes et fines épaules, j'ai en outre distingué une cape d'opéra en dentelle délicate.

Elle resta un moment debout sur le marchepied, comme si elle attendait une voiture ou un taxi. Puis elle traversa rapidement l'avenue et, tournant vers le nord, croisa l'homme en bleu qui l'attendait. Elle l'a dépassé sans un mot.

Mais alors que la silhouette de couleur crème dérivait nonchalamment à côté de l' homme aux larges épaules , j'ai aperçu fugacement quelque chose qui passait entre eux, le soupçon d'une main attrapant un paquet blanc d'une autre. C'était un indice, et rien de plus. Mais c'était suffisant.

Ma première impulsion, lorsque j'ai vu ce mouvement, a été de faire rapidement le tour et d'avertir Palmer de ce qui s'était passé. Un instant de réflexion, cependant, m'a montré le danger de cette situation. Et le jeune lieutenant, je le voyais, avait déjà changé de direction, de sorte que sa trajectoire vers le sud à travers le centre de la place était parallèle à celle de l'autre homme qui marchait maintenant plus rapidement le long du trottoir de l'avenue.

Il avait clairement déclaré que je devais surveiller tout confédéré. Je n'avais pas l'intention de chipoter sur des questions secondaires. Alors que je me dirigeais vers le nord, en effet, après cette silhouette mystérieuse au chapeau Gainsborough et à la robe couleur crème, un picotement d'excitation des plus agréables et déterminés parcourut mon épine dorsale.

Je l'ai suivie aussi prudemment que possible, la suivant bloc par bloc alors qu'elle se précipitait dans l'artère déserte qui était maintenant aussi calme et solitaire qu'une moraine glaciaire. Ma seule crainte était qu'elle atteigne le Waldorf, ou une ruche tout aussi complexe de vie humaine, avant que je puisse la rattraper. Une fois là-bas, je savais qu'elle serait aussi complètement perdue qu'une aiguille dans une botte de foin.

Elle m'avait peut-être soupçonné à ce moment-là, pensai-je, car à deux reprises je la vis regarder par-dessus son épaule.

Puis je me suis arrêté brusquement et je me suis dirigé vers une porte. Un instant après avoir vu un taxi arriver en fracas dans l'avenue de la Trente-Troisième Rue , j'ai découvert que, à son geste répété, il s'arrêtait au bord du trottoir.

Je me tenais bien en retrait dans l'ombre jusqu'à ce qu'elle monte sur le siège, que la porte se referme et que le conducteur fasse demi-tour et reparte vers le nord. Ensuite, j'ai longé les devantures des magasins, j'ai traversé la rue en courant et me suis dirigé directement vers la station de taxi de l'hôtel et vers un chauffeur de taxi somnolent, exhalant de la fumée de cigarette vers le ciel tiède de minuit. Le billet que je lui ai mis dans la main lui a enlevé tout le sommeil et a mis fin à l'encens aux étoiles du matin.

"Remontez l'avenue", dis-je en grimpant à l'intérieur. "Et suivez ce taxi deux pâtés de maisons derrière jusqu'à ce qu'il tourne, puis courez dessus et attendez."

Il tourna à la quarante-deuxième rue et se dirigea vers l'est jusqu'à Lexington Avenue. Puis, doublant sa trajectoire, il se dirigea de nouveau vers le sud. Nous le laissons claquer bien devant nous. Mais alors qu'il tournait brusquement vers l'ouest, au coin de la Vingt-Troisième Rue, nous avons enfreint les lois de vitesse pour nous y rapprocher une fois de plus. Puis, alors que nous traversions la 23e rue, j'ai dit au chauffeur de continuer vers le sud en direction de Gramercy Square. Car j'avais aperçu l'autre taxi déjà stationné sur le trottoir, à mi-chemin entre Lexington et la Quatrième Avenue.

Un instant après avoir traversé la voie ferrée , je me suis éloigné de mon taxi et j'ai couru vers la rue transversale à pied. Alors que j'atteignais le coin , j'ai aperçu une silhouette vêtue d'une robe de couleur crème qui traversait le trottoir et franchissait rapidement la porte d'un immeuble minable de quatre étages.

Je n'ai pas eu le temps d'étudier ce bâtiment. Il aurait pu s'agir d'une résidence désuète transformée en un groupe d'ateliers d'artistes, ou d'un domicile de troisième ordre pour des entreprises de troisième ordre. Ma seule découverte importante a été que la porte s'est ouverte lorsque j'ai tourné la poignée et que j'ai pu entrer tranquillement et rapidement dans le couloir sombre.

Je restais là, dans l'obscurité, écoutant attentivement. J'entendais le claquement léger et précipité des talons de chaussures sur les marchepieds nus des escaliers. J'ai attendu, écouté et compté soigneusement ces clics. Ce faisant, je savais que la femme était montée au dernier étage.

Puis j'entendis le craquement du métal, le bruit d'une clé enfoncée dans une serrure, puis la fermeture prudente d'une porte. Puis je me suis retrouvé à nouveau entouré de rien d'autre que l'obscurité et le silence.

Je suis resté là, plongé dans une profonde réflexion pendant une minute ou deux. Puis je me frayai un chemin à tâtons jusqu'au pied de l'escalier, trouvai la lourde balustrade à l'ancienne et montai lentement et silencieusement l'escalier.

Je ne me suis arrêté que lorsque je me suis retrouvé au dernier étage de cet immeuble calme et odorant . Je m'arrêtai là, immobile, scrutant l'obscurité qui m'entourait.

Mes recherches ont été récompensées par la découverte d'une fine traînée de lumière jaune le long de ce qui devait être le bas d'une porte fermée. Juste au-delà de cette porte, je sentais que ma poursuite allait prendre fin.

Je me suis frayé un chemin jusqu'au mur à tâtons et j'ai avancé tranquillement sur la pointe des pieds. Quand j'arrivai à la porte, je laissai ma main se refermer sans bruit sur la poignée. Puis, en l'amortissant d'une prise ferme, je l'ai tourné lentement, pouce par pouce.

La porte, j'ai découvert, était verrouillée. Mais à l'intérieur de la pièce, je pouvais encore entendre le claquement occasionnel des talons de chaussures et les bruits indéterminés d'un occupant se déplaçant doucement mais précipitamment.

Je restais là, perplexe, déprimé par mon premier sentiment de frustration. Puis j'ai distingué le vague oblong de ce qui devait être une fenêtre au fond d'un couloir étroit. Je suis retourné vers cette fenêtre sur la pointe des pieds, dans l'espoir que cela puisse mener à quelque chose. J'ai découvert, à ma grande déception, qu'il était barré de barres de fer d'un demi-pouce. Et cela signifiait une deuxième défaite.

En testant ces cannes, je suis tombé sur une qui n'était pas aussi sécurisée que les autres. Une clé silencieuse et régulière a fait sortir une vis d'extrémité du bois à moitié pourri. Une ou deux autres torsions du patient ont entièrement libéré l'autre extrémité.

Je me suis retrouvé armé d'une barre de quatre pieds, aiguisée en forme de coin à chaque extrémité pour sa tête de vis. Je suis donc retourné silencieusement vers le crayon de lumière jaune et la porte verrouillée au-dessus. Je suis resté là à écouter pendant une minute ou deux. Tout ce que j'entendais, c'était le bruit de l'eau du robinet et le bruissement occasionnel d'un papier. J'ai donc doucement forcé le bord de ma tringle entre la porte et son montant, et j'ai tout aussi doucement fait levier sur l'extrémité vers l'extérieur.

Quelque chose devait céder sous cette tension. J'avais terriblement peur que ce soit la barre de verrouillage elle-même. Je savais que cela irait en un clin d'œil et trahirait rapidement mon mouvement. Mais à mesure que j'augmentais la pression , je pouvais voir que c'étaient les vis à tête creuse qui cédaient lentement dans le montant en bois de pin.

Je me suis arrêté et j'ai attendu un bruit effacé avant d'oser la dernière poussée qui libérerait le boulon de la douille de desserrage. Cela est venu avec un bruit soudain de pas et la fermeture du robinet qui coulait. La porte avait été ouverte de force et se trouvait à quelques centimètres du montant avant que les pas ne retentissent à nouveau.

J'ai attendu, le cœur dans la bouche, me demandant si quelque chose avait été entendu, si quelque chose avait été découvert. Ce n'est qu'à ce moment-là que je me suis rendu compte de l'énormité de mon offense. J'étais un cambrioleur. Je jouais le rôle d'un cambrioleur de minuit. J'étais confronté à une situation dans laquelle je n'avais aucun intérêt immédiat. J'étais confronté à des périls que je n'avais aucun moyen de comprendre. Mais j'avais l'intention d'entrer dans cette pièce, quel qu'en soit le prix.

J'ai entendu, alors que j'étais là, le bruit d'un tiroir qui s'ouvrait et se fermait. Puis vint un ou deux clics de talon sur le parquet, puis un soupir impatient et bien audible. Il n'y avait aucun doute sur ce soupir. C'était aussi chargé de féminité que si j'avais entendu la voix d'une femme. Et il n'y avait rien à gagner à attendre. J'ai donc d'abord appuyé silencieusement ma barre de fer contre le coin de la porte. Puis, prenant une profonde inspiration, je pénétrai rapidement et sans bruit dans la pièce éclairée.

Je me tenais là, près de la porte entrouverte, clignant un peu des yeux devant l'éclat soudain de la lumière. Il s'écoula un intervalle appréciable avant que les détails de la scène puissent s'inscrire dans mon esprit.

Ce que j'ai vu était une grande pièce simplement meublée. Dans un coin se trouvait un bureau à plateau roulant et, du haut, j'ai aperçu la lueur d'un émetteur téléphonique. Dans le mur du fond se trouvaient deux fenêtres à l'ancienne, aux rebords bas . Contre ce mur, et entre ces deux fenêtres, se trouvait un coffre-fort en fer noir.

Devant la porte ouverte de ce coffre-fort, me tournant le dos, se trouvait la femme en robe crème. Il était évident qu'elle n'avait pas encore conscience de ma présence.

Elle avait jeté son chapeau et sa cape de côté, et se penchait en ce moment sur la gueule sombre du coffre-fort ouvert, fouillant dans ses recoins avec un bras blanc et arrondi. Je restais là à la regarder, me demandant quel mouvement serait le plus efficace. Je n'ai fait aucun bruit ; j'en étais certain. Pourtant, un sixième sens a dû l'avertir de ma présence. Car sans rime ni raison, elle s'est soudainement redressée et, se balançant dans son élan, m'a fait face.

Son visage, un peu rouge à force de s'être baissée, devint blanc. Elle me regardait sans parler, les yeux écarquillés d'émerveillement terrifié. Je pouvais voir ses lèvres s'ouvrir lentement, alors que le choc de ce qu'elle voyait commençait à détendre les muscles de la mâchoire le long de la joue blanc olive.

Je la regardai avec un esprit singulièrement désengagé. Je me sentais en effet très à mon aise, très maître de la situation. En tant qu'adversaire, je pouvais le voir, elle serait plus que mystérieuse. Elle serait en fait extrêmement intéressante.

Son geste suivant, cependant, a jeté un nouveau visage sur la situation. Car elle laissa inopinément sa main se diriger vers le mur à côté d'elle, juste derrière le toit du coffre-fort. Ce faisant, j'entendis le claquement d'un bouton d'interrupteur ; l'instant d'après, la lumière s'est éteinte. Il a laissé la pièce dans une obscurité impénétrable.

Je restais là, non préparé à un quelconque mouvement offensif ou défensif. Pourtant, je le savais, mon ennemi n'était pas inactif. Alors que je scrutais en vain dans l' obscurité , j'entendais le bruit sourd de la porte du coffre-fort qui se fermait. Puis vint le bruit distinct d'une lourde clé qu'on enfonçait et tournait dans une serrure métallique – le coffre-fort, évidemment, était de la fabrication à l'ancienne d'une serrure à clé – puis le bruit de cette clé qu'on retirait. Puis vinrent un ou deux claquements de talons de chaussures, un bruissement de vêtements et, un instant plus tard, le fracas saisissant et brutal d'une vitre.

La femme avait délibérément verrouillé le coffre-fort et jeté la clé par la fenêtre ! Elle m'avait pris une longueur d'avance. Elle m'avait vaincu dès le premier mouvement de notre rencontre. Mon hésitation avait été une erreur, une erreur coûteuse.

"Ayez la gentillesse d'allumer cette lumière !" J'ai commandé.

Pas un son ne sortait de l'obscurité.

"Allumez cette lumière", ai-je pleuré. "Allumez cette lumière ou je tire ! Je vais ratisser chaque pied de cette pièce !" Et sur ce, j'ai donné un double clic très significatif sur le ressort de mon étui à cigarettes.

La lumière se ralluma aussi soudainement qu'elle s'était éteinte. J'ai discrètement empoché mon étui à cigarettes.

La femme se tenait à côté du coffre-fort, comme auparavant, m'observant de ses yeux écarquillés et provocateurs. Mais pendant tout ce temps, aucun mot n'était sorti de ses lèvres.

"Asseyez-vous!" J'ai commandé avec autant d'autorité et de désinvolture que possible. C'est alors qu'elle parla pour la première fois.

"Merci, je préfère rester debout !" fut sa réponse. Elle parlait calmement et distinctement et presque sans accent. Pourtant, j'avais l'impression que cette voix était, d'une certaine manière, étrangère. Un vague substrat exotique dans les tons soigneusement énoncés m'a fait supposer qu'elle était soit une Autrichienne, soit une Hongroise francisée, ou sinon, peut-être une Polonaise.

"Vous serez ici pendant un certain temps", insinuai-je.

"Et toi?" elle a demandé. J'ai remarqué un haussement d'épaules presque imperceptible de son épaule doucement arrondie. La poudre de riz, imaginais-je, augmentait quelque peu son effet général de blancheur morte.

"Je serai là jusqu'à ce que ce coffre-fort soit ouvert", fut ma réponse.

"C'est long?" se moqua-t-elle.

"C'est long!" Répétai-je, exaspéré par son lent sourire.

"Ah, alors je vais m'asseoir", murmura-t-elle en attrapant la cape en dentelle et en l'ajustant autour de ses épaules. " Car, croyez-moi, cela va être très, très long, monsieur ! "

Je l'observai attentivement alors qu'elle traversait la pièce et se laissait tomber sur une chaise. Elle passa sa traîne de couleur crème sur ses genoux avec une délibération économe et studieuse.

Alors que je la regardais, je me suis soudain rendu compte que sa ruse aurait pu être une double ruse. Une obliquité comme la sienne aurait des circonvolutions invisibles. Ce n'était pas la clé du coffre-fort qu'elle avait jeté par la fenêtre ! Elle n'aurait jamais été aussi stupide. C'était une ruse, un subterfuge. Elle avait toujours cette clé quelque part sur elle.

"Et maintenant, que dois-je faire ?" » demanda-t-elle en rapprochant la cape de ses épaules.

"Vous pouvez me remettre la clé de ce coffre-fort", fut ma réponse.

Elle pouvait effectivement se permettre de rire un peu.

"C'est tout à fait impossible !"

"Je veux cette clé !" J'ai insisté.

" *Pardon* , mais n'est-ce pas... dangereux ? " » demanda-t-elle doucement. "N'est-il pas vrai d'entrer par effraction dans les maisons à minuit et de voler des femmes ?"

C'était à mon tour de rire.

"Pas du tout", lui ai-je assuré calmement. "Et tu peux juger si j'ai peur ou pas. Il y a quelque chose de bien plus dangereux que *ça* !"

Elle m'étudiait à nouveau avec ses yeux perplexes et toujours plissés.

"Ce qui signifie?" » a-t-elle incité.

"Eh bien, par exemple, le vol des codes navals gouvernementaux, entre autres choses."

"Tu es très, très ivre", rétorqua-t-elle avec son sourire doucement moqueur. "Ou tu es fou, complètement fou. Puis-je ne pas enfermer mes bijoux dans mon propre coffre-fort ? Ah, je commence à voir... c'est une ruse, pour que tu puisses me voler !"

"Alors pourquoi ne pas appeler la police ?" » défiai-je en désignant le téléphone.

Un air de ruse se glissa dans ses yeux studieux.

"Vous permettez cela?" elle a demandé.

"Je l'invite", fut ma réponse.

"Alors j'appellerai à l'aide."

"Seulement de la police."

"Oui, je vais appeler à l'aide", répéta-t-elle en se dirigeant vers le téléphone.

Je me suis penché en avant alors qu'elle se tenait devant. J'ai attrapé son bras nu, dans ma main gauche, juste en dessous du coude. Alors que je le tirais vers l'arrière, son corps était contre le mien, coinçant son autre bras contre mon côté.

Cela me répugnait, mais c'était nécessaire. Alors que je la maintenais là, se tordant et haletant, j'ai délibérément enfoncé ma main droite dans la poitrine ouverte de sa robe. J'étais vaguement conscient d'une légère aura de parfum, d'une sensation de chaleur derrière le *corsage doux et bordé de dentelle* . Mais c'est la clé elle-même qui a racheté cet assaut brutal et qui a fait monter un soupir de soulagement à mes lèvres : l'énorme clé en laiton, aussi grosse qu'un batteur à œufs.

" *Lâche !* " entendis-je haleter à mon oreille.

La femme chancela jusqu'à une chaise, blanche jusqu'aux lèvres ; et pendant un moment ou deux, j'ai cru qu'elle allait s'évanouir.

"Oh, espèce de *chien* !" » haleta-t-elle, alors qu'elle était assise là, haletante et me regardant avec des yeux flamboyants. " *Cochon* ! Cur !"

Mais je n'y prêtais guère attention, car le vin de la victoire coulait et picotait déjà dans mes veines.

"Tu sais, tu peux toujours appeler la police", lui dis-je en faisant face à la lourde porte noire du coffre-fort. Je savais qu'un tour de poignet me mettrait face à face avec mon prix.

Un mouvement soudain de la femme, alors que je me penchais par-dessus la porte du coffre-fort, me fit revenir en un éclair. Elle était debout et à mi-chemin de la pièce avant que je puisse l'intercepter. Et je n'ai pas été très gentil, j'en ai peur, car l'excitation de cette affaire m'était montée à la tête.

Cette agression antérieure de ma part semblait l'avoir intimidée. Je pouvais voir une véritable terreur dans ses yeux alors que je la forçais à s'appuyer contre le mur. Elle a dû se rendre compte de son impuissance. Elle me regarda en face, perplexe, désespérée. Il y avait en elle quelque chose de souple et de panthère, quelque chose de séduisant et pourtant inquiétant. Je pouvais voir à quel point sa beauté physique pouvait être une arme efficace, une fois que sa menace de tigre avait été entièrement rengainée.

"Attendez!" cria-t-elle en attrapant mon bras. "Si tu veux quelque chose, je te le donnerai."

"Il y a plusieurs choses que je veux", fut ma réponse sans compromis.

"Mais pourquoi devrais-tu les vouloir ?" » a-t-elle demandé, toujours accrochée à mon bras.

"C'est mon devoir de les prendre", répondis-je, inconscient de tout mensonge. « C'est pour cela que je suis envoyé ici ! C'est pourquoi j'ai surveillé l'homme qui vous a donné le paquet !

"Quel paquet ?"

"Le paquet que vous avez pris à Madison Square il y a une heure ; le paquet que vous avez enfermé dans ce coffre-fort ! Et si vous le souhaitez, je vous dirai exactement ce qu'est ce paquet !"

"C'est une erreur, une très triste erreur", a-t-elle eu l'audace de déclarer. Son bras était toujours accroché à moi. Son visage était très proche du mien alors qu'elle avançait. "Je peux tout vous expliquer, si seulement vous m'en donnez le temps... tout ! Je peux vous montrer où vous vous trompez et comment vous pouvez souffrir d'une erreur comme celle-ci !"

"Nous pourrons reparler de tout cela plus tard", lui dis-je aussitôt, car je commençais à soupçonner que son objectif était maintenant simplement de tuer le temps, de me retenir là, dans l'espoir d'une découverte fortuite. J'ai regardé autour de moi, me demandant quel serait le moyen le plus rapide de sortir de mon dilemme.

"Qu'est-ce que tu vas faire?" » a-t-elle demandé en me regardant pousser une chaise contre le mur, juste à côté du coffre-fort.

"Je vais vous asseoir très confortablement dans cette chaise très confortable", l'informai-je, "et dans ce coin tout aussi confortable juste derrière la porte du coffre-fort. Et au premier truc ou signe de problème, j'ai peur de" Je vais faire un trou dans une de tes jolies épaules blanches ! »

Elle s'assit sans être forcée de s'asseoir sur la chaise. Ses yeux alertes et toujours en mouvement brillaient lumineusement sur son visage d'une blancheur morte. Je savais, en enfonçant l'énorme clé dans la serrure du coffre-fort et en la retournant, qu'il faudrait la surveiller, et la surveiller à chaque instant.

J'avais déjà compté sur la porte du coffre-fort, qui se retourna, formant une barrière dans le coin dans lequel elle était assise. C'est ce que j'ai trouvé être le cas. J'ai cependant pris une deuxième précaution en enfonçant fermement un dossier de chaise incliné sous le rebord du verrou du coffre-fort.

Je savais, en me baissant devant le coffre-fort ouvert, qu'elle ne pouvait faire aucun mouvement brusque sans que j'en sois conscient. Je savais aussi que le temps était précieux. J'ai donc fouillé les profondeurs du coffre-fort presque vide et j'en ai sorti un certain nombre de papiers soigneusement maintenus ensemble par un élastique.

Je les ai placés sur le dessus du coffre-fort. Ensuite, j'ai cassé le bracelet et j'ai examiné le premier document. Au dos, soigneusement inscrite en français, se trouvait la légende tout à fait satisfaisante : « Plans et spécifications ; Bs. Lake Torpedo Company, Bridgeport ». Le paquet suivant était un plan de projectiles de guerre, et au dos était écrit : « Model Tracings, through Jenner, from the Bliss & Company Works – 18 – Self-Projectors. »

Le troisième paquet ne portait aucune inscription. Mais en l'ouvrant, j'ai vu d'un coup d'œil ce que c'était. J'ai su en un instant que j'avais devant moi le code de roue gouvernemental des signaux sans fil en service actif. C'était le code qui avait été volé au lieutenant Palmer. Le quatrième et dernier journal, que j'ai découvert, était clairement le faux qui avait été confisqué au même officier cette nuit-là à Madison Square. L'affaire était terminée. La poursuite était terminée.

"Dans le tiroir-caisse, à droite, vous en trouverez davantage", remarque tranquillement la jeune femme qui m'observe depuis le côté du coffre-fort.

"C'est verrouillé", dis-je en tirant sur la poignée du tiroir. Je me suis redressé face à son rire soudain.

"Pourquoi ne pas tout prendre ?" » demanda-t-elle avec son sourire moqueur.

Et je ne voyais aucune raison pour laquelle je ne devrais pas le faire ; même si le soupçon m'a traversé l'esprit que cela pourrait être encore une autre ruse pour tuer le temps. Si tel était le cas, j'y faisais face immédiatement, car j'envoyais aussitôt le talon de ma botte contre le tiroir-caisse en bois, le brisant d'un seul coup.

Elle s'était trompée, ou avait menti délibérément, car le tiroir était vide. Et je le lui ai dit avec beaucoup de chaleur.

"Ah, nous faisons tous des erreurs, je pense", murmura-t-elle avec son énigmatique haussement d'épaules.

"Ce que je veux savoir", dis-je en regroupant les quatre papiers et en les mettant dans ma poche, "c'est comment avez-vous obtenu ce premier code de mon jeune ami le lieutenant ?"

Elle sourit à nouveau, un peu las, alors que je fermais la porte du coffre-fort et la verrouillais. Elle ne s'est pas levée de sa chaise. Mais alors que je me tenais face à elle, quelque chose dans mon attitude lui a apparemment semblé nettement humoristique. Car elle éclata d'un rire soudain et plus profond. Il y avait cependant quelque chose de glacial et de glaçant dedans. Ses yeux semblaient désormais plus voilés. Ils avaient perdu leur air de terreur d'antan. Son visage semblait s'être détendu et prendre des contours plus doux.

"Voudrais tu savoir?" » dit-elle en levant la tête et en regardant le mien avec ce regard plus âgé et à moitié moqueur. Elle parlait lentement et délibérément, et je pouvais voir le léger haussement d'épaules qu'elle donnait à une épaule semblable à une panthère. "Est -ce *que je* serais si déplacé dans une salle de bal ? Ah, n'y a-t-il pas plus de choses que des cœurs perdus quand un homme danse avec une femme ?"

"Je vois, tu veux dire que tu l'as volé, au Plaza ?"

"Pas du tout, monsieur !" » murmura-t-elle langoureusement en retour. Puis elle inspira plus profondément et s'assit plus rigidement dans son fauteuil à dossier droit.

Quelque chose dans son visage, à ce moment-là, m'a intrigué. Il semblait y avoir une certaine note latente de confiance. La dernière trace de peur en avait disparu. Il y avait là quelque chose qui ressemblait étrangement à un triomphe, un triomphe étouffé.

Une flèche d'appréhension m'a traversé alors que je me penchais pour regarder dans ses yeux sombres. Cela a traversé tout mon corps, vif comme un choc électrique. Cela m'a fait me retourner soudainement, lui tournant le dos et le visage tourné vers la pièce ouverte.

Puis j'ai compris. J'ai tout vu, en une seconde frissonnante. Car là, face à moi, se tenait la silhouette d'un homme en bleu marine. C'était la même silhouette que j'avais suivie à travers la place.

Mais désormais, son attitude n'avait rien de secret ou de détourné. C'était tout le contraire ; car, tandis qu'il se tenait là , il tenait à la main un revolver à canon bleu. Et je voyais très clairement qu'il était dirigé directement vers moi. La ruse de la femme avait fonctionné. J'avais perdu trop de temps. Le complice qu'elle attendait visiblement était venu à son secours.

L'homme fit trois ou quatre pas plus loin dans la pièce. Son revolver me couvrait toujours. J'ai entendu un petit halètement de la part de la femme alors qu'elle se levait. Je l'ai pris pour un cri d'étonnement.

"Tu vas le tuer ?" elle a pleuré en allemand.

"N'est-ce pas obligé ?" » demanda l'homme. Il parlait en anglais et sans accent. "Tu ne comprends pas *que c'est un briseur de coffre-fort* ? Il s'est introduit par effraction dans cette maison ? Alors ! Il a été pris en flagrant délit, il a été abattu en état de légitime défense !"

J'ai regardé le canon du pistolet. Les paroles calmes de l'homme semblaient horrifier la femme à mes côtés. Mais il n'y avait aucune trace de pitié dans sa voix lorsqu'elle reprit la parole.

"Attendez!" elle a pleuré.

"Pourquoi?" » demanda l'homme au pistolet.

"Il a tout : le code, les plans, tout."

"Attrape les!" ordonna l'homme.

"Mais il est armé", a-t-elle expliqué.

Un ricanement traversa le visage impassible de l'autre.

"Et s'il l'était ? Prends son arme, prends tout !"

La femme s'est approchée de moi. De nouveau je suis entré dans le rayon de ses parfums. Je pouvais même sentir son souffle sur mon visage. Ses mouvements ressemblaient plus que jamais à ceux d'une panthère alors qu'elle fouillait mes poches, une à une. Pourtant, ses mains brillantes et adroites ne trouvèrent aucun revolver, pour la simple raison qu'il n'y en avait pas. Cela l'intriguait et l'inquiétait.

"Dépêche-toi!" ordonna l'homme qui me couvrait.

Elle recula et se mit sur le côté, le paquet à la main.

"Maintenant, fermez les fenêtres !" ordonna l'homme.

Mon cœur s'est serré dans mes bottes lorsque j'ai entendu le bruit sourd de cette deuxième fenêtre fermée. Il n'y aurait pas de perte de temps.

J'ai pensé à attraper la femme et à la tenir comme un bouclier devant moi. J'ai pensé au téléphone ; l'interrupteur ; la fenêtre. Mais ils semblaient tous désespérés.

La femme se détourna, les mains bouchées à ses oreilles. La pensée incongrue m'a traversé l'esprit : deux heures auparavant, j'avais qualifié la ville de plate et de fade ; et ici, à un coup de fusil de ma propre porte, je me trouvais face à face avec la mort elle-même !

"Ecoute ici," criai-je, même si je détestais le faire, "qu'est-ce que tu retires de ça ?"

" *Toi !* " dit l'homme.

"Et à quoi cela servira-t-il ?"

« Ça va probablement te fermer la bouche, pour commencer ! »

"Mais il y a d'autres bouches", m'écriai-je. "Et j'ai peur qu'ils aient beaucoup à dire."

"Je suis prêt pour eux !" fut sa réponse.

Je pouvais voir son bras se lever un peu et se redresser à mesure qu'il se levait. Le canon de l'arme n'était rien d'autre qu'un « O » noir au bout de mon champ de vision. J'ai senti mon cœur s'arrêter, car j'ai deviné ce que signifiait ce mouvement.

Puis j'ai éclaté de rire, à voix haute, d'une manière complètement stupide et hystérique.

La tension avait été trop forte pour moi et le moment de libération était arrivé trop soudainement, de manière trop inattendue. Je pouvais voir l'homme au pistolet cligner des yeux avec perplexité, pendant une seconde ou deux, puis je pouvais voir le resserrement de sa bouche aux lèvres fines. Mais ce n'était pas tout ce que j'avais vu.

porte entrouverte, j'avais aperçu la barre de fer lentement levée, celle-là même que j'avais arrachée à la fenêtre du hall extérieur. J'avais vu sa descente au moment où j'avais réalisé la finalité de ces lèvres qui se resserraient rapidement.

Il a frappé le bras lors de son balayage vers le bas. Mais il n'était pas temps d'arrêter la décharge du revolver. La détonation résonna dans la pièce alors que la balle déchirait et se brisait dans le pin du sol. Au même instant, l'arme à feu déchargée traversa la pièce en tournoyant et tandis que l'homme qui la tenait tombait sous le coup, le jeune Palmer lui-même se dirigeait vers moi à travers la fumée qui s'échappait.

Ce faisant, je me tournai vers la femme, les mains toujours pressées contre ses oreilles. D'un mouvement violent, j'arrachai le paquet de papiers élastique de sa pochette.

"Mais le code ?" » haleta Palmer, alors qu'il tirait follement sur la porte du coffre-fort.

Je ne lui répondis pas, car un mouvement brusque de la femme attira mon attention. Elle s'était baissée et avait rattrapé le revolver tombé. L'homme en bleu, se retournant sur la hanche, sortait de sa poche un deuxième pistolet.

"Rapide!" J'ai appelé Palmer en le balançant par l'aisselle et en l'envoyant catapulter à travers la fumée jusqu'à la porte ouverte. « Vite… et baissez-vous !

Les coups de feu se sont rapprochés alors que nous trébuchions contre la tête de l'escalier.

"Rapide!" Répétai-je en le tirant après moi.

"Mais le code ?" il pleure.

"J'ai compris!" Je l'ai appelé alors que nous haletions et plongeions dans ce puits d'obscurité à trois niveaux vers la rue et la liberté. "Je l'ai, j'ai tout !"

CHAPITRE IV

LA PORTE OUVERTE

"Dois-je appeler la voiture, monsieur ?" » demanda Benson aux yeux soucieux, m'observant secrètement alors que je me préparais à sortir dans la rue.

"Non", fut ma réponse studieuse et détachée, "j'ai l'intention de marcher."

— Latreille vous demandait, monsieur, si vous vouliez bien faire garer la voiture.

La signification de cette fade suggestion ne m'a pas échappé. Et cela n'a pas ajouté à ma sérénité d'esprit.

— De quoi s'agit-il au juste, chez Latreille ? » ai-je demandé, avec un picotement d'irritation. Mon vieux majordome aux yeux patients détourna son regard, avec un soupir qu'il ne semblait pas tout à fait capable de contrôler.

— Et à la fin du mois, continuai-je, je compte renvoyer cet homme-là, j'en ai marre de ses insolences.

"Oui, monsieur," acquiesça Benson doucement mais avec ferveur.

J'étais nerveux, je le savais, mais je ne cherchais pas la sympathie de mon employé. Et quand j'ai fermé la porte derrière moi , j'ai eu peur que ce soit un mouvement loin d'être silencieux.

J'étais heureux de sortir à l'air libre, heureux d'échapper aux yeux compatissants du vieux Benson, d'avoir de l'espace autour de moi, de l'air frais pour respirer et des kilomètres de trottoir innombrables pour fatiguer mes jambes.

J'ai remarqué, en tournant vers la Cinquième Avenue, que le doigt de lumière en mouvement sur le cadran de l'horloge métropolitaine indiquait minuit après une heure. J'ai donc contourné ce delta de farniente, où les turbulences de midi de Broadway vident leurs bois flottés dans le calme de la place, et j'ai continué mon chemin jusqu'à l'avenue.

Personne ne peut prétendre connaître New York s'il ne connaît pas ses avenues dans ces petites heures mystiques qui s'écoulent entre le balayeur en rotation et l'appel rouge-gorge du premier journal du matin. La Cinquième Avenue, surtout ses sœurs, se trouve alors comme apaisée par la Mort, aussi calme que le Colisée sous son clair de lune italien. Elle semble, sous les étoiles, à la fois médiévalie et spiritualisée. Elle parle alors dans un murmure intime qui lui est étranger de jour, voilant sa loquacité terrestre dans un émerveillement rêveur, adoucissant et adoucissant comme une femme attendant son amant. Les grands fûts d'acier enfermés dans leur marbre blanc deviennent des tourelles couronnées de mystère. Et le sol de la rue lui-même, aussi propre et poli qu'une salle de bal, semble onduler vers des royaumes extérieurs de romance. De temps en temps, une automobile solitaire, gravissant ses pentes douces comme un navire empruntant une étroite voie maritime balisée par des perles aussi énormes que des citrouilles, ne fait qu'accentuer la solitude de minuit.

Alors, le long de cette avenue sans poussière, sans odeur et transmuée, j'ai erré, aussi passivement qu'un policier en patrouille, demandant au calme quand et comment je pourrais capturer cette couronne de lassitude qu'est le sommeil.

J'errais, moqué par mille stores tirés, nargué par mille portes somnolemment fermées. Je me sentais, dans cette ville de repos, aussi sans abri qu'un loup des prairies. La suffisance même de ces façades voilées et satisfaites d'elles-mêmes a commencé à m'énerver. La taciturnité même des grandes hôtelleries silencieuses m'irritait ; tout en eux semblait si éloquent d'un interrègne de repos, de tension détendue, de réservoirs invisibles de vie se remplissant doucement et secrètement.

Pourtant, alors que j'arrivais dans la largeur de la Plaza et que je voyais devant moi l'obscurité boisée de Central Park, j'éprouvais un sentiment d'inquiétude encore plus fort. Il y avait quelque chose de répugnant dans ses solitudes automnales. Cette vague *agoraphobie* propre aux neurasthéniques me faisait désirer la contiguïté des miens, si inconscients qu'ils fussent de moi et de mon errance. Je me suis retrouvé, presque sans réfléchir, à bifurquer vers l'est dans l'une des rues secondaires de la ville.

Pourtant, le long de cette vallée latérale de tranquillité , j'errais aussi inconsolable qu'auparavant. Ce qui m'impressionnait maintenant, c'était la monotonie des façades qui se serraient bloc par bloc. Chaque façade semblait faite du même calcaire de l'Indiana, du même gris terne, comme si, en effet, tout le district était une carrière découpée en damier par les courants transversaux érodés provenant de la même roche. Chaque étage de fenêtres semblait adossé aux mêmes stores, chaque marche de la rue barricadée par la même porte. Je me suis arrêté et j'ai levé les yeux, me demandant si derrière ces murs et ces stores aux teintes neutres se cachaient des vies aussi chauves et monotones que les matériaux qui les masquaient. Je me demandais si un environnement aussi indistinct ne donnerait pas naissance à un type tout aussi dénué d'individualité.

Je me tournai sur place, et j'étais sur le point de passer avec hésitation, quand m'arriva l'une des choses les plus inattendues qui puissent arriver à un homme à minuit.

D'un ciel dégagé, sans une note ni un mouvement d'avertissement, un lourd paquet tomba soudain à mes pieds.

D' où cela venait, je n'avais aucun moyen de le dire. La maison au-dessus de moi était aussi silencieuse et sombre qu'un tombeau. La rue était aussi vide qu'une église. S'il s'agissait d'un météore surgi d'un ciel étoilé ou d'un chat sauvage sautant d'une branche d'arbre, cela n'aurait pas pu m'effrayer davantage.

Je restai à le regarder, avec émerveillement, alors qu'il se trouvait à côté de la balustrade sur laquelle ma main avait reposé. Puis je reculai et me penchai par-dessus cette balustrade, pour examiner plus clairement le mystère. Quoi qu'il en soit, il était tombé avec étonnamment peu de bruit. Il n'y avait aucune fenêtre ouverte pour expliquer sa source. Il n'y avait pas eu de vent pour le souffler depuis le rebord de l'étage supérieur. Rien ne prouvait que sa perte avait été d'une importance considérable. Pourtant il était là, un mystère que seules les heures profondes de la nuit, où les facultés les plus solennellement imaginatives entrent en jeu, pouvaient empêcher le ridicule.

Je suis resté là pendant plusieurs minutes, à cligner des yeux, comme s'il s'agissait d'une bête à fourrure rôdant dans un coin. J'ai alors essayé un mouvement qui, s'il n'était pas au-dessus du commun, était également lié au bon sens. Je suis passé par la balustrade et j'ai récupéré le colis. Je l'ai retourné plusieurs fois. Puis je me suis assis sur les marches de pierre et j'ai délibérément détaché la lourde corde qui l'attachait.

Je comprenais maintenant pourquoi j'avais considéré ce paquet qui tombait comme le saut d'un animal. Il était complètement enveloppé dans ce que je pensais être un manteau de moteur d'écureuil russe. La fourrure étroitement nouée avait amorti la chute du colis.

Enfermé dans ce vêtement doublé de soie, j'ai trouvé un petit paquet, enveloppé de plusieurs longueurs de ce qui semblait être de la dentelle irlandaise. À l'intérieur se trouvaient encore d'autres fragments de dentelle. J'y passe mes doigts explorateurs avec toute la curiosité alerte d'un enfant examinant une corne d'abondance d'arbre de Noël.

Là, au cœur de la parcelle, j'ai trouvé une collection qui m'a plutôt surpris. La première chose que j'ai examinée était un sac en peau de chamois rempli de bagues de femmes, une douzaine ou plus, de toutes sortes. J'ai ensuite sorti un sac à main florentin en *repoussé serti de turquoises et de perles de rocaille, puis un collier de pierre de lune, manifestement de fabrication romaine antique.*

Vint ensuite un scarabée égyptien noir et blanc, puis, par-dessus tout, une tabatière. Elle était ovale et d'or, émaillée *en plein* d'une scène pastorale grouillant d'Amours roses et dodus. Même dans cette lumière incertaine, il n'a pas fallu un second regard pour m'assurer que je contemplais un rare et magnifique spécimen de l'art joaillier de Louis XV. Puis vint une petite photographie dans un cadre ovale en or. Le reste de l'étrange collection était constitué de bric-à-brac de bijoux et d'une pendule de voyage recouverte de cuir et frappée d'initiales dorées.

Je n'ai pas pris le temps d'examiner de plus près cet étrange assortiment d'objets de valeur, car il me semblait désormais clair que j'étais tombé sur quelque chose d'aussi inquiétant qu'inattendu. La seule explication d'une situation autrement inexplicable était qu'un cambrioleur était occupé quelque part derrière le mur de pierre grise devant lequel je faisais face.

La maison derrière ce mur ne semblait pas prendre de nouvelle couleur à cette découverte. Sa sobriété inhérente, la forme même rectangulaire de ses contours, semblaient en contradiction avec toute affirmation selon laquelle elle pourrait abriter une figure pittoresque ou picaresque. Ce n'était pas une vieille demeure tachée par le temps, sombre de souvenirs et de larmes. Il n'y avait aucune atmosphère romantique, aucune suggestion d'aventures anciennes et grandes, de manières majestueuses et de nobles oisifs, d'intrigues et d'amours et de haines oubliés, de silence et de tristesse touchés par l'éloquence plus profonde d'une histoire non enregistrée. Ce n'était rien de plus qu'une maison neuve, étroite et extrêmement moderne, au cœur même d'un New York moderne, aux lignes simples et aussi évidente dans l'architecture que les entrepôts le long d'un front de mer d'antan, aussi dénuée de cœur qu'elle. était chauve, symbole des matérialités criardes , du jour de l'utilité. Cela ne pouvait pas plus être un port de romance, me disais-je, que le trottoir de pierre devant lui ne pouvait se traduire par un précipice montagneux semé de sentiers de brigands.

Pourtant, je gravis lentement ces marches de pierre peu accueillantes, le paquet sous le bras. Le voleur à l'œuvre à l'intérieur de la maison, supposai-je, avait simplement attaché la partie la plus lourde de son butin et l'avait laissé tomber par une fenêtre doucement ouverte, pour être rassemblé aussi rapidement qu'il aurait pu s'enfuir dans la rue. La pensée soudaine qu'il aurait pu être abandonné pour un confédéré m'a amené à regarder attentivement vers l'est, puis avec autant de soin vers l'ouest. Mais aucun signe de vie ne rencontra mon regard. Ma silhouette, perplexe, devant cette porte inconnue, était la seule silhouette dans la rue.

Dieu seul sait ce qui m'a poussé à tendre la main et à essayer cette porte. Ce n'était, je suppose, qu'une habitude de toute une vie, l'habitude presque inconsciente de tourner une poignée lorsqu'on se trouve confronté à une porte fermée. Ce qui a provoqué un petit frisson d'excitation dans mon corps, c'est que la poignée tournait dans ma main et que la porte elle-même restait déverrouillée.

Je me baissai et examinai cette serrure du mieux que je pus dans la lumière incertaine. J'ai même passé un doigt caressant le long du bord de la porte. Il n'y avait aucune preuve qu'elle avait été ouverte, tout comme rien ne prouvait que la serrure elle-même n'était pas intacte et indemne. Cependant, un deuxième test de la poignée m'a montré que la porte était indubitablement ouverte.

Ma solution évidente, à un tel moment, aurait été d'attendre un patrouilleur ou de m'éclipser tranquillement et d'envoyer un message au quartier général de la police. Mais, comme je l'ai déjà dit, aucun homme n'est complètement sain d'esprit après minuit. Facultés subliminales, perversions ancestrales, tendances endormies et capricieuses, tout refait surface, émergeant comme des rats autour d'une demeure endormie. Et pour couronner le tout, encore une fois, il y avait mon propre besoin neurasthénique d'activité, ma faim de l'influence narcotisante de l'excitation.

Et cela a son zeste de nouveauté que de pénétrer à trois heures du matin dans une maison inconnue et mal éclairée. Cette nouveauté prend un caractère tranchant lorsque vous avez des preuves assez solides que quelqu'un qui n'a rien à faire là-bas vous a déjà précédé dans cette maison.

Alors , alors que j'entrais à l'intérieur et fermais doucement la porte derrière moi, j'avançais avec le plus grand soin. Un sixième sens de précaution m'a dit que l'endroit n'était pas inoccupé. Pourtant, l'obscurité qui m'entourait était absolue. Pas un son ni un mouvement ne parvenait à mes oreilles alors que je restais là à écouter, minute après minute. Alors je me suis glissé plus profondément dans l'obscurité.

Ma connaissance de cette classe de résidence stéréotypée m'a donné une très bonne idée de l'endroit où devrait se situer l'escalier. Pourtant, il m'a fallu beaucoup de recherches, de tâtonnements et de tripotes avant d'y arriver. Un éclair d'allumette, je le savais, m'aurait tout révélé. Mais, dans ces circonstances, allumer une lumière serait à la fois insensé et dangereux. Aucun chien de maison, je le sentais, n'interromprait ma progression ; le simple souvenir de l'intrus au-dessus de moi me rassura sur ce point.

Je m'arrêtai au début du premier escalier, intrigué par le calme complet qui m'entourait. J'ai porté mon attention sur chaque quart de la boussole, point par point.

Mais j'aurais pu être enfermé et enfermé dans une citerne, tant le silence était complet, tant l'obscurité était opaque. Pourtant, je sentais qu'il n'y avait rien à gagner à rester là où j'étais.

Alors j'ai tâtonné et j'ai continué mon chemin, contournant la rampe et avançant pas à pas dans le deuxième escalier. Celui-ci, j'ai remarqué, était à la fois plus étroit et plus raide que le premier. Je n'étais pas non plus inconscient du fait que cela me conduisait dans une zone de plus grand danger, car l'étage dont je m'approchais, je le savais, serait l'étage où je dormais.

J'étais à mi-hauteur de l'escalier quand quelque chose d'indéfini m'a arrêté brusquement. Quelque instinct nocturne m'avertissait d'une présence imminente, d'une menace qui ne s'était pas encore manifestée.

Une fois de plus, je m'arrêtai, tendant les yeux dans l'obscurité. Rien du tout n'était visible. Cependant, sur le sol du couloir, juste au-dessus de ma tête, passait un son léger mais indubitable. C'était le doux *frou-frou* d'une jupe, une jupe de soie ou de satin, bruissant légèrement lorsqu'une femme parcourait la salle sur toute sa longueur. Je venais d'enregistrer mentalement la déduction selon laquelle cette femme était vêtue de vêtements de ville et était donc une intruse venue de l'extérieur plutôt qu'une dormeuse soudainement réveillée, lorsqu'une vague suffusion de lumière remplit l'espace au-dessus de moi et se fit entendre. aussi vite éteint à nouveau.

J'ai su au moment où j'ai entendu le doux bruit du bois se refermer contre le bois, qu'une porte avait été doucement ouverte et refermée tout aussi doucement. La pièce dans laquelle menait cette porte devait être faiblement éclairée, car c'était l'éclosion de cette lumière réfractée qui avait attiré mon attention.

Je montai silencieusement les escaliers, pas à pas, écoutant de temps en temps à mesure que j'avançais. Une fois que j'ai atteint le niveau du sol , je suis resté près du mur, tâtonnant jusqu'à ce que j'arrive à la porte que je voulais.

Il n'y avait aucun moyen de déterminer ce qui se trouvait de l'autre côté de cette porte sans l'ouvrir. Je savais quels risques je courais en tentant un tel mouvement. Mais j'ai décidé que le risque en valait la peine.

Or, si une porte est ouverte lentement, si chaque quart de pouce de mouvement est mesuré et surveillé, cela peut, en règle générale, se faire sans bruit. J'étais sûr qu'il n'y avait pas un seul son distinctif alors que je tournais prudemment ce bouton en bronze et que je reculais encore plus prudemment la porte, pouce par pouce.

Je me suis arrêté alors qu'il se trouvait à un peu plus d'un pied du montant. Au début, je n'essayai pas de me faufiler par l'ouverture ; cela aurait été inutilement imprudent. Je restais là à attendre, anticipant l'effet que le mouvement de la porte aurait pu avoir sur n'importe quel occupant de la pièce, s'il avait été vu.

Pendant que j'attendais, j'ai également étudié la partie de la chambre qui se trouvait dans mon champ de vision. J'en ai vu suffisamment pour me convaincre que la pièce était une chambre. Je pouvais aussi distinguer qu'elle était grande et, du rose de ses murs au blanc ivoire de son mobilier, sa note était distinctement féminine.

Il y avait, selon moi, une limite naturelle à cette période d'inaction expérimentale. Le silence s'allongea. La crise d'ennui approchait, arrivait et passait. L'audace m'a reconquis, et j'ai effectivement avancé un peu dans la pièce. Me tenant d'une main sur le cadre de la porte, j'ai poussé mon corps à travers l'ouverture étroite jusqu'à ce que les quatre murs entiers soient soumis à mon champ de vision.

La première chose que j'ai remarquée fut une lampe électrique de couleur verte allumée sur ce qui semblait être un bureau de boudoir. Cela laissa le reste de la pièce dans un peu plus que le crépuscule. Mais après l'obscurité totale dans laquelle j'avais tâtonné, cette faible illumination était tout à fait suffisante pour mes objectifs.

Je laisse mon regard pivoter sur la pièce, point par point. Puis, si je n'avais pas le souffle coupé, il y avait au moins un arrêt soudain et involontaire de la respiration, car debout près d'une deuxième porte, à l'autre bout de la pièce, se tenait une femme vêtue de noir. Sur sa tête se trouvait un chapeau noir, autour duquel était étroitement enroulé un voile, dont le devant semblait être précipitamment relevé de son visage. Mais ce qui m'a surpris, c'est le fait que son attitude et sa position semblaient être une copie exacte des miennes.

D'une main, j'ai remarqué qu'elle s'accrochait au cadre de la porte. De l'autre main, elle retenait une lourde portière qui pendait en travers de ce cadre. Je pouvais voir le demi-ovale blanc de son visage attentif alors qu'elle se tenait là. Quelque chose chez elle suggérait non pas un intrus espion, mais plutôt une écoute secrète. Son attention semblait dirigée vers un objet que ses yeux ne voyaient pas. C'était comme si elle attendait d'entendre un son qui signifiait beaucoup pour elle.

Tandis que je la regardais à travers la faible lumière , je pouvais apercevoir une faible lueur de marbre vert et blanc, avec ici et là les reflets du nickel poli. Je savais alors que la pièce dans laquelle elle regardait était une salle de bains, et cette salle de bains, concluais-je, s'ouvrait sur une seconde chambre à coucher qui contenait la *raison d'être* de son appréhension immobile. Je dirigeai de nouveau mon regard vers la femme. Quelque chose de presque pénitentiel dans son attitude me fit soudain penser qu'elle avait commis un crime au seul souvenir dont elle était déjà moralement frappée. Une découverte inattendue, commençais-je à le soupçonner, l'avait poussée à un extrême qu'elle commençait déjà à regretter. Il y avait, en fait, quelque chose de si prégnant et de si grave dans son attitude immuable que je commençais à penser que ce serait une lâche capitulation de ma part que d'éluder l'issue dans laquelle j'avais déjà tant risqué. Je me suis donc avancé silencieusement dans la pièce, la traversant sans un bruit, jusqu'à ce que je me laisse tomber dans un *fauteuil* à haut dossier recouvert de cuir gaufré vert pâle.

J'étais assis là à l'étudier, inexplicablement à mon aise, fortifié par le fait de savoir que j'étais l'observateur d'une intrusion illicite et que ma propre présence, si impertinente, pouvait au moins s'expliquer facilement. Je l'ai vue soupirer profondément et de manière audible, puis fermer doucement la porte, laissant tomber le rideau alors qu'elle se détournait lentement.

Je l'ai regardée se diriger vers la commode, examiner les articles de toilette dessus, puis me détourner. Elle contourna ensuite un lourd miroir à cheval, se dirigea vers la table à écrire de ses mouvements rapides mais calmes et agités, et attrapa de cette table ce qui semblait être un coupe-papier en métal. Elle se dirigea vers un bureau en ivoire et en nacre, dont elle savait apparemment déjà qu'il était verrouillé. Car après un bref coup d'œil vers la porte à rideaux, elle inséra le tranchant du couteau dans une fissure de ce bureau et souleva lentement la barre de verrouillage qui le maintenait fermé.

J'ai vu son deuxième regard inquiet vers la porte à rideaux alors que la serrure se déclenchait avec un claquement. Elle se laissa tomber sur une chaise devant lui, respirant rapidement, attendant visiblement une minute ou deux pour s'assurer qu'elle n'avait pas été entendue. Puis, avec des doigts rapides et adroits , elle fouilla dans le bureau. Je ne pouvais pas distinguer exactement ce qu'elle avait glissé d'un des tiroirs dans son sac à main ouvert. Mais je voyais bien le paquet de lettres qu'elle prenait dans sa main, retournait et retournait, puis soigneusement et silencieusement caché dans le sein de sa robe. Elle regarda plus profondément dans le bureau, examina un ou deux papiers supplémentaires qui ne semblaient pas l'intéresser et releva lentement la couverture.

Puis elle se leva lentement, se tenant à côté du bureau. Elle laissa son regard, alors qu'elle se tenait là, errer dans la pièce. Je pouvais distinguer distinctement l'expression de son visage, l'air affamé et malheureux d'une cupidité insatisfaite. Je restais assis immobile, attendant que cette expression change. Je savais que cela devait changer, car il ne lui faudrait qu'un instant ou deux avant qu'elle m'aperçoive. Mais j'en avais assez vu. J'étais sûr de ma position – en fait, j'y trouvais un goût capricieux, une anticipation presque agréable du choc que je savais que la découverte de ma présence là lui apporterait. J'exultais même un peu de cette crise dramatique imminente, me réjouissant de la lenteur avec laquelle le moment inévitable mais historique approchait.

Ses yeux ont dû s'attarder sur ma silhouette pendant plusieurs secondes avant que son esprit ne soit convaincu de ma présence réelle là-bas. Elle n'a pas crié, comme je pensais qu'elle allait le faire lorsque j'ai vu une main terrifiée s'approcher de ses lèvres entrouvertes. Au-delà de ce simple mouvement de la main, il n'y avait aucun mouvement de sa part. Elle restait simplement là, le visage blanc et sans voix, me regardant avec des yeux écarquillés et vides.

"Bonsoir, ou plutôt bonjour !" Dis-je avec tout le calme dont je disposais.

Pendant une brève seconde , elle jeta un coup d'œil vers la porte à rideaux, comme si derrière elle se trouvait un dormeur que mes paroles allaient réveiller. Puis elle m'a regardé à nouveau.

Elle n'a pas parlé. Elle n'a même pas bougé. Le visage attentif et fixe, blanc comme une demi-lune dans un ciel brumeux, semblait flotter dans l'espace. La faible lumière de la pièce engloutissait les lignes de sa silhouette vêtue de noir, enserrant le visage dans l'obscurité ininterrompue d'un fond à la Rembrandt, le faisant ressortir comme s'il était lumineux.

C'était un visage qui méritait d'être étudié. Ce qui m'a d'abord frappé, c'est sa pâleur. Par-dessus, les sourcils arqués et légèrement interrogatifs lui donnaient un faux air de délicatesse. Les yeux eux-mêmes avaient une clarté spacieuse qui m'avertissait que mon ennemi ne serait pas dépourvu d'un esprit suffisamment capable, une fois qu'elle aurait repris possession de son esprit. Sa bouche, qui n'était plus déformée par la terreur, était la bouche nerveuse et pleine d'un esprit autrefois ardent et touché par la rébellion.

Elle n'était, je le voyais, ni une voleuse ordinaire des rues, ni une délinquante ordinaire se contentant de délits mesquins et insignifiants. Il y aurait toujours, me disais-je, une certaine ampleur dans ses actes répréhensibles, un éclat sinistre dans ses activités illicites. Et même pendant que je prenais cette décision, j'étais obligé d'admettre que ce n'était pas précisément de la terreur que je voyais sur son visage. Cela semblait se fondre dans quelque chose qui ressemblait davantage à un sentiment de honte, à la même horreur muette que j'aurais pu ressentir si j'avais pénétré dans sa nudité corporelle. Je pouvais voir qu'elle commençait même à en vouloir à mon regard curieux. Puis, pour la première fois, elle parla.

"Qui es-tu?" elle a demandé. Sa voix était basse ; on y entendait le tremblement de la femme effrayée, qui s'armait résolument de courage.

"C'est une question à laquelle vous allez d'abord répondre pour moi", fut ma réponse calmement délibérée.

"Que faites-vous ici?" » a-t-elle demandé, me faisant toujours face au même endroit. Je me suis souvenu du paquet de butin que j'avais laissé tomber juste devant la porte.

"Je peux répondre à cette question plus facilement que vous," répondis-je, avec un léger mouvement de tête vers le bureau cassé.

Une fois de plus, son regard se tourna vers la porte aux rideaux. Puis elle m'a étudié de la tête aux pieds, chaque détail vestimentaire et accessoire du vêtement, chapeau, gants et chaussures, comme si chacun devait figurer dans la résolution d'un jugement final.

"Que veux-tu?" » a-t-elle demandé.

J'ai préféré laisser cette question sans réponse.

"Que comptez-vous faire?" » demanda-t-elle en scrutant une fois de plus mon visage.

J'étais mécontent de la façon dont elle anticipait mes propres questions. J'ai pu voir, dès le début, qu'elle allait être une personne extraordinairement habile et détournée à gérer. Je me suis prévenu que je devrais être prêt à chaque tour et à chaque virage.

"Que penses-tu que je vais faire?" J'ai hésité, cherchant un mot trahissant pour me mettre sur un terrain plus ferme. Je pouvais voir qu'elle reprenait lentement son sang-froid.

"Tu n'as aucun droit dans cette maison", a-t-elle eu l'audace de me dire.

"Avez- *vous* ?" Rétorquai-je rapidement. Elle resta silencieuse une seconde ou deux.

"Non", a-t-elle admis, même si elle aurait aimé prétendre le contraire.

"Bien sûr que non ! Et j'imagine que vous réalisez ce qu'implique votre présence ici, tout comme ce qu'implique votre découverte ici ?"

"Oui", a-t-elle admis.

"Et je pense que tu as l'intelligence de comprendre que je suis ici pour des motifs un peu plus désintéressés que les tiens ?"

"Quels sont-ils?" » demanda-t-elle, laissant ses yeux combatifs rencontrer les miens.

"Ça," répondis-je calmement, "peut attendre que tu t'expliques."

"Je n'ai rien à expliquer."

Il y avait encore une nouvelle note dans sa voix : celle de l'entêtement. Je voyais que le calme avec lequel je feignais de considérer toute cette affaire la déconcertait.

"Vous devez expliquer", fut ma réplique tout aussi obstinée.

Sa pose suivante était celle de la frigidité.

"Vous vous trompez complètement. Nous n'avons absolument rien à voir l'un avec l'autre."

"Oh, oui, nous l'avons fait. Et je vais le prouver."

"Comment?"

"En mettant fin à cette comédie."

"Cela ressemble à une menace."

"C'était destiné à une personne."

« De quel droit me menacez-vous ?

Elle regardait autour d'elle tout en parlant, presque avec lassitude. Puis elle se laissa tomber dans la chaise qui se trouvait à côté du bureau ravagé. Tout cela était assez amusant, mais je commençais à perdre patience avec elle.

"Je suis fatigué de tous ces contournements", lui dis-je. Un regard de colère jaillit de ses yeux.

"Je m'oppose à votre présence ici", eut-elle l'audace de s'exclamer.

"Vous voulez dire, je suppose, que j'interfère plutôt avec vos opérations nocturnes ?"

"Ces opérations," répondit-elle avec une dignité flottante, "sont mes propres affaires."

" Bien sûr qu'ils le sont ! " Je me suis moqué. "Ils *doivent* l'être ! Mais vous auriez dû les garder pour vos propres affaires. Lorsque vous laissez tomber un paquet de cadeaux par la fenêtre, vous ne devriez pas être si dangereusement près de faire tomber le chapeau d'un homme."

"Un paquet de cadeaux ?" répéta-t-elle avec une imitation si précise de l'émerveillement que je voyais clairement qu'elle allait être la plus astucieuse des menteuses.

"Le butin que vous aviez l'intention d'emporter", expliquai-je calmement. "Les trucs que tu as déposés à côté du perron de la maison, pour être prêt pour ton escapade."

"Mon quoi?"

"Votre évasion. Et c'était plutôt astucieux."

"Je n'ai rien laissé tomber", protesta-t-elle, avec une belle feinte de perplexité sur le visage.

« Ni le laisser rouler tranquillement sur le rebord d'une fenêtre avant ? Je suggère.

"Je n'étais près d'aucune fenêtre, il me serait impossible d'ouvrir une fenêtre", a-t-elle protesté. Ses paroles étaient en elles-mêmes un aveu.

"Vous semblez bien connaître cette maison", remarquai-je.

" *Je devrais le faire, c'est le mien* ", fut-elle rapidement rétorquée.

"C'est le tien ?" Répétai-je, étonné du mensonge de la femme.

"C'était *le* mien", corrigea-t-elle.

J'ai regardé rapidement dans la pièce. Il y avait trois portes, une derrière la femme, ouvrant sur la salle de bains, une deuxième ouvrant sur le couloir et une troisième à l'arrière, qui ouvrait clairement sur une armoire à vêtements. Il y avait eu trop de discussions inutiles et stupides.

"Puisque votre droit de propriété est si fort", dis-je en traversant la porte du hall et, après l'avoir verrouillée, en empochant la clé, "il y a certaines caractéristiques que je veux que vous m'expliquiez."

"Que veux-tu dire?" » demanda-t-elle, une fois de plus debout.

"Je veux savoir," dis-je en me dirigeant vers la porte à rideaux à côté d'elle, "qui ou quoi est dans cette pièce de devant ?"

L'air de terreur revint sur son visage blanc. Elle s'est même appuyée contre la porte, comme pour m'empêcher de l'ouvrir, faisant un geste instinctif pour demander le silence alors que je me tenais face à elle.

"Je vais découvrir ce qu'il y a dans cette pièce", proclamai-je, insensible à l'agonie que je voyais écrite sur son visage coupable.

« Oh, croyez-moi, » dit-elle d'un ton suppliant, un peu au-dessus d'un murmure, « cela ne servira à rien. Cela ne fera que vous faire regretter d'être intervenu dans cette affaire.

"Mais vous avez fait de mon devoir d'intervenir."

"Non, non, vous vous lancez seulement dans quelque chose où vous ne pouvez rien faire de bon, où vous n'avez aucun droit."

"Alors j'ai l'intention de me précipiter dans cette pièce !" Et j'arrachai la portière de ses mains et la jetai de côté.

"Attends," murmura-t-elle, le visage blanc et haletante à côté de moi. "Je vais tout vous dire. Je vais vous expliquer, tout."

La solennité tragique de cet abandon à voix basse m'a mis de court. C'était à mon tour d'être désorienté par un adversaire que je ne comprenais pas.

« Asseyez-vous », dit-elle d'un mouvement de main las et presque impérieux en s'avançant dans la pièce et en s'enfonçant de nouveau dans la chaise à côté du bureau.

"Maintenant, qu'est-ce que tu veux savoir ?" » demanda-t-elle avec une équivoque trop évidente. Son astuce pour gagner du temps m'exaspérait.

"Ne chipote pas et ne temporise pas de cette façon," criai-je. "Dites ce que vous avez à dire et dites-le vite."

Elle me lança un regard qui me déplaisait, un regard de mépris, de supériorité, de résignation devant des brutalités auxquelles je n'aurais jamais dû la soumettre. Pourtant, lorsqu'elle reprit la parole, sa voix était si calme qu'elle semblait presque incolore.

"J'ai dit que c'était ma maison, et c'est vrai. C'était autrefois ma chambre. Je l'ai quittée il y a plusieurs semaines."

"Pourquoi?" Demandai-je, mécontent de la pause qui lui donnait clairement une chance de formuler avant ses mots.

"Je me suis disputée avec mon mari. Je suis partie. J'étais en colère. Je— je— Cela ne sert à rien d'expliquer de quoi il s'agissait."

"Vous devez expliquer de quoi il s'agissait", ai-je insisté.

"Vous ne pouvez pas comprendre. C'est impossible à expliquer", poursuivit-elle doucement. "J'ai renvoyé un domestique qui n'était pas honnête. Puis il a essayé de me faire chanter. Il a menti à mon sujet. J'avais été stupide, indiscrète, peu importe comment vous voulez l'appeler. Mais le mensonge qu'il a raconté était horrible, incroyable. Que mon mari devrait " Me demander de réfuter c'était plus que je ne pouvais supporter. Nous nous sommes disputés, misérablement, désespérément. Je suis parti. J'ai senti que ce serait humiliant de rester sous le même toit avec lui. "

"Attendez", ai-je interposé, sachant que le maillon faible se présenterait sûrement à temps. "Où est ton mari maintenant?"

Elle jeta un coup d'œil vers la porte à rideaux.

"Il dort dans cette pièce," répondit-elle doucement.

"Et le sachant endormi, tu es venu nettoyer la maison ?" J'ai promu.

"Non," répondit-elle sans colère. "Mais quand le service a été commencé pour un décret interlocutoire , j'ai su que je ne pourrais jamais revenir ouvertement. Il y avait certaines choses que je désirais beaucoup."

"Et comment es-tu entré dans la maison ?"

"Le seul domestique en qui je pouvais avoir confiance a accepté d'ouvrir le loquet après minuit, de laisser la porte ouverte pour moi alors que je savais que je ne serais jamais vu."

" Alors pourquoi ce serviteur de confiance n'aurait-il pas pu sécuriser les choses, ces choses que vous recherchiez ? Sans tout ce risque insensé de vous forcer à entrer dans une maison à minuit ? "

Sa tête s'abaissa un peu.

"Je voulais voir mon mari", fut la réponse calme. Comment, elle n'a pas expliqué. J'ai dû admettre que c'était un très bon jeu d'acteur. Mais ce n'était pas tout à fait convaincant ; et les accusations portées contre elle étaient trop claires.

"C'est une belle histoire de coq et de taureau", déclarai-je calmement. "Mais comment vas-tu me faire croire ça ?"

"Vous n'êtes pas obligé d'y croire", fut sa réponse impassible. "Je te dis seulement ce que tu as demandé à savoir."

"Savoir, oui, mais comment le savoir ?"

Elle leva la main avec un mouvement de résignation apathique.

"Si vous allez dans le tiroir du haut de cette commode , vous verrez ma photo dans un cadre argenté à côté de celle de mon mari. Cela vous le montrera d'un coup d'œil."

Pendant un instant, alors que je traversais la pièce, je me suis rendu compte que cela pourrait être une tentative pour lui donner le temps de tenter de s'échapper. Mais j'ai senti, à la réflexion, que j'étais suffisamment maître de la situation pour courir le risque. Et ici, au moins, il y avait un point sur lequel elle pouvait être définitivement fixée.

"L'autre tiroir", murmura-t-elle alors que ma main se refermait sur le fragile bouton teinté ivoire. Je suis passé au deuxième tiroir et je l'ai ouvert. J'avais enfoncé un doigt interrogateur dans ce fouillis de bibelots, apparemment assemblés par une main précipitée et insouciante, quand de l'autre bout de la pièce vint un mouvement rapide qui sembla glacer le sang dans mes veines. Cela m'a fait faire volte-face, avec un saut à la fois grotesque et galvanique.

J'étais juste à temps pour voir la silhouette qui s'est précipitée par la porte soudainement ouverte du placard.

Je me suis retrouvé confronté à un homme d'environ trente-cinq ans, aux lèvres fines, à la mâchoire lourde, avec des pupilles noires et pointues aux yeux. Il portait un chapeau derby à petits bords et un manteau croisé en cheviot bleu. Mais ce n'étaient pas ses vêtements qui m'intéressaient particulièrement. Ce qui attira et retint mon attention, c'était le vilain revolver à canon court qu'il tenait dans les doigts de sa main droite. Ce revolver, ai-je remarqué, était clairement dirigé vers moi alors qu'il avançait dans la pièce. Je n'arrivais pas à décider ce qui était le plus laid, le pistolet en métal bleu ou le visage de l'homme derrière.

"Retourne-toi contre ce mur", ordonna-t-il. "Alors lève les mains. Lève- les vite !"

Je lui avais permis de me piéger après tout ! Je m'étais même laissée croire à moitié à ce plaisant mythe du mari endormi dans la pièce voisine. Et pendant tout ce temps, elle gardait ce complice à l'apparence peu recommandable qui, à dix contre un, se faufilait furtivement et se frayait un chemin jusqu'à un coffre-fort mural alors même que je perdais du temps en discussions divertissantes mais coûteuses.

Et avec ce canon de fusil pointé vers moi, je n'avais pas le choix : j'étais obligé d'adopter l'attitude impuissante et indigne d'un homme suppliant le ciel sans réponse . La femme se retourna et contempla le nouveau venu, le contempla avec une belle feinte de surprise.

" *Hobbs,* " cria-t-elle, " *comment es-tu arrivé ici ?* "

"Tu te tais!" rétorqua-t-il par-dessus son épaule.

« Que fais-tu dans cette maison ? répéta-t-elle avec une expression soutenue d'étonnement.

vous contacter , d'accord, d'accord", fut sa deuxième réplique.

Pendant ce temps, la main gauche de Hobbs avait sorti ma montre de sa poche et, d'un seul coup, avait arraché la montre et la chaîne de l'ancrage de son gilet.

"Vous êtes un joli couple, vous deux !" J'ai éjaculé, car cette montre était plutôt convenable et je détestais la voir maltraitée.

"Fermez-la!" » dit Hobbs, tandis que sa main descendait dans la poche de ma poitrine à la recherche d'un portefeuille. Je savais, avec ce canon de pistolet pressé contre mon corps, que ce serait tout simplement suicidaire d'essayer de s'en sortir avec lui sur-le-champ. J'ai dû me soumettre à ces odieux coups de patte et d'aiguillons sur mon corps. Mais si jamais mon tour venait, me disais-je, ce serait un jour triste pour Hobbs – et un jour tout aussi triste pour son complice à la langue douce.

"Vous êtes un adorable couple !" Répétai-je, brûlant jusqu'aux os, tandis que cette main insolente descendait dans une autre poche.

Mais cela n'en est pas resté là. J'ai vu un changement soudain apparaître sur le visage de l'homme. Il leva les yeux avec un mouvement de tête rapide et semblable à celui d'un oiseau. Ce n'est que lorsqu'il s'est retourné que j'ai compris la raison de ce mouvement.

Je ne parvenais pas à comprendre le véritable motif de cette chose. La véritable signification du tableau était hors de ma portée. Mais en levant les yeux , je vis que la femme s'était glissée sans bruit jusqu'à la porte du couloir et, d'un mouvement brusque, elle avait tendu la main et avait essayé d'ouvrir cette porte. Mais comme je l'avais déjà fermé à clé et que j'avais toujours la clé dans ma poche, son effort fut inutile. La raison pour laquelle cela devait mettre en colère son complice était plus que je ne pouvais comprendre. Il m'ignora pour le moment, traversant la pièce en courant et rejetant la femme en noir loin de la poignée de porte. À son tour, elle faisait semblant d'être mécontente de cette agression. Pourquoi devrait-elle faire cela, je n'ai pas attendu pour lui demander. J'ai vu ma chance et je l'ai saisie.

Une demi-douzaine de pas rapides m'ont amené à la porte de la salle de bain, un tour de bouton l'a ouverte, et un autre pas m'a fait passer et a fermé la porte derrière moi. Il y avait, j'ai trouvé, une clé dans la serrure. Une autre seconde de temps, j'ai vu cette clé tourner. Un ou deux coups rapides sur le mur de marbre frais ont mis ma main en contact avec l'interrupteur.

Au moment où la lumière s'est allumée, je me suis précipité vers la porte intérieure et j'ai essayé. Mais celui-ci, à mon grand désarroi, était fermé à clé, même si je n'y voyais aucune clé. J'ai couru chercher la clé de la première porte, je l'ai essayée et je l'ai trouvée inutile. À tout moment, je le savais, un tir pouvait éclater à travers ces minces panneaux. Et à tout moment, s'ils décidaient de faire ce choix, ils pourraient tous les deux se voir ouvrir de force leur propre porte donnant sur le couloir et se précipiter vers la rue.

Je tendis la main et arrachai un porte-serviettes nickelé du mur en face de moi. J'en ai délibérément enfoncé une extrémité dans le bois cérusé situé entre le cadre et le bourrage de la deuxième porte. J'étais sur le point de forcer de toutes mes forces, quand le son d'une autre voix vint de la pièce devant moi. C'était une voix troublée et endormie, apparemment étouffée par une seconde portière accrochée à l'extérieur de la seconde porte.

"C'est toi, Simmonds ?" demanda cette voix.

Je continuais à fouiller, car je me sentais comme un rat dans un coin, dans cette petite salle de bains chauve, et je voulais de l'espace autour de moi, même si cela signifiait un nouveau danger. Les mystères étaient désormais plus nombreux que je ne pouvais les déchiffrer. Je n'y pensais plus. La première chose que je voulais, c'était la libération, l'évasion. Mais mon embout de tige s'est plié sous la pression à laquelle je l'ai soumis, et j'ai dû l'inverser et tenter une nouvelle prise.

J'entendais, ce faisant, le bruit soudain de pas traversant un étage, le clic d'un interrupteur, puis le cliquetis des anneaux de la portière sur la tringle au-dessus de la porte devant laquelle je me tenais.

"Qui a verrouillé cette porte ?" » demanda la voix surprise de l'autre côté. Pour répondre, j'ai jeté mon poids sur la tige et j'ai forcé le verrou. Je gardais toujours la tige de métal dans ma main, comme arme possible, alors que je trébuchais à moitié dans la plus grande pièce.

Devant moi, j'ai vu un homme en pyjama. Il était blond et grand et ses cheveux étaient ébouriffés – c'était tout ce que je savais de lui, à part le fait que son pyjama avait une teinte plutôt idiote de bleu layette. Nous sommes restés là, pendant une seconde ou deux, à nous regarder. Nous avions visiblement peur l'un de l'autre, de même que nous étions un peu rassurés, j'imagine, à la vue de l'autre.

"Pour l'amour de Dieu," haleta-t-il, les yeux écarquillés, "qui es-tu ?"

"Vite," criai-je, "est-ce ta maison ?"

" Bien sûr que c'est ma maison", répliqua-t-il en reculant à mesure que j'avançais. Il fit soudain un pas de côté et posa son pouce sur une sonnette d'appel.

"Bien!" J'ai dit . "Amenez vite vos serviteurs. Nous en aurons besoin!"

"Qui en aura besoin ? Qu'est-ce qui ne va pas ? Quoi de neuf ?"

"J'ai deux cambrioleurs enfermés dans cette pièce."

"Des cambrioleurs ?"

"Oui, et ils auront une belle prise s'ils s'enfuient. As-tu un revolver ?"

"Oui," répondit-il en ouvrant brusquement un tiroir. J'ai vu que son arme à feu était une automatique.

"Où est le téléphone ?" » ai-je demandé en traversant la pièce jusqu'à la porte qui donnait sur le couloir.

"A l'étage inférieur", répondit-il. Il enfila une robe de chambre en couverture marron, resserrant la ceinture à la taille.

"Tu peux y arriver plus vite que moi", lui dis-je. "Donnez-moi le pistolet et allumez les lumières pendant que vous descendez. Ensuite, faites venir la police dès que vous le pouvez."

"Que vas-tu faire?" il a ordonné.

"Je garderai la porte", répondis-je en le poussant presque dans ce couloir. Puis je me suis dirigé vers la porte après moi et je l'ai verrouillée de l'extérieur. "Vite, le pistolet", dis-je. Il n'y avait plus aucune peur sur son visage à présent, mais il était assez naturel qu'il hésite.

"Qu'est-ce que tu es ? Un officier ?"

Il n'y avait pas de temps pour une explication.

"Homme en civil", fut ma réponse assez désinvolte, alors que je prenais le pistolet de sa main. Il alluma les lumières du hall.

Il était à mi-chemin en haut des escaliers lorsqu'un cri de femme, aigu et horrible, résonna hors de la pièce où j'avais enfermé les deux confédérés. C'était répété, aigu et aigu. Le visage du grand homme blond devint aussi blanc que de la craie.

" *Qui est-ce !* " demanda-t-il, les yeux fixes, face à la porte verrouillée de la deuxième pièce. Puis il recula devant la porte.

Je lui lançai un cri d'avertissement, mais cela n'arrêta pas sa charge. Sa grosse épaule heurtait le bois lambrissé comme un bélier. Sous le poids de cet énorme corps, toute la façade du cadre céda ; il se précipita et tituba hors de vue dans la pièce intérieure faiblement éclairée.

J'ai attendu là, mon arme à mi-bras, sentant que la pièce allait soudainement exploser avec ses deux prisonniers. Puis, au cri de l'homme, je me suis précipité derrière lui.

Je m'étais préparé à l'inattendu, mais l'étrangeté de la scène m'a coupé le souffle. Car là, j'ai vu l'homme appelé Hobbs engagé dans l'occupation absurde, extraordinaire et tout à fait brutale d'essayer de frapper la tête de son complice avec la crosse de son lourd revolver. Il a dû la frapper plus d'une fois, avant même que l'homme en robe de chambre brune velue et en pyjama bleu puisse sauter sur lui et attraper le bras levé alors qu'il était sur le point de frapper à nouveau.

La femme, protégée par son chapeau, son voile et une grande masse de cheveux épais, ne montrait toujours aucun signe d'effondrement. Mais dès qu'elle fut libre, elle se rassit, blanche et haletante, dans le même *fauteuil aux hauts bras* que j'avais moi-même occupé une demi-heure auparavant. J'ai bondi pour récupérer le revolver tombé de sa compagne, avant qu'elle puisse le récupérer, même si j'ai remarqué qu'elle semblait désormais indifférente à la fois à sa perte et à l'issue de la lutte qui se déroulait au centre de cette demeure rose et blanche de la féminité.

Et tandis que je gardais un œil sur la femme et un autre sur le pistolet que je tenais à la main, j'ai moi aussi eu un aperçu fugace de cette étrange lutte. Cela ressemblait plus à un combat entre chats sauvages qu'à un combat entre deux êtres humains. Elle s'est déroulée sur le sol, car aucun des deux hommes n'était plus debout, et elle a oscillé d'un côté à l'autre de la pièce, laissant une bande de destruction là où elle est passée. Une table s'est renversée, une chaise aux membres fragiles a été écrasée, la grande psyché a été brisée, le bureau s'est effondré avec un pied cassé, une pluie d'articles de toilette a jonché les tapis, une lampe de lecture a été renversée et s'est effondrée. façon des autres choses. Mais le combat continuait néanmoins.

Je ne pensais plus à la femme. Toute mon attention s'est portée sur les deux hommes qui se débattaient et haletaient sur le sol. La fureur de l'homme à la robe de chambre hirsute et ressemblant à un ours était plus que je ne pouvais comprendre. La folie de son assaut semblait incompréhensible. C'était, à mon avis, la manière dont une tigresse pouvait se battre pour sa progéniture, de la même manière qu'un homme des cavernes pouvait se battre pour sa compagne menacée. Ce combat ne s'est pas non plus terminé jusqu'à ce que la grande forme blonde domine triomphalement la silhouette vêtue plus sombre.

Puis je me suis retourné vers la femme, surpris par son immobilité à travers tout cela. Elle était penchée en avant, blanche, concentrée, les lèvres entrouvertes. Dans ses yeux, il me semblait voir de l'inquiétude, de la sollicitude et de la désolation, mais au-dessus de tout cela s'épanouissait lentement un regard plus nouveau, un regard de vague exultation alors qu'elle regardait depuis l'homme vaincu haletant et suffoquant jusqu'au large dos du pansement aux cheveux hirsutes. -robe.

Je n'avais pas l'occasion de m'attarder sur cette énigme, car l'homme enveloppé dans le vêtement aux cheveux hirsutes m'appelait.

"Attachez-le", a-t-il appelé. « Prenez les cordons des rideaux, mais attachez-le bien ! »

"Connaissez-vous cet homme?" quelque chose dans son ton m'a incité à demander, alors que je me débattais avec les lourds cordons de rideaux en soie.

"C'est Hobbs."

« Je le sais, mais qui est Hobbs ?

"Un domestique licencié il y a un mois", fut la réponse de l'autre.

"Alors peut-être que tu connais cette femme ?" Ai-je demandé en levant les yeux.

"Oui, je connais peut-être cette femme", répéta-t-il, se tenant devant elle et regardant son visage blanc et désolé. Il me fallut un moment ou deux pour achever ma tâche consistant à serrer les poignets de Hobbs maussade et détrempé. Quand j'ai levé les yeux, la femme était debout, quelques pas plus près de la porte.

"Regardez cette femme !" J'ai pleuré. "Elle a un tas de ton butin sur elle !"

Mes paroles semblaient simplement le rendre perplexe. Il n'y avait aucune réponse à l'alarme sur son visage.

"Que veux-tu dire?" s'enquit-il. Il semblait presque mécontent de mes efforts en sa faveur. Le regard de la femme, lui aussi, semblait capable de le plonger dans un état proche du coma, le laissant pâle et impuissant, comme si son œil avait le don d'un pouvoir hypnotique. Cela me mettait en colère de penser qu'une simple enveloppe accidentelle de respectabilité pouvait lui rendre les choses si faciles. Son air même de faux raffinement, je le sentais, rendrait toujours sa méchanceté à double tranchant dans son danger.

« Fouillez-la ! » J'ai pleuré. "Voyez ce qu'elle a sous la taille, là !"

Il m'a tourné le dos, délibérément, comme s'il était mécontent de ma détermination à le pousser à commettre un acte qui lui déplaît.

"Qu'est-ce que tu as là ?" lui demanda-t-il sans s'approcher davantage.

Il y eut un silence complet pendant un moment ou deux.

"Vos lettres", répondit-elle enfin, à peine au-dessus d'un murmure.

"Que font-ils ici?" Il a demandé.

"Je les voulais", fut tout ce qu'elle dit.

"Pourquoi voudriez-vous mes lettres ?" » était sa prochaine question.

Elle n'y a pas répondu. L'homme en robe de chambre se tourna et désigna la silhouette inerte de Hobbs.

« Et lui ? Comment est *-il* arrivé ici ?

"Il a dû me suivre depuis la rue lorsque la porte était déverrouillée. Ou il est peut-être entré avant moi et a continué à se cacher quelque part."

"Qui a laissé la porte ouverte ?"

"Simmonds."

"Pourquoi?"

"Parce qu'il pouvait me faire confiance !"

Il y avait une pique sourde dans cette réplique, une pique que je ne comprenais pas. Je voyais cependant que cela avait un effet sur l'autre homme. Il regarda la femme avec un air soudainement altéré, avec un stupide abaissement de la mâchoire qui allongea son visage et écarquilla les yeux en même temps. Puis il se tourna vers le maussade Hobbs.

« *Hobbs, vous avez menti à son sujet !* » s'écria-t-il, comme un aveugle enfin face à la lumière.

Il avait la main sur la gorge du cambrioleur ligoté et impuissant.

« Dis -moi la vérité, ou par le Dieu vivant, je te tue ! Tu as menti à son sujet ?

"À propos de quoi?" » temporisa Hobbs.

"Vous savez quoi!"

Hobbs, ai-je remarqué, faisait de son mieux pour reculer face aux doigts qui l'étranglaient.

"Ce n'était pas ma faute !" il a équivoqué.

"Mais tu as menti ?"

Hobbs ne répondit pas verbalement. Mais l'homme en robe de chambre connaissait apparemment la réponse avant de laisser la silhouette inerte lui échapper. Il se tourna, hébété, vers la femme qui attendait et regardait, la femme au visage blanc avec son âme dans les yeux. Son visage semblait humilié, soudainement vieilli par une sorte de fléau grisonnant de contrition futile.

Les deux personnages semblaient se balancer et vaciller l'un vers l'autre. Avant que je puisse comprendre ce que tout cela signifiait, l'homme avait levé les bras et la femme s'y était glissée.

"Oh, Jim, j'ai été tellement idiot !" Je l'ai entendue gémir. Et je voyais qu'elle allait pleurer.

Je savais aussi que cette minuit de bévues ne m'avait laissé aucune raison d'être fier, que j'avais été un idiot dès le début – et pour aggraver cette idiotie, j'étais maintenant un intrus.

"Je vais m'occuper de ce coup de téléphone", marmonnai-je, si confus et humilié qu'en tâtonnant avec lassitude vers la porte, je tombai sur le paquet d'écureuils russes que j'avais placé là de mes propres mains. Ce n'est que lorsque j'ai atteint la rue que j'ai réalisé, avec un soupir de soulagement, à quel point une autre nuit de misère menaçante avait été dissimulée et perdue dans l'action, tout comme les pilules de l'enfance sont dissimulées dans une cuillerée de gelée.

CHAPITRE V

L'HOMME DE MEDECINE HAT

J'étais assis dans mon solarium nocturne, connu dans le monde entier sous le nom de Madison Square, demandant à la nuit tranquille pourquoi le sommeil devait m'être refusé, et faisant de mon mieux pour ne pas penser à Mary Lockwood. J'étais assis là, le regard fixé paresseusement sur une fille en noir, qui, à son tour, regardait distraitement le *Sagittaire* .

Ensuite, j'ai perdu tout intérêt pour l'observateur d'étoiles vêtu de noir et apparemment cataleptique. Car je fus bientôt occupé à observer un homme portant un chapeau de velours plutôt étrange. Mes yeux l'ont suivi dès le moment où il a tourné pour la première fois vers l'est en sortant de la Cinquième Avenue. Ils étaient toujours sur lui alors qu'il virait irrésolument vers le sud, vers la place où j'étais assis.

La pure absence de but de ses mouvements a attiré mon attention. La silhouette qui dérivait nonchalamment devant la statue de Farragut et errait sous les arbres du parc me rappelait en quelque sorte la mienne. Moi aussi, je ne savais que trop bien ce que c'était que de tourner en rond d'un air obstiné et maussade, comme un chasseur sillonnant les couloirs de la nuit à la recherche de ce fugitif connu sous le nom de Sleep.

donc continué à l'observer, tranquillement et attentivement. J'avais perdu mon intérêt pour la jeune fille au visage blanc qui était assise à vingt pas de moi, regardant, silencieuse et immobile, les étoiles d'automne.

C'est la silhouette de l'homme qui, par la suite, a retenu mon attention, car cet homme marquait le seul point de mouvement dans ce qui semblait être une ville de morts. C'était, je m'en souvenais, une fois de plus minuit passé, l'heure de la vie suspendue dans les canyons vides des rues éclairées par des lampadaires, lorsque le dernier taxi avait fredonné le dernier fêtard à la maison, et que les premiers wagons à lait n'étaient pas encore sortis de la maison. les ferries de l'East River.

Alors je suis resté assis là, à regarder apathiquement la silhouette en mouvement apathique avec le large bord du chapeau rabattu sur son visage. Il y avait quelque chose d'encore jeune chez cet homme, malgré son découragement et ses épaules tombantes. Je me suis demandé paresseusement qui ou quoi il pouvait être. Je me demandais si, comme moi, il était simplement hanté par la malédiction de l'éveil, si les mêmes limiers de l'agitation le poursuivaient également pendant les heures sombres de la nuit. Je me demandais si lui aussi essayait d'échapper à la machinerie grinçante de la pensée et de se diriger vers une passivité extérieure.

Je l'ai vu parcourir son chemin indéterminé le long des allées sinueuses du parc. Je l'ai vu jeter un regard las vers l'austérité massive de la tour métropolitaine, puis se retourner et contempler la Diane fanée, si insouciante en équilibre au-dessus de ses tourelles sévillanes volées. Je l'ai vu regarder d'un air désolé la place avec ses rangées de bancs remplis de dormeurs blottis et immobiles. Ces dormeurs, avec leurs têtes tombées et leurs membres tordus, avec leurs corps contorsionnés et immobiles, rendaient la place à moitié éclairée aussi horrible qu'un champ de bataille. Obscurcis par les ombres lourdes des arbres du parc, ils ressemblaient à des cadavres, à des choses brisées et détrempées sur lesquelles auraient écrasé les roues du carnage. Le seul murmure ou bruit de vie était la fontaine, avec sa colonne d'eau qui montait et descendait lentement, comme le battement de pouls fatigué de la ville fatiguée.

L'homme au chapeau de velours sembla trouver quelque chose de compagnon dans ce mouvement, car il se rapprocha lentement. Il s'est approché à trois bancs de l'endroit où j'étais assis. Puis il se jeta sur un siège vide. Je pouvais voir son visage blanc et hagard alors qu'il regardait la fontaine éclaboussante. Je pouvais voir ses yeux sombres et malheureux alors qu'il repoussait son chapeau et essuyait son front humide. Puis je l'ai vu soudain enfouir sa tête dans ses mains et rester assis là, minute après minute, sans bouger.

Lorsqu'il fit son prochain mouvement, ce fut un mouvement surprenant. Cela envoya un picotement nerveux qui parcourut ma colonne vertébrale. Car j'ai vu sa main droite descendre dans sa poche, s'y arrêter un instant, puis se relever brusquement. Ce faisant, mon œil aperçut la lueur blanche du métal. Je pouvais voir l'éclair d'un revolver alors qu'il le sortait sous le bord du chapeau et tenait le canon nickelé près de sa tempe, juste au-dessus de la maigre mâchoire.

C'était si soudain, si inattendu, que j'ai dû fermer les yeux dans une sorte de grimace involontaire. La première pensée cohérente qui me vint fut que je ne pourrais jamais le joindre à temps. Une seconde réflexion, plus sobre, fut que même mon intervention était inutile, que lui et sa vie lui appartenaient, qu'un homme une fois déterminé à s'autodétruire n'en serait empêché par aucune influence extérieure.

Pourtant, alors même que je regardais à nouveau sa silhouette recroquevillée, j'entendais son petit halètement de quelque chose qui devait être entre la peur et la défaite. J'ai vu le bras descendre lentement à ses côtés. Il regardait droit devant lui, ses yeux aveugles écarquillés de terreur et embués d'indécision.

C'est alors que j'ai décidé d'intervenir. Le faire ne semblait être qu'un simple et décent devoir. Pourtant, j'ai hésité un instant, réfléchissant à la manière de lui formuler mon discours d'ouverture.

Alors même que je prenais une profonde et soudaine inspiration de résolution et que j'étais sur le point de passer à ses côtés, je le vis jeter le revolver loin de lui avec véhémence. Il scintillait et dégringolait le long de l'herbe vert cuivré. Il gisait là, un point lumineux sur l'obscurité du gazon.

Puis je me suis retourné vers l'étranger et j'ai vu ses mains vides remonter jusqu'à son visage. C'était un geste discret et pourtant tragique de misère totale. Chaque paume était appuyée sur les pommettes cordées, le bout des doigts étant appuyé contre les globes oculaires, comme si cette pression futile pouvait écraser toute vision intérieure et extérieure.

Puis je me suis retourné vers le revolver tombé. Ce faisant, j'ai remarqué une silhouette en noir sortir tranquillement et ramasser l'arme à feu. C'était la jeune fille au visage blanc qui était assise à regarder les étoiles. Avant que je comprenne pleinement le sens de son mouvement, elle glissa l'arme hors de vue et poursuivit silencieusement son chemin sur l'allée asphaltée sinueuse, entre les rangées de dormeurs, vers l'est. Il y avait quelque chose d'attrayant dans la jeune silhouette mince, quelque chose de vaguement déterminé et attrayant dans l'équilibre de la tête à moitié voilée.

J'ai hésité un moment, indécis quant à savoir vers qui m'approcher. Mais un second regard sur l'homme au chapeau de velours, accroupi là dans sa misère totale et impassible, me fit me diriger vers lui.

J'ai posé une main sur son épaule flasque et je l'ai secouée. Il n'a pas bougé au début, alors je l'ai secoué à nouveau. Puis il me lança un regard lent et plein de ressentiment.

"Je veux avoir une conversation avec toi", ai-je commencé, perplexe quant à la manière de procéder. Il ne m'a pas répondu.

"Je veux t'aider si je peux," expliquai-je, tout en laissant ma main reposer sur son épaule.

"Oh, va-t'en !" » éjacule-t-il, dans une apathie totale, en retirant ma main de son épaule.

"Non, je ne le ferai pas !" Je l'en ai informé très fermement. Il recula et s'éloigna. Puis il s'est retourné contre moi avec un ressentiment volcanique.

"Pour l'amour de Dieu, laissez-moi tranquille !" il pleure.

Un ou deux dormeurs sur des bancs à proximité se sont assis et nous ont regardés de leurs yeux somnolents et indifférents.

"Alors pourquoi tu te ridiculises comme ça ?" ai-je demandé.

"C'est mon affaire", a-t-il rétorqué.

"Alors tu comptes continuer comme ça ?" J'ai demandé.

"Non, je ne le fais pas," répliqua-t-il. " *Je ne peux pas.* "

« Alors, aurez-vous la gentillesse de me parler ? Sa colère maussade semblait étrangement éloignée de cette exaltation que la tradition impute aux derniers instants. Il fallait même faire un effort pour être patient avec lui.

"Non, je ne le ferai pas", fut sa réponse rapide. Cela a atténué tous les feux chimériques de mon corps. Puis il s'est levé et m'a confronté. "Et si tu ne sors pas d'ici, je te tue !"

Sa menace, d'une certaine manière, m'a semblé drôle. J'ai éclaté de rire.

Mais je n'ai pas perdu plus de temps avec lui.

Je pensais déjà à l'autre personnage, le personnage tout aussi mystérieux et plus attrayant en noir.

Je me suis retourné et j'ai traversé les arbres juste à temps pour voir cette jeune femme sombre et au visage blanc traverser Madison Avenue et passer vers l'ouest entre une église aux colonnes de granit et l'imposant obélisque d'un dieu du commerce plus moderne. J'ai gardé les yeux rivés sur ce bout de rue alors qu'il l'engloutissait. Puis je suis passé par la place, sous le cadran de l'horloge et dans la Vingt-Quatrième Rue.

Au moment où j'atteignis la Quatrième Avenue, j'aperçus de nouveau la silhouette vêtue de noir. Il se dirigeait vers l'est, du côté sud de la rue, aussi tranquille et impassible qu'un somnambule.

À mi-chemin de Lexington Avenue, j'ai vu la femme s'arrêter, regarder lentement autour d'elle, puis monter lentement les marches d'une maison en briques rouges. Elle n'a pas sonné, je l'ai vu, mais elle est entrée avec un passe-partout. Une fois la porte fermée, je me dirigeai vers cette maison. Il était hors de question d'aller plus loin à une telle heure. Mais je notai soigneusement le numéro de la rue, ainsi que le fait qu'un bout de papier collé sur le montant de la porte en grès annonçait « Chambres meublées ».

J'ai vu non seulement qu'il y avait peu de choses à y gagner, mais aussi que j'avais fait face à ma deuxième déception. Je suis donc rapidement retourné à Madison Square et à la fontaine où j'avais laissé l'homme au chapeau de velours. J'ai parcouru mon regard de banc en banc de dormeurs, mais il n'en faisait pas partie. J'ai parcouru le parc, pas à pas, mais ma recherche n'a pas été récompensée. Puis j'ai fait le tour de Broadway, élargissant mon rayon d'inspection. J'ai fait la navette dans les rues secondaires. J'ai parcouru les avenues voisines. Mais c'était inutile. L'homme au chapeau de velours avait disparu.

Puis, à ma grande surprise, alors que j'arpentais les rues à minuit, un sentiment de lassitude physique m'envahit. J'ai réalisé que j'avais marché des kilomètres. J'avais oublié mes propres problèmes et que, le plus aimable de tous les narcotiques, la fatigue totale, s'insinuait en moi comme une drogue.

Alors je suis rentré chez moi et je me suis couché. Et pour la première fois de la semaine, j'ai senti l'Ange du Sommeil se pencher sur moi de son plein gré. Pour la première fois cette semaine-là, il n'était pas nécessaire de recourir au fouet amer de l'hydrate de chloral pour repousser les limiers de l'éveil. Je suis tombé dans un sommeil profond et ininterrompu, et quand je me suis réveillé, Benson attendait pour annoncer que mon bain était prêt.

Deux heures plus tard, je sonnais à la cloche d'un certain immeuble démodé en briques rouges de la 24e rue Est. Je connaissais peu de choses sur ces endroits, mais celui-ci était manifestement peu attrayant, de la rampe rouillée aux tentures des fenêtres non lavées. Tout aussi peu avenante était la logeuse corpulente et aux yeux morts, dans son emballage bleu délavé ; et tout aussi déprimant j'ai trouvé le domestique sale et aux bras nus qui était chargé de me conduire à travers les couloirs sentant le moisi. La façade du troisième étage, m'a-t-on dit, était la seule pièce vide de la maison, bien que sa voisine arrière, qui coûtait une bonne affaire à deux dollars et demi par semaine, soit bientôt libérée.

J'ai emprunté la façade du troisième étage, sans même jeter un regard scrutateur sur ses beautés cachées. La dame à l'emballage bleu délavé a émis sa première étincelle de vie lorsque je lui ai remis mes quatre dollars. Les yeux apathiques, je le voyais, étaient touchés de regret à l'idée qu'elle n'en avait pas demandé plus. J'ai essayé de lui expliquer, alors qu'elle exigeait une caution pour mon mot de passe, que j'étais probablement irrégulier dans mes horaires et peut-être un peu particulier dans mes habitudes.

Ces indications n'eurent cependant aucun effet notable sur elle. Elle m'a d'abord déconcerté en rangeant l'argent au fond de son corsage ouvert, puis m'a rendu perplexe en déclarant que tout ce qu'elle cherchait, depuis que ses jambes revenaient sur elle, c'était de garder ses deux premiers étages décents. Au-delà de cela, apparemment, le comportement pouvait prendre soin d'eux-mêmes, les régions supérieures au-delà de sa portée pouvaient être olympiennes dans leur laxisme moral.

Alors que je me tenais là, souriant de cette découverte, une silhouette en noir dévala l'escalier étroit et passa devant nous dans le hall à moitié éclairé.

La lumière tomba en plein sur son visage alors qu'elle ouvrait la porte donnant sur la rue. Cela dessinait sa silhouette, aussi mince que celle d'une sainte médiévale d'après un missel . C'était la jeune femme que j'avais suivie depuis Madison Square.

J'en étais sûr, à partir du moment où la lumière tombait sur son visage aux joues fines, où l'anxiété semblait avoir fait de l'ovale doux du menton une sorte de masque dans sa netteté. Autour d'elle, bien au-delà du fait que ses yeux étaient les plus malheureux que j'aie jamais vus, flottait un air sourd de tragédie, l'air d'un esprit à la fois déconcerté et déconcerté. Mais je voyais qu'elle était, ou qu'elle avait été, une assez belle jeune femme, même si encore une fois la finesse de sa silhouette me faisait penser à une sainte de missel .

Je pensais toujours à elle alors que je suivais la servante maussade et sale dans les escaliers sombres. Une fois dans mes nouveaux appartements, je jetai un regard distrait autour du papier peint jaune soufre et des antiquités mélancoliques qui se faisaient passer pour des meubles. Puis je suis revenu sur le problème en question.

"Qui est cette jeune femme en noir qui nous a croisé dans le hall ?" Ai-je demandé avec désinvolture.

" Est-ce que ça *peut* !" » fut la réplique apathique et assez énigmatique de la jeune fille aux bras nus. Je me suis retourné pour demander le sens de ce langage familier évident.

"Oh, mets en cage le virus du zooin '!" dit mon nouveau et cynique jeune ami. "Elle n'est pas ce genre-là."

"Qu'est-ce qu'elle est?" Ai-je demandé en glissant une facture dans la main du travailleur surprise et quelque peu incrédule. La transformation a été immédiate.

"Elle n'est pas rien '!" fut la réponse. "Elle n'a qu'une quatre couleurs, une également courue ! Et si elle ne se met pas d'accord avec madame d' ici samedi , elle ira faire sa lessive dans la baignoire de quelqu'un d'autre !"

À travers ce sordide quartz d'insensibilité coulait une veine argentée de chance. Il était évident que je devais être au même étage que la fille en noir. Et cette découverte semblait largement suffisante.

J'ai attendu que la femme de chambre se perde dans l'obscurité en dessous des escaliers et que la maison redevienne calme. Puis je suis sorti calmement et tranquillement dans le petit couloir, j'ai poussé la porte de la pièce du fond et je me suis glissé à l'intérieur. Ce faisant, j'éprouvais une accélération distincte et tout à fait agréable du pouls.

Je me trouvai dans une simple cellule, avec deux lucarnes donnant sur une vue désordonnée de cheminées et de murs de briques. Sur le rebord d'une fenêtre se trouvait une bouteille de lait presque vide. À côté de l'autre fenêtre se trouvait une malle marquée des initiales « HW » et des mots presque effacés « Medicine Hat ».

La petite pièce dégageait un air de propreté presque désespéré. Sur l'un des murs était punaise une carte postale intitulée « Dans la piscine du diable à Banff ». Sur une autre, il y avait une scène de ranch, une photographie non montée qui montrait une jeune fille riante aux sourcils clairs sur un pinto tacheté de blanc. Sur le bureau recouvert de chintz se trouvait un carton à moitié rempli de biscuits soda. A côté, encore une fois, se trouvait une bonbonnière vide. Dans le miroir de ce bureau souriait un visage qui m'était familier. Il s'agissait d'une copie de magazine d'Harriet Walter, la jeune star de Broadway qui avait connu le succès avec la production de *Broken Ties*, la même Harriet Walter dont on avait dûment annoncé qu'elle épouserait Percy Adams, le fils du Traction Magnate. Ma propre tanière, je m'en souvenais, contenait une copie dédicacée de la même photo.

Au-delà de cela, cependant, la salle n'offrait que peu d'intérêt et rien de surprenant. Agissant sur une impulsion soudaine et peut-être insensée, après un dernier coup d'œil à la pièce et à son récit de luttes courageuses, j'ai sorti un billet de banque de la poche de mon gilet, je l'ai plié, j'ai ouvert le tiroir du haut du bureau et j'ai déposé le billet dans le bureau. il. Puis je restai à regarder le tiroir encore ouvert, car devant moi se trouvait le revolver que la jeune fille avait emporté la veille au soir à Madison Square.

Au bout de quelques instants, je retournai dans ma chambre, m'assis dans le fauteuil à bascule aux bras cassés et essayai désespérément de trouver la clé du mystère. Mais aucune lumière ne m'est venue.

J'étais encore perplexe lorsque j'entendis un bruit de pas dans l'escalier sans tapis. Ce furent des pas très lents et hésitants. Alors que je me tenais devant la porte entrouverte pour écouter, j'étais sûr d'entendre le son de quelque chose qui était à mi-chemin entre un sanglot et un halètement. Puis vinrent à nouveau les pas, puis le bruit d'une respiration lourde. J'ai entendu le bruissement du papier alors que la porte de la pièce du fond s'ouvrait, puis le claquement rapide de la porte.

Cela fut suivi d'un cri silencieux et presque inarticulé. Ce n'était pas un appel, ni un gémissement. Mais ce qui m'a poussé à agir soudainement, c'est le bruit qui a suivi. C'était une sorte de bruit sourd, comme si un corps était tombé au sol.

Je n'ai plus hésité. Il était clair que quelque chose n'allait pas. J'ai couru vers la porte fermée, j'ai frappé et, un instant plus tard, je l'ai ouverte.

En entrant dans la pièce , je vis la jeune fille allongée là, son visage tourné vers le haut, blanc comme de la craie, avec des ombres gris bleuâtres autour de ses yeux fermés. À côté d'elle, sur le sol, gisait un journal, une édition de l'après-midi à la une flamboyante.

Je restai là à regarder bêtement le visage blanc pendant un moment ou deux avant de réaliser que la jeune fille était simplement tombée évanouie. Puis, voyant le lent battement d'un pouls dans la gorge fine, je me mis à genoux et déchirai le col de son chemisier. Ensuite, j'ai pris de l'eau dans la cruche en grès du lavabo et j'en ai aspergé le front placide et incolore. Je pouvais voir, alors que je la soulevais sur l'étroit lit blanc, à quel point son corps était exsangue et mal nourri. La jeune fille était à moitié affamée ; cela ne faisait aucun doute.

Elle reprit ses esprits très lentement. Alors que je me penchais sur elle, attendant que ses yeux aux paupières lourdes s'ouvrent, j'ai laissé mon regard revenir vers le journal posé sur le sol. J'y ai lu qu'Harriet Walter, la jeune star de la *Broken Ties* Company, avait eu un grave accident. Cela s'est produit alors qu'il roulait sur Morningside Avenue dans une voiture de tourisme conduite par Percy Alward Adams, le fils du célèbre magnat de la traction. Le frein avait apparemment refusé de fonctionner sur Cathedral Hill et la voiture était entrée en collision avec un pilier du chemin de fer surélevé au coin de la cent neuvième rue. Adams lui-même s'en était sorti avec un bras quelque peu lacéré, mais les blessures de Miss Walter étaient plus graves. Elle avait été immédiatement emmenée à l'hôpital St. Luke, mais à quelques pâtés de maisons de là. Elle n'avait cependant pas repris connaissance et pratiquement tout espoir de guérison avait été abandonné par les médecins.

Je me demandais frénétiquement quel lien pouvait unir ces deux jeunes femmes étrangement diverses lorsque la fille à côté de moi a donné des signes de retour à la vie. J'étais encore en train de lui verser une quantité ridicule d'eau sur le visage et le cou quand ses yeux s'ouvrirent soudainement. Ils m'ont regardé, hébétés et émerveillés.

"Qu'est-ce que c'est?" » demanda-t-elle en regardant la pièce. Puis elle m'a regardé à nouveau.

"Je pense que tu as dû tomber", ai-je essayé d'expliquer. "Mais tout va bien, tu ne dois pas t'inquiéter."

Mes faibles efforts pour la rassurer n'ont pas été efficaces. Je pouvais voir le mouvement perplexe de ses mains, la question inexprimée toujours dans ses yeux. Elle est restée là, à me regarder pendant un long moment.

"Tu vois, je suis ta nouvelle voisine," lui dis-je, "et je t'ai entendu depuis ma chambre."

Elle n'a pas parlé. Mais je vis ses lèvres se contracter en un petit sanglot qui secoua tout son corps. Il y avait quelque chose d'indescriptiblement enfantin dans ce mouvement. Il m'a fallu me battre pour conserver mon air d'optimisme fade.

"Et maintenant", ai-je déclaré, "je vais m'éclipser une minute et te chercher un peu de vin."

Elle fit un petit geste de la main en signe de protestation, mais je l'ignorai. J'ai esquivé mon chapeau, j'ai descendu les escaliers jusqu'à la rue, j'ai mis Benson au téléphone ; et lui ordonna de m'envoyer immédiatement le panier à moteur et deux bouteilles de Bourgogne. Ensuite, j'ai appelé l'hôpital St. Luke. Là, curieusement, on m'a refusé toute information sur l'état d'Harriet Walter. En fait, il n'était même pas admis qu'elle était actuellement une patiente de cet établissement.

La jeune fille, à mon retour, était assise dans un rocking-chair près de la fenêtre. Elle ne semblait ni soulagée ni dérangée par mon retour. Ses yeux étaient fixés sur le mur blanc en face d'elle. Son visage incolore ne montrait que trop clairement que le choc qu'elle avait subi l'avait laissée indifférente à tous les autres courants de la vie, comme si tout nouveau coup du sort était devenu insignifiant. Elle n'a même pas tourné les yeux lorsque j'ai porté le panier dans la pièce et que je l'ai ouvert. Elle n'a pas levé les yeux pendant que je versais le vin et que je lui tendais un verre à boire.

Elle le sirota distraitement, d'une manière brisée, me faisant penser à un oiseau buvant au bord d'une soucoupe. Mais je lui en ai fait prendre davantage. J'ai persisté jusqu'à ce que je puisse voir une légère teinte de couleur semblable à une coquille se glisser sur ses joues.

Puis elle m'a regardé, pour la première fois, avec des yeux compréhensifs et étrangement reconnaissants. Elle fit un mouvement, comme pour parler. Mais ce faisant, j'ai pu voir le rapide jet de larmes qui lui montait aux yeux et son geste de désespoir alors qu'elle regardait le journal par terre.

"Oh, je veux mourir !" » cria-t-elle d'une voix brisée et faible. "Je veux mourir!"

Ses paroles m'ont à la fois surpris et perplexe. Ici, quelques heures plus tard, je rencontrais le deuxième jeune qui semblait fatigué de la vie, qui était prêt à y mettre fin.

"Que s'est-il passé?" Ai-je demandé, alors que je lui tendais davantage de Bourgogne à boire. Puis j'ai pris le journal de l'après-midi aux gros titres flamboyants.

Elle désigna d'un doigt instable le papier que je tenais entre les mains.

"Est-ce que tu la connais?" elle a demandé.

""Oui, je la connais," admis-je.

« Vous la connaissez depuis longtemps ? demanda la jeune fille.

"Seulement quelques années", répondis-je. "Depuis qu'elle est allée avec Frohman pour la première fois."

La vérité possible m'a envahi. C'étaient des sœurs. C'était là l'étrange lien qui les unissait ; l'un est ouvert, éclatant et opulent, et l'autre est brisé, caché et désespéré.

« Connaissez-vous Harriet Walter ? » J'ai demandé.

Elle rit un peu, tristement et amèrement. Le vin, imaginais-je, lui était plutôt monté à la tête.

"Je *m'appelle* Harriet Walter !" fut sa déclaration quelque peu surprenante.

Elle était toujours secouée et malade, je pouvais le voir. Je lui pris le verre de Bourgogne des mains. Je voulais que son esprit reste lucide. Il me restait encore beaucoup à comprendre.

"Et ils disent qu'elle va mourir ?" » déclara-t-elle à moitié, à moitié interrogée, tandis que ses yeux fouillaient mon visage.

"Mais qu'est-ce que cela signifie pour toi ?" ai-je demandé.

Elle semblait ne pas avoir entendu ; alors j'ai répété la question.

"Cela signifie la fin", sanglotait-elle, "la fin de tout !"

"Mais pourquoi?" J'ai insisté.

Elle se couvrit le visage de ses mains.

"Oh, je ne peux pas te le dire !" elle gémit. "Je ne peux pas expliquer."

"Mais il doit y avoir une raison bonne et précise pour laquelle la mort de cette jeune femme devrait mettre fin à tout pour vous."

La jeune fille regardait autour d'elle comme une prisonnière à vie face aux quatre murs vides d'une cellule. Son visage était sans espoir. Rien d'autre que la misère totale, le désespoir total, n'y était écrit.

Puis elle m'a parlé, pas directement à moi, mais plutôt comme si elle se parlait à elle-même.

« *Quand elle meurt, je meurs aussi !* »

J'ai exigé de savoir ce que cela signifiait. J'ai essayé de creuser jusqu'à la racine du mystère. Mais mes efforts furent inutiles. Je ne pouvais plus rien arracher à cette malheureuse et aux yeux tragiques. Et la seule chose qu'elle préférait à ce moment-là, j'ai réalisé, c'était la solitude. Alors je me suis retiré.

Cependant, la situation dans son ensemble s'est révélée un peu trop difficile pour moi. Plus j'y pensais, plus cela commençait à m'énerver. J'ai donc décidé de faire volte-face. J'ai décidé de commencer à l'autre bout du fil.

Mon premier geste fut d'appeler pour la voiture. Latreille arriva assez promptement, mais avec un air de sophistication dans sa bouche cynique que je ne pus m'empêcher de ressentir.

"Hôpital St. Luke", lui dis-je en montant dans la voiture.

Cependant, dans cette institution, on m'a encore une fois refusé toute information sur l'état d'Harriet Walter. Quand j'ai insisté davantage, il n'a même pas été admis qu'une telle personne se trouvait à l'hôpital.

"Mais je suis un ami de cette jeune femme", ai-je essayé d'expliquer. "Et j'ai le droit de connaître son état."

Le fonctionnaire aux yeux calmes m'a regardé sans aucune émotion.

"Cette jeune femme semble avoir de très nombreux amis. Et certains d'entre eux semblent très particuliers."

"Que veux-tu dire par là?" ai-je demandé. Pour répondre, il désigna une silhouette qui faisait les cent pas dans la rue.

"Il y a un autre de ces amis qui a insisté pour la voir", expliqua-t-il avec un haussement d'épaules atténué.

Le préposé en uniforme de ce temple de la douleur phéniqué et aux parois blanches a dû voir mon sursaut alors que je jetais un coup d'œil à la silhouette qui marchait lentement. Car c'était celui d'un jeune homme portant un chapeau de velours. C'était le jeune que j'avais rencontré la veille au soir à Madison Square.

« Connaissez-vous le nom de cet homme ? J'ai demandé.

"Il l'a donné comme Mallory—James Mallory", fut la réponse.

Je n'ai plus perdu de temps à l'intérieur de ces murs déprimants. J'étais heureux de sortir dans la rue, au grand air et sous le clair soleil de l'après-midi. J'avais déjà décidé de ma prochaine étape.

Je ne saurais dire si l'homme au chapeau de velours m'avait reconnu ou non. S'il l'a fait, il n'en a donné aucun signe. Pourtant, je pouvais voir qu'il était mécontent que je lui parle, même s'il n'a montré aucune surprise lorsque je l'ai fait par mon nom. Ce n'est que lorsque je lui ai demandé catégoriquement s'il s'était renseigné sur Harriet Walter qu'une trace d'intérêt est apparue sur son visage.

Il a répondu, avec une férocité considérable, que oui. Un aperçu des doigts instables et des paupières tremblantes m'a montré la tension sous laquelle il se débattait. Je me sentais vraiment désolé pour lui.

"Il se trouve que je connais Miss Walter", lui ai-je dit, "et si vous avez la gentillesse de monter dans ma voiture, je peux vous dire tout ce que vous voudrez savoir."

« Est-ce que vous vous appelez Adams ? » » demanda soudain le jeune au visage blanc.

"Ce n'est pas le cas", répondis-je avec beaucoup d'empressement, car son visage n'était pas agréable à regarder.

"Alors pourquoi peux-tu me dire ce que je veux savoir ?" » a-t-il demandé, me regardant toujours avec une hostilité ouverte. J'ai eu du mal à garder mon sang-froid. C'était un cas où l'on pouvait se permettre d'être indulgent.

"Si nous avons chacun un ami en cette dame, il n'est pas déraisonnable que nous puissions être amis nous-mêmes", lui dis-je. " Alors débarrassons-nous des toiles d'araignées en faisant un tour au centre-ville. "

"L'essence n'effacera pas mes toiles d'araignées", rétorqua-t-il. Il y avait quelque chose de sympathique dans son jeune visage audacieux, même sous son nuage d'amertume.

"Alors pourquoi ne pourrais-tu pas dîner avec moi, dans un de mes clubs très calme ?" Je suggère. "Ou, mieux encore, sur la véranda du Clairemont, où nous pourrons discuter ensemble."

Il a d'abord hésité, mais sous ma pression, il a cédé, et nous sommes tous deux montés dans la voiture et avons tourné vers l'ouest, puis remonté Riverside jusqu'au Clairemont. Là, je me suis assuré une table de coin sur la place, surplombant la rivière. Et là, j'ai exercé un talent dont j'avais autrefois été fier, en commandant un dîner qui, je pensais, pourrait plaire au jeune homme au malheur poignant qui était assis en face de moi. Je voyais qu'il me regardait encore, de temps en temps , avec à la fois révolte et perplexité maussade inscrites sur son jeune visage maigre. Ce ne serait pas une tâche facile, je le savais, de gagner sa confiance.

« Je suppose que tu penses que je suis fou, comme les autres ? » demanda-t-il soudain. J'ai remarqué qu'il avait déjà bu son troisième verre de vin.

"Pourquoi devrais-je penser ça ?"

"J'en ai assez pour me rendre fou !" » s'écria-t-il avec cet apitoiement abject qui marque le dernier jalon sur le chemin de l'espoir.

"Peut-être que je pourrais vous aider", suggérai-je. "Ou peut-être que je pourrais te conseiller."

"A quoi bon te conseiller quand tu es confronté à ce que je affronte ?" fut sa réplique aigrie.

Il trouvait apparemment du soulagement au Pommery . J'ai trouvé un soulagement compensatoire en voyant simplement ce regard de misère hantée et abjecte sortir de ses jeunes yeux.

"Alors dis-moi quel est le problème", dis-je.

Il secoua toujours la tête. Puis il leva soudain les yeux.

"Depuis combien de temps connaissez-vous Harriet Walter ?" Il a demandé.

"De l'époque", lui ai-je dit, après un moment de réflexion, "quand elle s'est présentée pour la première fois au Fresh Air Fund au Plaza. C'était il y a environ deux ans, quand elle est allée pour la première fois avec Frohman."

"Je la connais depuis vingt ans !" » fut l'exclamation inattendue du jeune. "Nous avons grandi ensemble, dans l'Ouest."

"Où dans l'Ouest ?" J'ai demandé.

"À Medicine Hat, c'est une ville des Prairies canadiennes."

"Mais elle est plus jeune que toi ?"

"Seulement deux ans. Elle a vingt-deux ans ; j'en ai vingt-quatre. Elle a changé son nom de Wilson à Walter lorsqu'elle est montée sur scène."

"Alors vous êtes des amis proches ?" Ai-je demandé, car je voyais que le vin avait délié sa jeune langue réticente.

"Amis!" se moqua-t-il. "Je suis l'homme qu'elle a promis d'épouser !"

Ici, me disais-je, il y avait une jolie marmite à poisson. Je savais que l'homme devant moi n'était pas Adams. Pourtant, cela faisait maintenant plusieurs semaines que les fiançailles d'Harriet Walter avec le jeune Adams avaient été officiellement annoncées. Et il n'y avait rien d'instable ou de prédateur dans la Harriet Walter que j'avais connue.

"Pourrais-tu me dire quand elle a promis de t'épouser ?" J'ai demandé. "Rappelez-vous, ce n'est pas indiscret. J'essaie seulement de me cacher derrière cette toile d'araignée."

"Elle me l'a promis il y a plus de deux ans", m'a-t-il répondu ouvertement.

"Certainement?" J'ai insisté.

"Aussi précis que la plume et l'encre pouvaient le rendre. Même avant qu'elle ne cède, avant qu'elle ne fasse la promesse, nous avions eu une sorte d'entente. C'était avant que je fasse mon voyage vers l'Ouest en Colombie-Britannique. Elle serait venue vers l'Est pour " Elle a toujours pensé qu'elle ferait une grande actrice. Nous avons tous essayé de l'en empêcher, mais elle a dit que c'était sa carrière. Elle avait eu du mal à l'époque, ces six premiers mois. Alors Je suis venu à New York et j'ai voulu la reprendre, la sortir de tout ce genre de choses. Mais elle m'a rebuté. Elle n'a pas cédé à l'échec dans son travail. Elle m'a fait sa promesse, mais " J'ai demandé un an. Une fois ce délai écoulé, elle avait réussi son coup. Puis, bien sûr, elle a demandé un an de plus. Et entre-temps, j'ai fait mon propre coup - dans les limites du bois.
"

"Mais n'a-t-elle pas justifié le temps que vous lui avez accordé ?" » m'enquis-je, me souvenant de la soudaine renommée qui lui était venue, du nom en électricité au théâtre de Broadway, des lithographies dans les vitrines des magasins, des interviews dans les journaux du dimanche.

"Justifié!" s'écria le jeune homme en face de moi. "Après avoir attendu deux ans, après qu'elle m'ait fait sa promesse, elle s'est retournée et a promis d'épouser cet homme Adams !"

"Et ne l'a-t-elle jamais expliqué ?"

"Expliqué ? Elle ne me verra pas. Elle m'a fait expulser de son hôtel. Elle est partie à Narragansett. Elle a fait semblant de ne même pas me connaître."

Cela ne ressemblait pas du tout à la Harriet Walter que j'avais connue. Il n'y avait pas grand-chose de délibérément vénal ou de traître dans la nature de cette jeune femme aux yeux naïfs.

"Et qu'est ce que tu a fait?" J'ai demandé.

"Que pouvais-je faire ? J'ai attendu et essayé à nouveau. Je sentais que si seulement je pouvais la voir face à face , elle serait capable de s'expliquer, pour que tout cela ressemble moins à de la folie."

"Et elle ne voudrait même pas te voir, te rencontrer ?"

"Pas une seule fois. Quelque chose l'a opposée à moi ; quelque chose l'a changée. Elle n'a jamais été comme ça, jamais !"

"Et vous insistez sur le fait que tout cela est sans rime ni raison ?"

" Sans la moindre raison. C'est ce qui rendait cette situation si désespérée. Et hier soir, quand j'ai entendu parler de cet accident , j'ai mis ma fierté dans ma poche et j'ai encore essayé. C'était encore la même chose. Ils semblaient me prendre pour une sorte de manivelle, ou de paranoïa en quelque sorte, là-haut à l'hôpital. Et puis j'ai abandonné. J'avais l'impression d'être au bout du rouleau. J'ai réfléchi à tout ça, assez calmement, et j'ai décidé d'en finir. J'ai J'ai marché dans les rues la moitié de la nuit, puis je me suis assis et j'ai décidé de me faire sauter la cervelle. Mais je n'ai pas pu le faire. J'étais trop lâche. Je n'avais pas le courage.

"Cela aurait été très stupide", fut ma réponse inadéquate, car d'un seul coup mes pensées revinrent à la nuit précédente et à la scène sur la place.

"Eh bien, qu'aurais-tu fait ?" » fut le défi prompt et amer du malheureux jeune homme qui me faisait face.

J'ai réfléchi un instant avant d'essayer de lui répondre.

"Eh bien," temporisai-je, "j'aurais essayé d'aller au fond du mystère. J'aurais fait un effort pour en découvrir la raison; car tout semble avoir une raison, vous savez."

Encore une fois , je l'entendis émettre sa petite moquerie apathique de misère.

"Il n'y a aucune raison", a-t-il déclaré.

"Il doit y en avoir", ai-je soutenu.

"Alors montre-moi où et ce que c'est", le défia-t-il.

"Je le ferai", dis-je avec une soudaine conviction. "Il y a une raison à tout cela, et je vais la découvrir !"

Il étudia mon visage avec ses jeunes yeux fatigués et malheureux alors que j'étais assis là, essayant de rapprocher les bords des deux histoires brisées. Ce n'était pas facile : c'était comme essayer de reconstituer un vase brisé en cloisonné.

"Et comment vas-tu le découvrir ?" » il s'enquit nonchalamment.

Au lieu de lui répondre, j'ai levé les yeux, je l'ai fixé et j'ai posé une autre question.

"Dis-moi ceci : s'il y a une raison, est-ce que tu tiens toujours à elle ?"

Cette question ne lui plaisait pas, comme je le craignais .

"Quelle est votre préoccupation ?"

"Si tout cela est une erreur, cela va vous préoccuper", lui dis-je.

Il resta assis là dans un silence de mort pendant une minute ou deux.

"J'ai toujours tenu à elle", a-t-il dit, et je savais quelle serait sa réponse avant qu'il ne parle. "Mais ça ne sert à rien. C'est fini. C'est fini, c'est fini. Il n'y a même pas d'erreur là-dessus."

"Il doit y en avoir. Et je vais découvrir où et ce que c'est."

"Et comment vas-tu le découvrir ?" il a réitéré.

"Viens avec moi", m'écriai-je un peu présomptueux, un peu excité, "et à dix heures ce soir j'aurai ta raison pour toi !"

Mon enthousiasme éclair a été de moins longue durée que ce à quoi je m'attendais. Les picotements et la chaleur du vin disparurent bientôt. Une réaction s'est produite une fois que nous étions sortis dans l'air frais de la nuit. Et dans cette réaction , j'ai commencé à voir des difficultés, à susciter des doutes et des appréhensions.

Le soupçon m'envahit qu'après tout, je parlais peut-être à un homme avec un esprit légèrement déséquilibré. Les délires comme les siens, je le savais, n'étaient pas rares. Il y avait beaucoup d'aimables excentriques qui portaient sur eux une certaine conviction de leur association intime avec les grands, la croyance bien établie qu'ils étaient les amis opprimés et méconnus des élus de la terre.

Pourtant, cela n'a pas entièrement rempli la note ; cela ne pouvait pas tout expliquer. Restait le mystère de la jeune fille de la pension de la 24e rue. Restait l'énigme de deux personnes prétendant être Harriet Walter.

En descendant vers cette maison de chambres, une idée m'est venue. Cela m'a incité à entrer dans mon club pendant une minute ou deux, laissant Mallory dans la voiture. Puis je suis retourné à la salle de lecture, j'ai décroché de son étagère un *Who's Who on the Stage* et j'ai trouvé le nom d'Harriet Walter.

Là, à ma grande surprise, j'ai lu que le nom de famille d'Harriet Walter était enregistré comme « Kellock », et qu'au lieu d'être canadienne, née et élevée dans la ville occidentale de Medicine Hat, comme l'avait prétendu la jeune Mallory, son lieu de naissance a été enregistré. comme Lansing, Michigan. Elle avait fait ses études au Gilder Seminary de Boston, puis avait étudié un an à la Wheatley Dramatic School de New York. De là, elle est montée sur scène, prenant de petits rôles, mais convainquant bientôt sa direction qu'elle était capable de choses meilleures. En un peu plus d'un an , elle était devenue une star dans la production *Broken Ties* .

Après tout, les responsables de Saint-Luc ne s'étaient pas trompés jusqu'à présent. Le jeune homme au chapeau de velours était clairement descendu de son chariot.

Il était cependant trop tard pour faire marche arrière. Et il restait encore l'autre extrémité du mystère à percer. J'ai donc conduit le jeune Mallory dans les escaliers moisis jusqu'à ma chambre du troisième étage, et je l'ai assis avec un cigare et un magazine entre ces quatre murs chauves et déprimants avec leur papier couleur soufre . Puis je suis sorti et j'ai soigneusement fermé la porte derrière moi. Puis j'ai traversé le couloir jusqu'à la chambre des filles et j'ai frappé.

Il n'y eut pas de réponse, alors j'ouvris la porte et regardai à l'intérieur. La pièce était vide. Un sentiment de frustration, de défaite, d'impuissance m'a envahi. Cela a été suivi d'un sentiment d'inquiétude, de l'impression qu'il était peut-être trop tard, après tout.

J'ai traversé la pièce avec une soudaine prémonition du mal. Puis j'ai allumé la lumière et j'ai ouvert le tiroir du haut du bureau recouvert de chintz. Là était mon billet de banque. Et à côté, j'ai remarqué, avec un sentiment de soulagement, que le revolver était toujours posé.

J'ai pris l'arme et l'ai examinée, hésitant à la décharger ou non. Je le tenais toujours dans ma main, le regardant fixement, quand j'entendis le grincement de la porte derrière moi. Cela fut suivi d'un cri de peur soudain et bien audible.

C'était la propriétaire de la pièce elle-même, j'ai vu au moment où je me suis retourné. Ce n'était pas tant de terreur dans ses yeux, à ce moment-là, que de pure surprise.

"Que faites-vous ici?" » demanda-t-elle avec un tremblement de perplexité.

"Je répondrai à cela lorsque vous répondrez à une de mes questions", temporisai-je en brandissant le revolver devant elle. "Où est-ce que tu as eu çà?"

Elle ne parla pas pendant une seconde ou deux.

"Pourquoi m'espionnes-tu comme ça ?" » demanda-t-elle soudain. Elle se laissa tomber sur une chaise, tirant nerveusement sur sa paire de gants usés.

« Vous insistez pour savoir ? J'ai demandé.

"J'ai le droit de savoir."

"Parce que tu n'es pas Harriet Walter", fut la réponse que je lui envoyai comme une balle.

Elle leva les yeux vers les miens. Il n'y avait ni colère ni ressentiment sur son visage. Tout ce que je pouvais voir, c'était une lassitude totale, une tragédie totale.

"Je sais," dit-elle. Elle parlait très doucement. Quelque chose dans sa voix m'envoya un sentiment de pitié.

"J'essaie seulement de t'aider", lui dis-je. "Je veux seulement clarifier cette confusion exaspérante."

"Tu ne peux pas", dit-elle très simplement. "C'est trop tard."

"Ce n'est pas trop tard!" J'ai persisté aveuglément.

"Que savez vous à propos de ceci?" fut sa réplique apathique et lasse.

"J'en sais plus que vous ne l'imaginez", fut ma réponse. "Je sais d'où vient ce revolver, quand et où vous l'avez récupéré, et à quel point vous avez failli l'utiliser."

Elle se couvrit le visage de ses mains. Puis elle les laissa tomber à ses côtés, avec un geste de désespoir.

"Oh, ils le sauront tous maintenant !" elle gémit. "Je savais que cela arriverait un jour. Et je n'ai pas la force d'y faire face, je n'en ai pas la force !"

J'avais l'impression, d'une certaine manière, que le moment était culminant.

"Mais comment cela a-t-il commencé ?" Ai-je demandé plus doucement, tout en regardant le corps fragile et féminin blotti l'un contre l'autre dans la chaise.

"Cela a commencé il y a deux ans", poursuivit-elle de son ton monotone et fatigué. "Cela a commencé quand j'ai vu que j'étais un échec, quand j'ai réalisé que tout était inutile, que j'avais commis une erreur."

"Quelle erreur?" Ai-je demandé, toujours dans le noir.

"Je n'ai pas eu le courage d'affronter cette erreur. Je pensais que c'était la vie pour laquelle j'étais fait, qu'ils n'avaient jamais compris à la maison. Même *lui* ne pouvait pas comprendre, pensais-je. Puis ils m'ont laissé venir. J'ai travaillé , oh, c'est dur ! Et quand j'ai quitté l'école, tout ce que je pouvais obtenir, c'était une place dans la chorale. J'avais honte de leur dire. J'ai fait semblant d'avoir un rôle, un vrai rôle. Il n'arrêtait pas de dire que je devais le donner. Il n'arrêtait pas de me demander de revenir. Je n'étais pas assez courageux pour reconnaître ma défaite. Je pensais toujours que ma chance se présenterait; j'ai continué à demander plus de temps.

"Et puis?" » ai-je demandé.

"Ensuite, je ne pouvais même plus continuer à faire le travail que j'avais. C'est devenu impossible, je ne peux pas vous dire pourquoi. Ensuite, j'ai fait n'importe quoi, du travail supplémentaire avec des images animées à la lecture dans les cours de la bibliothèque municipale. Mais j'ai quand même continué. " Je me suis rendu dans les agences, dans les bureaux de Broadway, pour essayer d'obtenir un rôle. Et les choses ont traîné encore et encore. Et puis j'ai fait ça, cette chose horrible. "

"Quelle chose horrible ?" Ai-je demandé, essayant de combler les interruptions toujours récurrentes dans sa pensée. Mais elle ignora l'interruption.

"Nous avions étudié ensemble dans les mêmes classes à la Wheatley School. Et les gens disaient que nous nous ressemblions. Mais elle était née pour ce genre de vie, pour réussir. Au fur et à mesure que je descendais, étape par étape, elle montait. Il m'a écrit que je devais devenir célèbre, car il avait vu ma photo sur la couverture d'un magazine. C'était la sienne. J'ai fait semblant que c'était la mienne. J'ai fait semblant de faire les choses qu'elle faisait. Je leur ai laissé croire que je le ferais. J'ai pris un nouveau nom, un nom de scène. Je leur ai envoyé des papiers qui racontaient son succès. Je suis devenue une tricheuse, une imposteuse, un mensonge vivant - je *suis devenue Harriet Walter* !"

Enfin la lumière était venue. J'ai tout vu en un éclair. J'ai soudain réalisé les perplexités et les profondeurs de la vie humaine. J'étais secoué d'une soudaine pitié pour ces deux esprits liés et malheureux, si proches l'un de l'autre à ce moment-là, et pourtant tâtonnant si bêtement et si perversement leurs traces de taupe.

Je pensais encore à l'ironie de tout cela, aux deux jeunes vies brisées et solitaires, même à ce moment-là, sous le même toit, écrasées sous le poids de leur misère aveugle et incompréhensible, lorsque la jeune fille assise dans la chaise se remit à parler.

"C'était terrible", poursuivit-elle, dans sa détermination passionnée à purger son âme de tout ce fléau corrodant. "Je ne rêvais pas à quoi cela mènerait, à ce que cela provoquerait. Je redoutais chaque avance qu'elle me faisait. Ce n'était pas de la jalousie, c'était plus que cela ; c'était de la peur, de la terreur. Elle semblait se nourrir de moi, jour après jour, mois après mois. Je savais depuis toujours que plus elle montait, plus je devais sombrer. Et maintenant, d'une manière différente, elle m'a tout pris. Tout pris, sans le savoir !"

"Non, tu as tort," dis-je. "Elle n'a pas tout pris."

« Que reste-t-il ? » était sa question désespérée.

"La vie, toute votre vraie vie. Cela a été une sorte de cauchemar, mais maintenant c'est fini. Maintenant vous pouvez revenir en arrière et recommencer."

"C'est trop tard!" Elle joignit désespérément ses mains fines. "Et il n'y a personne vers qui aller."

" *Voilà Mallory* ", dis-je, attendant un début alors que le nom lui tombait aux oreilles. Mais je n'en ai vu aucun.

"Non," cria-t-elle, "il me détesterait et me mépriserait."

"Mais tu tiens toujours à lui ?" ai-je demandé.

"J'ai besoin de lui", reconnut-elle en sanglotant. "Oui, oui, j'ai toujours tenu à lui. Mais il ne comprendrait jamais. Il ne me pardonnerait jamais. Il a grandi loin de moi."

"Il t'attend", dis-je.

Je restai un moment à regarder la silhouette courbée. Puis je me suis glissé hors de la pièce.

Je suis entré par ma propre porte et je l'ai fermée après moi. Le jeune Mallory, sa montre à la main, se retourna par la fenêtre et me fit face.

"Eh bien, il est dix heures... et rien n'est réglé !"

"C'est réglé", fut ma réponse.

Je l'ai conduit à travers le couloir calme jusqu'à l'arrière-salle à moitié éclairée.

J'ai vu son mouvement surpris et tâtonnant. Puis j'ai entendu son cri de « Harrie ! » et son cri de réponse "Jamie" alors que le visage blanc, avec sa faim et son bonheur, levait les yeux vers le sien.

Puis je suis sorti tranquillement et j'ai fermé la porte, les laissant seuls. À partir de ce moment, j'étais un étranger, un intrus. Mon rôle était terminé. Mais la vue de ces deux jeunes gens, dans les bras l'un de l'autre, m'a fait revenir à Mary Lockwood et au bonheur qui avait été perdu dans ma propre vie. Et cette nuit-là, je n'ai pas aussi bien dormi que je l'avais espéré.

CHAPITRE VI

LE MAJORDON IRRÉPROCHABLE

« Attendez-vous quelqu'un , monsieur ?

Cette question, malgré tout son vernis de respect, n'était que trop manifestement un message de rejet. Et cela m'en voulait, non seulement parce que c'était une impertinence, mais surtout parce que cela avait chassé de mon cerveau somnolent une très belle image de Mary Lockwood alors qu'elle se penchait sur une vieille nappe italienne brodée de galons d'or.

"Attends tu quelqu'un ?" répéta ce serveur de nuit nouvellement arrivé, nullement impressionné par mon silence.

"Je le suis", ai-je annoncé en l'inspectant avec une désapprobation ouverte. Je me demandais rêveusement pourquoi, au nom du bon sens, les serveurs portaient toujours des cravates aussi ridicules et peu décoratives .

Ce serveur en particulier continuait cependant à me considérer d'un œil louche et cynique. Puis il regarda l'horloge. Puis il regarda ma cave à vin vide, manifestement une annonce de circulation suspendue du seul fluide qui lui paraissait vital.

"C'était une dame ?" il a eu l'audace de s'enquérir.

Je pouvais voir ses yeux parcourir la pièce presque vide. C'était l'heure de bas reflux où un tramway fait un événement dans la rue déserte, l'heure où les chaises s'entassent sur les tables des cafés, les corpuscules blancs des wagons de lait commencent à se déplacer dans les artères endormies de la ville, et ces nerfs d'acier qu'on appelle tandis que les fils télégraphiques restent langoureusement éveillés avec les frissons sucrés de leurs lettres nocturnes.

"Oui, c'était une dame", répondis-je. Cet intrus aux yeux clos ne savait rien du dîner divin sur lequel j'étais tombé par hasard dans ce méchant restaurant français, ni du fin et ferme *Clos Vougeot* qui avait été déterré de sa cave miteuse, ni de ma propre tranquillité d'esprit alors que j'étais assis là à étudier. la glacière en métal vide et se demandant comment les déchets mesquins et crasseux de Champagne pourraient engendrer un ichor si riche d'éthérités chantantes.

"Euh... à quoi pourrait-elle ressembler, monsieur ?" m'a ensuite demandé mon bourreau, clignant des yeux avec un ton décontracté et largement tolérant, comme s'il était à la recherche placide d'une demirep à plumes et impatiente attendant sa chance de franchir la barre de la connaissance sur la marée haute et insouciante de l' ivresse .

"Elle bouge très, très doucement et a une étoile dans les cheveux",
répondis-je à ce serveur aux yeux de poisson. "Son haleine est douce et rosée,
et son front est couvert. Et dans ses mains, elle porte une gerbe de
coquelicots."

Le serveur me regarda avec cette douce pitié impersonnelle avec
laquelle l'homme a l'habitude de considérer les fous inoffensifs.

"Sûrement," dis-je avec un bâillement étouffé, "vous l'avez sûrement
rencontrée ? Vous avez sûrement été conscient de ces yeux doux et sombres
qui regardaient les vôtres alors que vous vous fondiez dans ses bras ?"

"Tout à fait, monsieur", a admis avec inquiétude mon ami aux yeux
murés. Puis j'ai commencé à réaliser qu'il me réveillait. J'avais peur que son
invasion dévastatrice n'effraie l'esprit craintif que j'avais courtisé avec autant
d'assiduité qu'un pêcheur à la ligne cherchant sa première truite. Pendant une
longue heure, le corps plein et la tête vide, j'étais resté assis là à traquer le
sommeil avec autant d'art et d'ardeur qu'un chasseur traquait jamais un cerf.
Et je savais que si je quittais cet endroit, la poursuite serait terminée, du moins
pour cette nuit-là.

"Mais ce qui est étrange chez elle", expliquai-je nonchalamment, "c'est
qu'elle n'échappe qu'à ceux qui la recherchent. Elle est timide. Elle se refuse
à ceux qui la réclament le plus passionnément. Pourtant quelque chose me
dit qu'elle plane près de moi à à ce moment, qu'elle est sur le point de se
pencher sur moi avec ces yeux ineffables, si seulement j'attends le moment
d'or. Et ainsi, mon cher monsieur, si vous voulez bien prendre cela comme
une légère récompense de votre peine et couvrir cet aspect extrêmement sale
divan dans cette alcôve d'aspect extrêmement peu recommandable avec une
nappe propre, puis tirez ce rideau qui est apparemment destiné à le
transformer en *chambre particulière*, vous me donnerez l'occasion de fréquenter
un ange de grâce plus charmant que n'importe quelle tête méritoire. qui a
jamais souillé sa peluche fanée. Et si je reste sans interruption jusqu'à votre
départ le matin, votre récompense sera alors doublée.

Son visage perplexe montrait, tandis qu'il regardait le billet qu'il tenait
à la main, que si c'était effectivement de la folie, il y avait là une sorte de
méthode non répugnante.

Alors il se mit à draper d'une nappe ce divan pas très propre, à moitié
hébété, le faisant en fait ressembler inconfortablement à une bière. Puis il
porta mon chapeau, mes gants et mon pardessus jusqu'à une chaise au pied
du divan. Puis il m'a pris par le bras, fermement et avec sollicitude.

Son visage, alors que je me dirigeais sans un seul titubement vers cette
petite quiétude minable à l'abri du reste du monde, était une étude
d'étonnement. Il était évident que je l'intriguais. Il se laissa même aller à un

second regard étonné vers le divan tandis qu'il tirait les portières . Puis, si je ne me trompe, il prononça le seul mot explicatif et suffisant : « Pompe-aiguille ».

Je l'ai entendu entrer sur la pointe des pieds, quelques minutes plus tard, et couvrir décemment mes jambes avec le pardessus de la chaise. Je ne parlais pas, car penché sur moi était une Présence plus rare et plus douce, et je ne voulais aucun son ni mouvement pour l'effrayer. Juste au moment où sa main a touché la mienne, je ne peux pas le dire. Mais je suis tombé dans un sommeil profond et naturel et j'ai rêvé que j'étais transporté à travers les orangeraies siciliennes par un serveur aux yeux murés et aux ailes comme un papillon.

Puis la scène changea, comme les scènes ont l'habitude de le faire dans les rêves. J'avais l'impression d'être au centre d'une conférence de voleurs de grand chemin, présidée par Latreille lui-même. Puis les voix ont changé et changé, reculé et avancé. J'avais l'impression de filer cet état tampon qui se situe entre les deux royaumes du sommeil et de l'éveil, l'état tampon qui n'a pas de contours clairs et qui se tord comme un charançon entre des frontières toujours changeantes.

"Où est Sir ' Enery ", dit une voix venant du sommet d'une montagne. Puis un murmure de voix en réponse bourdonna autour de moi comme des abeilles, seul un ou deux mots intelligibles semblant renforcer le tissu de mes imaginations comme des barres de fer renforcent des murs en béton. Et je restais là, dans cette agréable torpeur frontalière, qui n'est ni veille ni sommeil. Je semblais somnoler, nullement dérangé par le bourdonnement brisé des paroles qui vacillait et vacillait dans mon cerveau.

"Alors pourquoi Sir Henry ne peut-il pas travailler sur le chantier Belmont ?" » demandait l'une des voix.

"Je vous l'ai déjà dit, Sir Henry est attaché", répondit une autre voix.

"Que faire?" demanda la première voix.

"Il répare son usine pour le coup d'État de Van Tuyl ", fut la réponse.

"Qu'est-ce que Van Tuyl ?"

"Dans la soixante-treizième rue. Il les a attachés ."

"Et en plus," interrompit une troisième voix, "il ne touchera pas à une caisse de soupe depuis qu'il a ce coin de sécurité au poignet. Cela lui a un peu brisé les nerfs pour le travail à la nitro."

"Oh, tu ne pouvais pas briser le courage de ce type !"

"Eh bien, de toute façon, il sait qu'il est marqué."

Puis vint une accalmie, suivie du grincement d'une allumette et de nouveau des marmonnements de voix.

"Comment a-t-il réussi à passer les cordes là-haut ?" demanda une de ces voix.

"C'est la même chose. Butlering . Turk McMeekin l'a dopé avec une demi-douzaine de recommandations de Londres. Cela l'a fait débuter à Morristown, avec le Whippeny Club. Puis il a fait le travail à Herresford . Mais il a une pêche avec ce gang de Van Tuyl . Ils le laissent fermer à clé tous les soirs – argent et tout – et emporter les clés du lit avec lui ! »

"C'est à Sir ' Enery de leur faire rêver qu'il est le vrai", murmura une autre voix.

"Bien sûr!" » répondit encore une autre voix qui semblait très lointaine.

Puis le marmonnement est devenu un murmure et le murmure un bourdonnement. Et le bourdonnement est devenu un soupir de cime de bouleau, et je traquais Big-Horn à travers les sommets des montagnes du *café parfait* , où un majordome anglais pompeux servait *des pêches Melba* au bord d'un précipice sur deux.

Quand je me suis réveillé, il faisait grand jour et mon serveur aux yeux murés attendait là sa deuxième facture. Et je me suis souvenu que je devrais téléphoner à Benson pour qu'il puisse préparer le café avant que je rentre chez moi à pied dans l'air doux de novembre.

C'est deux heures plus tard que le premier souvenir de ces voix murmurantes de minuit m'est revenu. Les mots que j'avais entendus semblaient avoir été enfouis dans mon esprit comme des graines dans le sol. Puis, ici et là, une pousse verte de suspicion est apparue. Plus j'y réfléchissais, plus je devenais perturbé. Pourtant, je me suis prévenu que je ne pouvais être sûr de rien. Le seul élément tangible était le mot répété « Van Tuyl ». Et il y avait au moins quelque chose sur lequel je pouvais concentrer mon attention.

Je suis allé au téléphone et j'ai appelé Béatrice Van Tuyl . Des années auparavant, nous avions joué au water-polo et fait du catboat sur le Sound ensemble. J'ai réalisé, en entendant la voix enjouée de cette jeune matrone sur le fil téléphonique, que je devrais choisir mes pas avec précaution.

"Je dis, Béatrice, as-tu peut-être besoin d'un majordome ?" J'ai commencé avec autant de désinvolture que possible.

"Je ne suis pas à ma place, Witter, mon cher ?" » fut la question gloussante qui me vint à l'esprit.

"Non, je ne le suis pas, mais je connais un homme bien", fut ma réponse mensongère. « Et je pensais plutôt… »

"Mon cher Witter", dit la voix sur le fil, "nous avons ici un *joyau* d'homme. Il est anglais, vous savez. Et je commence à soupçonner qu'il a fait partie de la royauté. Jim a toujours voulu enfoncer des épingles dans ses jambes pour voir s'il n'est pas vraiment pétrifié.

"Quel est son prénom?"

"Juste ce que cela devrait être : le nom le plus approprié de Wilkins."

"Depuis combien de temps l'as-tu?"

"Oh, des semaines et des semaines !" Seul un citoyen new-yorkais pouvait comprendre le ton triomphant de cette réplique.

"Et tu es sûr de lui en tous points ?"

" Bien sûr , nous sommes sûrs de lui. C'est un Gibraltar de fiabilité."

"D'où l'as-tu eu ?"

"De Morristown. Il était au Whippeny Club avant de venir chez nous."

"Le Whippeny Club!" J'ai pleuré, car le nom a frappé comme une balle sur le métal de la mémoire.

« Ne pensez-vous pas, disait la voix sur le fil, que vous feriez mieux de venir dîner ce soir et d'inspecter le parangon de près ? Et vous pourriez nous parler un peu, entre-temps.

"J'adorerais", fut ma réponse très rapide.

"Alors fais-le", dit Béatrice Van Tuyl . "Un peu après sept heures."

Et peu après sept heures, j'ai dûment sonné à la porte des Van Tuyl et j'ai été dûment admis dans cette maison ordonnée et bien aménagée de la soixante-treizième rue, si semblable à mille autres maisons new-yorkaises ordonnées et bien aménagées, cachées derrière leurs masques immuables. de marron et de gris.

Pourtant, je ne pouvais m'empêcher de ressentir la vulnérabilité de cette maison apparemment bien gardée. Malgré tous ses murs de pierre et de brique, malgré toutes les grilles d'acier qui recouvraient ses fenêtres et les lourdes volutes qui protégeaient sa porte vitrée, il restait un endroit richement mûr pour le pillage. Sa solidité, je le sentais, n'était qu'une parodie. Cela m'a fait penser à une forteresse qui avait été secrètement minée. Ses occupants semblaient jouir d'une fausse sécurité. Les instruments mêmes qui garantissaient la sécurité constituaient en réalité une menace. Le mécanisme même du service qui rendait possible sa tranquillité cloîtrale était à l'origine de sa perturbation.

Alors que je rendais mon chapeau et mon manteau et montais au deuxième étage où j'avais connu tant d'heures tranquilles et heureuses, je me sentis pour une fois inquiété par son atmosphère chargée de fleurs. J'ai commencé à être opprimé par un nouveau et inquiétant sens des responsabilités. Ce ne serait pas une mince affaire, ai-je commencé à comprendre, de faire exploser une bombe de dissension dans cette principauté à l'éloignement presque arrogant. Ce ne serait pas une plaisanterie de confondre cette routine fluide dont la richesse urbaine s'entoure si jalousement.

Je me suis soudain rappelé qu'il n'y avait rien sur lequel je pouvais être positif, rien sur lequel je pouvais m'appuyer avec certitude. Et mon inquiétude intérieure était augmentée, voire quelque chose, par le regard calme et allègrement satisfait que Béatrice Van Tuyl me lançait.

"Et c'est quoi tout ce mystère à propos de notre homme Wilkins ?" m'a-t-elle demandé, avec l'immédiateté de son sexe.

"Ne me laisses-tu pas répondre à cette question un peu plus tard dans la soirée ?"

"Mais, mon cher Witter, ce n'est pas juste !" » protesta-t-elle en tenant une allumette allumée pour la cigarette de son mari. "Sais-tu, je crois en fait que tu as repéré quelqu'un avec qui tu veux supplanter Wilkins."

"S'il te plaît-"

"Ou est-ce qu'il t'a renversé de la soupe à un moment donné alors que nous ne l'avions pas vu ?"

"J'imagine qu'il a renversé un peu de soupe dans sa journée", répondis-je, me rappelant ce que j'avais entendu concernant le coin de sécurité. Et tandis que je parlais, j'ai réalisé que mon seul espoir résidait dans la possibilité d'avoir un aperçu de la marque que ce coin avait laissée – si, en effet, toute ma chaîne de coïncidences ne se divisait pas en inconséquences du pays des rêves.

"Vous ne pouvez pas ébranler ma foi en Wilkins", a déclaré la femme aux yeux bleus vêtue d'une robe de soirée en soie bleue, alors qu'elle se penchait en arrière dans une chaise de bibliothèque aux bras protecteurs et légèrement rembourrée qui devenait soudainement le symbole de son ensemble gardé et rembourré. vie. "Jim, dis à Witter à quel point Wilkins est vraiment un bijou."

Jim, dont la pensée était une arme lourde à côté de la colonne d'humour volante de sa femme, retourna solennellement la question dans son esprit.

"C'est un homme remarquablement bon", a admis Jim, impassible et lévitique , "remarquablement bon".

"Et vous l'avez vu vous-même, maintes et maintes fois", a reconnu sa femme.

"Mais je n'ai jamais été particulièrement intéressé par les domestiques, vous savez", fut ma réplique d'auto-défense.

"Alors pourquoi, face aux Ironies Immortelles, mettez-vous mon majordome au microscope ?" » fut le tir de retour provenant de la colonne volante. La douceur acidulée de cette attaque m'a même fait faire volte-face.

« Écoutez, » ai-je soudainement demandé, « est-ce que l'un de vous a manqué quelque chose de précieux ici ces derniers temps ?

Les deux hommes se regardèrent un moment avec un étonnement perplexe.

"Bien sûr que non", rétorqua la femme en robe de soirée. "Rien!"

"Et vous savez que vous avez tout intact, tous vos bijoux, votre assiette, vos portefeuilles, les bibelots qu'un voleur sournois pourrait juger utile de rassembler ?"

" Bien sûr que nous l'avons fait. Et je ne peux même pas vous en vouloir en mettant mon portefeuille entre les bibelots. "

"Mais en êtes-vous certain ? Pourriez-vous le vérifier à tout moment ?"

"Mon cher Witter, nous n'en aurions pas besoin. Je veux dire, nous le faisons tous les jours de notre vie. C'est instinctif ; c'est autant une habitude que de garder les mites hors des placards et les toiles d'araignées dans les coins."

"Qu'est-ce qui te fait demander tout ça ?" » demanda l'artillerie lourde.

"Oui, qu'est-ce qui fait de toi soudainement le gardien d'Holmes ?" » fit écho la brigade volante.

Encore une fois, je vis qu'il ne serait pas chose facile d'annoncer aux personnes que vous aimiez la possibilité qu'elles dorment sur un volcan. Une telle indication comporte à la fois ses dangers et ses responsabilités. Mon sentiment antérieur de plaisir dans une connaissance à laquelle les autres ne participaient pas se fondait progressivement dans la conscience d'une tâche désagréable qui s'avérerait peu recommandable à la fois dans ses caractéristiques et dans son *final* .

"Je pose cette question", répondis-je, "parce que j'ai de bonnes raisons de croire que ce modèle que vous appelez Wilkins n'est pas seulement un criminel, mais qu'il est venu dans cette maison à des fins criminelles."

"Pour quelles fins criminelles ?"

"Pour le plaisir de le voler."

Béatrice Van Tuyl me regardait avec ses yeux bleus grands ouverts. Puis elle éclata soudain d'un rire doré et liquide. "Oh, Witter, tu es adorable !"

"Quelle preuve en as-tu ?" » demanda Jim.

"De ma beauté ?" J'ai demandé, car la solidité de Jim Van Tuyl était aussi provocante que celle de l'enclume de forge que le paresseux ne peut pas franchir sans au moins un ou deux coups de marteau. Pourtant, c'était cette même solidité, je le savais, qui faisait de lui le financier le plus sûr et le plus astucieux des investisseurs.

"Non", rétorqua-t-il, "des preuves du fait que Wilkins est ici pour des raisons autres que honnêtes".

"Je n'ai aucune preuve", dus-je avouer.

"Alors quelles preuves avez-vous ?"

"Je n'ai encore aucune preuve. Mais je ne suscite pas ce genre de choses sans raison valable."

"Espérons que non !" rétorqua Jim.

"Mon cher Witter, tu deviens vraiment difficile avec ta vieillesse", dit la femme en riant. Seule la solennité du visage de son mari semblait la calmer. " Vous ne voyez pas que c'est absurde ? Nous sommes tous là, sains et saufs, et nous n'avons pas été volés. "

"Mais ce que je veux savoir", poursuivit l'artillerie lourde, "c'est quelles sont vos raisons. Il semble tout à fait normal que nous demandions quelles sont vos preuves comme preuves."

"Ce que j'ai ne sera pas admis comme preuve", avouai-je.

Il jeta sa cigarette. Cela revenait à baisser les bras.

"Alors qu'attends-tu que nous fassions ?"

"Je n'attends pas de vous que vous fassiez quoi que ce soit. Tout ce que je vous demande, c'est que vous me laissiez essayer de justifier cette décision que j'ai prise, que nous dînions tous les trois tranquillement ensemble. Et sauf erreur majeure, avant que ce dîner ne soit je pense que je peux vous montrer que cet homme... "

J'ai vu Béatrice Van Tuyl porter soudain un index à sa lèvre. La demande de silence m'a mis de court. Un instant plus tard, j'ai entendu le claquement d'un interrupteur dans le couloir extérieur, puis le clic des anneaux de rideaux en jade sur leur poteau. Dans l'embrasure de la porte entra une silhouette en noir, une silhouette calme, lente et tout à fait sûre d'elle.

« Le dîner est servi », entonnait ce personnage sobre, avec une solennité de curé qui lui est propre.

Je n'avais aucune envie de rester bouche bée devant cet homme, mais mon premier aperçu fut très vif, car je savais que c'était Wilkins lui-même que j'étais confronté. En le voyant là dans toute la gloire de son assurance magistrale , j'ai ressenti un enfoncement involontaire et ridicule dans le diaphragme. Je me suis demandé, au nom de tous les Lares et Pénates de Manhattan, pourquoi m'étais-je soudainement lancé à la poursuite d'une oie sauvage pour arrêter un majordome inoffensif au sujet duquel j'avais fait un cauchemar de minuit ?

Puis j'ai regardé l'homme de plus près. Il portait la livrée conventionnelle en laine sergée, avec un col ailé extrêmement haut et une cravate en gazon extrêmement petite. Il semblait être une silhouette d'homme remarquablement solide, et sa taille n'était pas insignifiante. L'impression de fragilité, de sédentarité exsangue , que pouvait donner son visage assez pâle, était nettement contredite par la lourdeur musculaire de ses membres. Ses cheveux, d'un gris Kyrle-Bellewish sur les tempes, étaient coupés courts. Le visage bien poudré et rasé de près était d'un blanc bleuâtre le long des bajoues, comme celui d'un prêtre . L'équilibre de la figure, qu'il soit naturel ou simulé, était marqué pour la servitude.

Pourtant, je dus admettre, alors que nous sortions en file indienne et descendions vers la salle à manger, que cet homme n'était pas dénué de son prétendu sens de dignité. Il ne semblait ni arrogant ni obséquieux. Il planait à mi-chemin entre le Scylla de la hauteur et le Charybde de la patience attentionnée. Autour du visage immobile et semblable à un masque pendait ce voile d'impersonnalité qui le caractérisait comme un majordome — comme un majordome jusqu'au bout des doigts. Lorsqu'il n'était pas réellement en mouvement, il était aussi distant qu'un totem. Il se tenait aussi discret qu'un poteau, aussi impassible qu'un meuble protecteur, à côté duquel la jeunesse pourrait murmurer son plus lourd secret ou une conspiration tisser sa toile la plus sombre.

Je dus avouer, en observant ses mouvements adroits autour de cet oblong de damas parsemé de porcelaine qui semblait son domaine convenable et légitime, qu'il ne manquait en rien de ce rôle - la seule chose qui m'intriguait était la futilité de ce rôle. . Il y avait aussi de l'autorité dans le moindre mouvement de ses doigts et dans son regard, comme de temps en temps il faisait signe au valet de pied qui l'aidait dans ses fonctions. Il y avait une grave sollicitude sur son visage alors qu'il attendait le moindre signe de tête sémaphorique de la femme en robe de soirée en soie bleue. Et c'était là l'homme, avec son air impassible et exact, avec ses mouvements rapides et ses yeux alertes et pourtant impassibles, que j'étais venu dans cette maison tranquille pour proclamer un voleur !

J'observais ses mains à chaque cours pendant que j'étais assis là à parler contre la montre – et Dieu sait de quoi je parlais ! Mais il n'y avait rien à découvrir sur ces mains. Sur le premier point important , j'avais été déçu. Pour les poignets qui dépassaient des bords de la livrée, les manches recouvraient chaque poignet à gros os. Dans le comportement même de l'homme, il n'y avait rien sur lequel fonder un soupçon valable. Et pendant ce temps , le dîner se déroulait, comme tous les dîners de ce genre, doucement et tranquillement, et, selon les apparences extérieures, harmonieusement et joyeusement.

Mais à mesure que ça avançait, je devenais de plus en plus perplexe. Il y eut encore un ou deux moments nauséabonds où l'idée me traversa l'esprit que tout cela était effectivement une erreur, que ce que j'avais semblé entendre dans mes moments d'agitation de la nuit précédente n'était qu'un rêve projeté dans une période d'éveil. Muni de rien d'autre qu'un écho de ce rêve, je m'étais lancé dans cette course folle, pour traquer un homme qui avait prouvé et prouvait lui-même le summum de la respectabilité convenable.

Mais si cette pensée était nauséabonde, elle l'était aussi. Comme toutes les choses maladives, il avait tendance à mourir jeune. Il s'est produit avant les réalités encombrées d'autres circonstances que je ne pouvais pas ignorer. La coïncidence, assez souvent répétée, est devenue plus qu'un hasard. C'était plus qu'un cauchemar. J'avais entendu ce que j'avais entendu. Il existait encore une méthode par laquelle je pouvais vérifier ou contredire mes soupçons. Mon problème était de trouver un plan. Et la gravité de mon dilemme, je suppose, se reflétait d'une manière ou d'une autre sur mon visage.

"Eh bien, qu'est-ce que tu vas faire à ce sujet ?" » demanda Van Tuyl , avec son lourd ton neutre, au moment où la pièce se trouvait être vide.

"Tu ne vois pas que c'est une erreur ?" » ajouta sa femme, avec un regard assuré sur la table ombragée de roses, puis un regard plus large sur la pièce elle-même.

"Attends," dis-je soudainement. "Quelles étaient ses références ?"

"Il nous en a donné une splendide, du Whippeny Club. Nous l'avons vérifié. Ensuite, il avait des lettres, dont six provenant de personnes très honnêtes de Londres. L'une d'elles était un évêque."

"Les avez-vous vérifiés ?"

"De l'autre côté de l'Atlantique, Witter ? Ça n'en valait vraiment pas la peine !"

« Et c'est une chance pour lui que tu ne l'aies pas fait !

"Pourquoi?"

"Parce que ce sont tous des faux !"

« Quelle est la raison pour laquelle vous pensez cela ? » demanda le solennel Van Tuyl .

"Je ne le pense pas, je le sais. Et j'imagine que je peux vous dire le nom de l'homme qui les a forgés pour lui."

"Bien qu'est-ce que c'est?"

"Un digne du nom de Turk McMeekin."

Van Tuyl se redressa avec une lourde détermination sur son visage honnête et sans imagination.

"Nous avons vécu une bonne partie de ce mystère, Witter, mais nous devons en arriver au bout. Dis-moi ce que tu sais, tout, et je le ferai venir ici et je lui ferai face. Maintenant , qu'y a-t-il à côté de l'objet Turk McMeekin ?"

"Pas encore!" » murmura Béatrice Van Tuyl en guise d'avertissement, tandis que Wilkins et son visage masqué avançaient dans la pièce.

J'avais le sentiment, tandis qu'il nous servait une de ces délicieuses glaces qui apprivoisent rétrospectivement même l'épicurisme cyrénaïque , que nous conspirions délibérément contre notre propre bien-être, que nous détrônions notre propre tranquillité d'esprit. Nous étions assis là, en train de comploter pour démanteler l'agence dont la seule fonction était de veiller à nos plaisirs. Et je ne pouvais m'empêcher de me demander pourquoi, si cet homme était bien ce que je soupçonnais, il avait choisi d'exercer la profession la plus précaire et la plus mal payée de toutes. J'avais du mal à me persuader que derrière ce masque bleu-blanc impassible pouvait se cacher un esprit d'aventure capricieux — et pourtant, sans cet esprit, tout mon cas était un château de cartes d'absurdités.

Je remarquai que pour la première fois les propres yeux de Béatrice Van Tuyl s'arrêtèrent avec un regard vif et scrutateur sur le visage immobile de sa servante. Puis j'ai senti son regard tout aussi inquisiteur se diriger vers moi. Je savais que mon échec à réparer mes torts ne recevrait que peu de pardon. Elle exigerait des connaissances, même si cela conduisait à la découverte de l'imminence du volcan. Et après tant de fumée, il était évidemment de mon devoir de montrer où se trouvait le feu.

J'ai saisi la conversation par la queue, pour ainsi dire, et je l'ai ramenée dans les avenues de l'inconséquence. Nous étions assis là, tous les trois, à parler pour le bien d'un serviteur au visage mastic. J'ai cependant remarqué qu'en faisant le tour de la table , il tombait à plusieurs reprises sous le regard rapidement interrogateur de son maître et de sa maîtresse. J'ai commencé à me sentir comme un Iago qui avait volontairement pollué un pigeonnier d'une confiance jusqu'alors inébranlée. Il devenait de plus en plus difficile de maintenir ma prétendue bonne humeur naïve. Le temps passait vite et rien n'avait encore été découvert.

"Maintenant", demanda Van Tuyl , lorsque la pièce fut à nouveau vide , "de quoi es-tu sûr ?"

"Je ne suis sûr de rien", dus-je avouer.

"Alors que proposes-tu de faire ?" » était l'enquête quelque peu arctique.

J'ai levé les yeux vers le mur où Ezekiah Van Tuyl , le digne fondateur de la branche américaine de la famille, me regardait d'un air réprobateur au-dessus de ses andains noirs.

"Je propose", fut ma réponse, "que ton arrière-grand-père là-haut nous fasse savoir si j'ai raison ou si j'ai tort."

Et tandis que Wilkins entrait dans la pièce, je me levai de table, me dirigeai vers le portrait au lourd cadre et le soulevai de son crochet. Je l'ai tenu là, faisant semblant d'étudier le visage pendant un moment ou deux. Ensuite, j'ai posé ma serviette de table sur une chaise, je l'ai montée et j'ai tenté en vain de raccrocher le portrait.

"S'il vous plaît, Wilkins," dis-je, tenant toujours le tableau à plat contre le mur.

"Un peu plus haut", lui dis-je en m'efforçant de remettre le cordon sur son crochet. Je n'y suis pas particulièrement parvenu, car à ce moment-là, mes yeux étaient dirigés vers les mains de l'homme qui tenait le tableau.

Sa position était telle que les manches de sa blouse noire étaient écartées des poignets blancs et fortement osseux. Et là, devant mes yeux, à travers les cordes fléchisseurs du poignet droit se trouvait une cicatrice large et irrégulière d'au moins trois pouces de longueur.

Je suis retourné à ma place à table. Van Tuyl , à ce moment-là, me regardait à la fois avec ressentiment et émerveillement.

"Allons-nous prendre un café à l'étage ?" » demanda sa femme avec un calme imperturbable. Je pouvais voir son regard croiser celui de son mari.

"Ici, s'il vous plaît", ai-je interpolé.

"Nous allons nous faire servir du café ici", dit Béatrice Van Tuyl à son majordome.

"Très bien, madame", répondit-il.

Je me demandai, en le regardant traverser la pièce, s'il soupçonnait quelque chose. Je me demandais aussi à quel point l'homme et la femme assis à la table me trouvaient stupide.

"Écoutez", dis-je au moment où nous étions seuls; "Avez-vous ici un serviteur en qui vous pouvez avoir confiance, en qui vous pouvez avoir implicitement confiance?"

"Bien sûr", répondit mon hôtesse.

"Qui est-ce?"

"Wilkins", fut la réponse.

« Sans compter Wilkins ?

"Eh bien, je pense que je peux aussi faire confiance à ma servante Felice, à moins que tu la connaisses mieux que moi."

Je pouvais me permettre d'ignorer la poussée.

"Alors je te conseillerais de l'envoyer immédiatement vérifier tes affaires."

"Pourquoi dites vous cela?"

"Parce que maintenant je sais que cet homme, Wilkins, est un criminel de la pire espèce !"

"Tu le sais?"

"Oui, je le sais aussi bien que je sais que je suis assis à cette table. Et je peux le prouver."

"Comment?" » demanda Van Tuyl .

"Je vais vous montrer comment dans quelques instants. Et, après y avoir réfléchi, je demanderais à cette bonne Felice d'apporter ce que vous considérez comme précieux directement dans cette salle à manger - je veux dire vos bijoux et autres."

"Mais cela semble tellement idiot", opposa mon hôtesse encore réticente.

"Cela ne semblera pas aussi idiot qu'une publicité Tiffany d'une récompense sans poser de questions."

Béatrice Van Tuyl intercepta un valet de pied et l'envoya chercher la servante Felice. Un instant plus tard, Wilkins était à nos côtés et servait tranquillement le *café noir* dans de minuscules tasses doublées d'or.

"Ma méthode pour identifier la vraie perle, comme vous le verrez," poursuivis-je doucement, "est très simple. Il suffit de prendre un bout d'allumette et de le tremper dans de l'eau claire. Ensuite, vous laissez tomber une goutte d'eau. sur la perle. Si la pierre est une imitation, la goutte d'eau s'étalera et se trouvera près de la surface. Si la pierre est authentique, la goutte se dressera haute et arrondie, comme un globe de vif-argent, et tremblera avec les vibrations infimes. qui traversent tout corps qui n'est pas en parfait équilibre.

Avant que j'aie terminé ce discours, la servante Felice était entrée dans la pièce. C'était une femme d'une trentaine d'années, à la peau blanche, de silhouette élancée et d'apparence résolument étrangère. Son visage était intelligent, même si je n'aimais pas l'affectation de langueur avec laquelle elle s'efforçait de cacher un esprit trop manifestement alerte.

"Je veux que tu récupères mon écrin dans le coffre-fort du boudoir", lui dit sa maîtresse. "Apportez tout dans la boîte."

Je ne pouvais pas voir le visage de la servante, car à ce moment-là j'étais occupé à surveiller Wilkins. De ce digne, cependant, ne sortait aucun signe de trouble ou d'émerveillement.

"Ici, madame ?" demandait la servante.

"Oui, ici et tout de suite, s'il vous plaît", répondit Béatrice Van Tuyl . Puis elle s'est tournée vers moi. "Et puisque tu es un grand expert en bijoux, tu pourras me dire ce qui assombrit mes turquoises."

J'ai laissé tomber un morceau de sucre dans mon café et je l'ai siroté. Wilkins a ouvert devant moi une cave à cigares en bois sombre et j'ai choisi un Havane à taille fine corseté dans une bande dorée. J'ai soudainement levé les yeux vers l'homme alors qu'il se tenait à mes côtés, tenant la petite lampe à alcool à flamme bleue pour le contact de mon bout de cigare en attente.

"Wilkins, comment as-tu eu cette cicatrice ?" Lui ai-je demandé, dans un ciel dégagé. Le poignet lui-même était recouvert par le poignet et le bout de la manche, mais en dessous, je le savais, se trouvait la marque révélatrice.

« Quelle cicatrice, monsieur ? » demanda-t-il, sa politesse empreinte d'une patience indulgente qui semblait impliquer qu'il n'était pas tout à fait étranger à affronter des messieurs d'une humeur inexplicablement bonne.

"Celui-ci!" Dis-je en attrapant sa main dans la mienne et en faisant passer le brassard le long de l'avant-bras blanc. Je ne voyais aucune trace d'inquiétude ou de ressentiment sur ce visage indéchiffrable. J'ai presque commencé à admirer l'homme. À sa manière, il était superbe.

"Oh, ça, monsieur !" s'exclama-t-il en jetant un regard presque offensant aux Van Tuyl , comme pour lui demander s'il devait ou non répondre à une question à la fois si personnelle et en même temps si déplacée.

"Dites-lui où vous l'avez obtenu, Wilkins", dit Beatrice Van Tuyl , si brusquement que cela équivalait pratiquement à un ordre.

"J'ai réussi à arrêter le coupé de Lord Entristle , madame, à Londres, il y a sept ans", fut la réponse calme et sans hésitation.

"Comment?" » demanda brusquement la femme.

"J'étais alors valet de pied pour Sa Seigneurie, madame", poursuivit la voix calme et patiente. "Je venais de prendre les cartes lorsque les chevaux furent effrayés par le passage d'un tandem. Ils jetèrent Siddons, le cocher, hors du box alors qu'ils sautaient, et renversèrent le véhicule. Sa Seigneurie était à l'intérieur. J'ai pris les rênes comme l'un des les chevaux sont tombés. Mais il m'a donné un coup de pied contre le verre brisé et j'ai jeté une main, j'imagine, pour me sauver.

"Et la vitre du coach t'a coupé le poignet ?" demanda Van Tuyl .

"Oui, monsieur", répondit le domestique en se déplaçant avec une lenteur méthodique autour de la table. Sa silhouette, dans sa sombre livrée, semblait presque pathétique. Il n'y avait aucune inquiétude sur son visage, aucune ombre de peur dans ses yeux doux et impassibles. J'eus soudain conscience de ma injuste supériorité sur lui – une supériorité de rang, de naissance, de connaissance momentanée.

Le silence qui s'ensuivit n'était pas des plus agréables. Je me sentais presque reconnaissant pour l'entrée opportune de la bonne Felice. Dans ses mains, elle portait une boîte en fer blanc, de la taille d'une boîte de maquillage de théâtre. Elle le posa sur la table à côté de sa maîtresse.

« Y a-t-il autre chose, madame ? elle a demandé.

"C'est tout", répondit Béatrice Van Tuyl en rejetant le couvercle de la boîte japonaise. J'ai remarqué que même si la clé était dedans, elle était déverrouillée. Puis mon hôtesse a levé les yeux vers le majordome qui attendait. "Et, Wilkins, tu peux laisser les cigares et la liqueur sur la table. Je t'appellerai si je veux quelque chose."

La tête blonde soigneusement coiffée était penchée au-dessus de la boîte alors que les domestiques sortaient de la pièce. Les doigts délicats fouillaient l'ensemble des étuis recouverts de cuir. Je pouvais voir à son visage, avant même qu'elle parle, que le contenu de la boîte était intact.

"Vous voyez," dit-elle, versant poignée après poignée de bijoux scintillants sur la nappe blanche entre sa tasse de café et la mienne, "tout est là. Ce sont mes bagues. Il y a le collier du chien. Il y a le rayon de soleil de l'ange Jim. Voici les déchets familiaux ordinaires. »

Je restai assis un moment à étudier cette panoplie orientale de parures féminines. Il s'agissait clairement d'un ensemble de preuves pour me dévaloriser. J'ai ressenti un certain soulagement lorsque la femme en bleu a soudainement baissé les yeux de mon visage vers son écrin à bijoux. C'est le regard persistant de Van Tuyl qui m'a poussé à l'activité finale.

"Alors jusqu'à présent, nous avons de la chance ! Et comme à partir de maintenant je veux être responsable de ce qui se passe", dis-je en tendant la main et en rassemblant la masse scintillante dans une serviette de table, "je pense que cela simplifiera choses si toi, Van Tuyl , en prends possession.

J'ai attaché solidement la serviette et l'ai tendue à mon hôte étonné. Ensuite, j'ai déposé un bonbon en argent et une grappe de raisins de serre dans la boîte vidée, je l'ai verrouillée et j'ai rendu la clé à Béatrice Van Tuyl .

Cette dame ne m'a regardé ni moi ni la clé. Au lieu de cela, elle resta assise, le regard méditatif dans le vide, pesant apparemment une question pour laquelle le reste de cette compagnie ne pouvait revendiquer aucun intérêt. Ce n'est qu'après que son mari eut prononcé son nom, brusquement, qu'elle revint dans son environnement immédiat.

"Et maintenant, que dois-je faire ?" » demanda-t-elle avec une nouvelle note de sérieux.

"Demandez à la femme de ménage de ramener la boîte d'où elle vient", lui ai-je dit. "Mais ayez la bonté de conserver la clé."

"Et maintenant quoi?" se moqua Van Tuyl .

"Alors", coupa sa femme avec une soudaine note d'antagonisme que je ne parvenais pas à expliquer, " *plus tôt nous enverrons chercher la police, mieux ce sera* ".

Une note d'antagonisme apparut sur le visage de Van Tuyl .

"Je te le dis, Kerfoot, je ne peux pas le faire", objecta-t-il, alors même que sa femme sonnait. "Tu dois me montrer!"

"S'il te plaît, reste tranquille, Jim", dit-elle alors que Wilkins entrait dans la pièce. Elle tourna un visage impassible vers le serviteur qui attendait. "Voulez-vous demander à Felice de venir ici."

Aucun de nous n'a parlé jusqu'à ce que Felice entre dans la pièce. Wilkins, je l'ai remarqué, la suivit à l'intérieur, mais traversa toute la pièce et sortit par la porte du fond.

"Felice", dit la femme à côté de moi très calmement et froidement, "je veux que tu ramènes cette boîte au coffre-fort."

"Oui madame."

"Alors va au téléphone dans le bureau et appelle la préfecture de police. Dites-leur qui vous êtes. Puis expliquez-leur que je veux qu'ils envoient un officier ici, immédiatement."

"Oui, madame", répondit la servante au visage attentif.

"Felice, tu ferais mieux de leur demander d'envoyer deux hommes, deux—"

"Deux hommes en civil", ai-je incité.

— Oui, deux hommes en civil. Et expliquez-leur qu'ils doivent arrêter le domestique qui leur ouvre, tout de suite et sans faire de bruit. Est-ce bien clair ?

"Oui, madame, c'est très clair", répondit la bonne.

"Alors s'il te plaît, dépêche-toi."

"Oui madame."

J'ai levé les yeux vers le cri d'indignation audible de Van Tuyl .

"Excusez-moi", s'écria-t-il, "mais tout cela ne devient-il pas un peu autoritaire ? Ne sommes-nous pas en train de mettre les choses en désordre pour nous-mêmes ? N'allons-nous pas un peu trop vite dans ce jeu, en appelant les réserves parce que tu as repéré une cicatrice sur le poignet de mon majordome ?

"Je vous le dis, Jim", m'écriai-je avec toute la ferveur dont je disposais, "c'est un homme un voleur, un criminel avec un casier judiciaire !"

"Eh bien prouve le!" » demanda Jim.

"Appelez-le et je le ferai."

Van Tuyl fit signe à sa femme de toucher la cloche.

Son orteil pantoufle était toujours sur le bouton recouvert du tapis lorsque Wilkins entra, la même silhouette austère et sûre d'elle.

"Wilkins", dit Van Tuyl , et il y avait une sauvagerie franche et délibérée dans sa voix alors même que sa femme lui faisait signe dans ce qui semblait un signal de modération, "Wilkins, je vous considère comme un particulièrement bon serviteur. M. Kerfoot, d'un autre côté, il dit qu'il vous connaît et dit que vous ne l'êtes pas.

"Oui, monsieur", a déclaré Wilkins avec son abstraction totémique.

Il y avait quelque chose de particulièrement exaspérant dans son calme soutenu.

rôle de comédien et me levant et lui faisant face alors qu'il se tenait là, "tu ne t'appelles pas Wilkins, et tu n'as jamais eu cette cicatrice au poignet d'une porte de voiture."

"Pourquoi pas, monsieur ?" » demanda-t-il doucement mais très respectueusement.

"Parce que," m'écriai-je en m'approchant encore et en observant le visage bleu-blanc immobile, "dans le gang avec lequel tu travailles, tu es connu sous le nom de Sir Henry, et tu as eu cette coupure au poignet à cause d'un coin lorsque tu as essayé de souffler. ouvrez une porte de coffre-fort, et les lettres d'introduction que vous avez apportées au Whippeny Club ont été contrefaites par un expert nommé Turk McMeekin ; et je sais ce qui vous a amené dans cette maison et quels sont vos plans pour la cambrioler !"

Il n'y avait pas un seul mouvement de son corps alors qu'il se tenait là. Il n'y avait pas un seul tic sur son visage en forme de masque. Mais sur ce visage, point par point, se répandait lentement quelque chose qui ressemblait à de l'expression. Ce n'était pas de la peur. Appeler cela de la peur serait faire une injustice à cet homme. Cela a commencé avec les yeux, et s'est propagé de trait en trait, un peu, j'imagine, comme la vie sensible a dû se répandre sur le visage du marbre qui s'éveille lentement de Pygmalion.

Pendant une fraction d'instant, les yeux presque pitoyables me regardèrent avec un regard rapide et implorant. Puis le masque redescendit sur eux. Il était redevenu lui-même. Et j'étais presque sûr que, dans la lumière douce qui nous entourait, les deux autres personnages autour de la table n'avaient pas vu ce visage comme moi.

Il y avait, en fait, quelque chose qui ressemblait presque à de la honte sur le visage lourd de Van Tuyl lorsque le serviteur à la voix calme, m'ignorant complètement ainsi que mes paroles, se tourna vers lui et lui demanda s'il devait retirer les objets.

"Vous n'avez pas répondu à monsieur", dit Béatrice Van Tuyl , d'une voix un peu criarde d'excitation.

"Qu'y a-t-il à répondre, madame ?" » demanda-t-il doucement. "C'est toute la bêtise de ce jeune gentleman, une bêtise que je ne comprends pas."

"Mais la chose ne peut pas rester ainsi", protesta le lourd Van Tuyl .

Il devait y avoir quelque chose de rassurant pour eux deux dans le calme méthodique avec lequel cet élément calomnié de leur Eden domestique se déplaçait une fois de plus pour accomplir ses menues tâches domestiques.

"Alors tu nies tout ce qu'il dit ?" insista la femme.

Le domestique s'arrêta et leva les yeux avec un léger reproche.

"Bien sûr, madame", répondit-il en retirant lentement les verres à liqueur. Je vis mon hôtesse le soigner d'un de ses longs regards distraits. Elle le regardait toujours en face alors qu'il reculait vers la table. En effet, elle le regardait toujours lorsque le son sourd d'une cloche électrique annonça qu'il y avait un visiteur à la porte de la rue.

"Wilkins," dit-elle, presque ruminativement, "je veux que tu répondes à la porte, à la porte de la rue."

"Oui, madame", répondit-il sans hésitation.

Nous étions tous les trois assis en silence, tandis que les pas lents et méthodiques traversaient la pièce, sortaient dans le couloir et avançaient vers ce qu'au moins l'un de nous savait être sa perte. C'est Van Tuyl lui-même qui a pris la parole hors du silence.

"Quoi de neuf?" Il a demandé. "Pourquoi est-il parti ?"

"La police est là", répond son épouse.

"Bon dieu!" s'exclama le mari stupéfait, maintenant debout. "Tu ne veux pas dire que tu as tendu ce piège au pauvre diable ? Tu—"

"Asseyez-vous, Jim", interrompit sa femme avec un calme forcé. "Asseyez-vous et attendez."

"Mais je ne serai pas ridiculisé !"

"On ne se moque pas de vous !"

"Mais qui arrête cet homme ? Qui a les preuves pour justifier ce qui se passe ici ?"

"Oui," fut la réponse de la femme.

"Que veux-tu dire?"

Elle était très calme à ce sujet.

" Je veux dire que Witter avait raison. *Mes perles Baroda et le pendentif émeraude n'étaient pas dans le coffre-fort. Ils ont disparu.* "

"Ils sont partis?" répéta le mari incrédule.

"Écoutez", m'écriai-je soudain, alors que Van Tuyl digérait sa découverte. Nous entendîmes un bruit de pas, le claquement d'une porte et le bourdonnement d'une automobile qui s'éloignait. Avant que je réalise ce qu'elle faisait, le pied de Beatrice Van Tuyl était de nouveau sur la sonnette d'appel. Un valet de pied répondit à la convocation.

"Allez à la porte de la rue", ordonna-t-elle, "et voyez qui est là."

Nous avons attendu, écouté. Le silence s'allongea. Quelque chose dans ce silence m'a semblé inquiétant. Nous écoutions toujours attentivement tandis que le valet de pied revenait dans la pièce.

"C'est le chauffeur, monsieur", expliqua-t-il.

"Et que veut-il ?"

"Il a dit que Felice avait téléphoné pour appeler la voiture il y a un quart d'heure."

"Envoyez-moi Felice", ordonna mon hôtesse.

"Je ne pense pas pouvoir le faire, madame. *Elle est partie dans la voiture avec Wilkins.*"

"Avec Wilkins ?"

"Oui, madame. Markson dit qu'il ne peut pas comprendre, madame, Wilkins partant par là sans même votre permission, madame."

Nous nous levâmes tous les trois d'un seul tenant. Pendant une seconde ou deux, nous sommes restés à nous regarder.

Puis Van Tuyl a soudainement plongé vers les escaliers, avec la serviette pleine de bijoux à la main. À mon tour, j'ai plongé vers la porte de la rue. Mais avant de l'ouvrir, je savais qu'il était trop tard.

Je suis soudainement revenu dans le couloir pour confronter Béatrice Van Tuyl.

"Depuis combien de temps as-tu Felice ?" Ai-je demandé, tâtonnant impuissant dans le placard du couloir à la recherche de mon chapeau et de mon manteau.

"Elle est arrivée deux semaines avant Wilkins", fut la réponse.

"Alors tu vois ce que cela signifie ?" Ai-je demandé, toujours à la recherche de mon pardessus.

"Qu'est-ce que ça *peut* vouloir dire ?"

"Ils travaillaient ensemble, ils étaient confédérés."

Van Tuyl descendit les escaliers, portant toujours la serviette de table pleine de bijoux. Ses yeux étaient écarquillés d'émerveillement indigné.

"C'est parti!" Il haletait. "Il a pris ta boîte !"

Je suis sorti du placard du couloir à la fois un peu surpris et un peu humilié.

"Oui, et il a pris mon chapeau et mon manteau", avouai-je tristement.

CHAPITRE VII

LES COFFRES EN OR PANAMA

C'est l'une des petites ironies de la vie, je suppose, que la façon la plus sûre pour l'homme d'échapper à la misère passe par la contemplation de personnes plus misérables que lui. Or, tel est le cas. Et poussé par ce croisement génial entre une philosophie stoïque et cynique, j'avais pris l'habitude de me plonger périodiquement dans un bain de dépravation purificatrice.

Le désespoir de mes semblables, ai-je découvert, semblait me donner une raison de vivre. Le choc de vies si putrescentes et abominables, que la mienne paraissait au contraire enviable, avait tendance à me faire oublier mes ennuis. Et cela a fait de moi une sorte de chasseur de calamités. Cela me transportait encore, les nuits où le sommeil semblait hors de ma portée, dans de nombreux coins détournés et étonnants de la ville, dans des caves peu recommandables où se rassemblaient les bouvillons de citron et les batteurs de mues, dans des pièces mal éclairées où les anarchistes mangeaient le feu du feu le soir. leur propre oratoire inefficace, dans des buvettes enfumées où les tailleurs de poche, les saigneurs de caisse, les factices et les trempettes oubliaient leurs heures les plus ardues.

Mais de plus en plus souvent, mes pas se dirigeaient inconsciemment vers ce repaire particulier d'iniquités souterraines connu sous le nom *de Café des Échecs* . Car c'est dans ce *Cabaret du Néant du nouveau monde* que j'avais entendu parler pour la première fois de cet aimable majordome connu de ses acolytes sous le nom de « Sir Henry ». Et j'avais toujours l'espoir de retrouver mon manteau volé.

Nuit après nuit, je retournais dans cet antre faiblement éclairé des déchets de la vie, comme un beagle ahuri retourne à sa dernière trace d'anis. Je me suis habitué à son mauvais air, indifférent à ses serveurs scorbutiques, insensible à son dédale sinistre de salons privés et apathique devant ses blondes méritoyeuses.

Pourtant, à aucun moment je n'ai fait partie du cercle qui m'entourait. À aucun moment je n'ai été autre chose qu'un spectateur de leurs drames toujours changeants et toujours mystifiants. Et ce secret assez naturel de leur part, combiné à une curiosité non anormale de ma part, m'a finalement contraint à une méthode d'espionnage dont je suis devenu un peu fier.

Cette méthode, malgré toute son ingéniosité, était assez simple pour quiconque ayant des connaissances scientifiques, même ordinaires. Quand j'ai découvert, par exemple, que les conférences les plus sélectives de la pègre se déroulaient invariablement dans l'un des étages de buvettes cloisonnées en bois qui bordaient le côté est du café, j'ai compris que si je ne pouvais pas envahir ces pièces dans le corps, je pourrait au moins être là sous une autre forme. Ainsi, avec l'aide de mon ami Durkin, le réformé exploitant d'écouteurs, j'ai acquis une machine permettant de projeter l'esprit dans des coins indésirables.

Cet instrument, en fait, n'était guère plus qu'un agrandissement de l'émetteur téléphonique ordinaire. Il était réalisé en attachant à un oblong de verre, constituant bien entendu une base isolée, deux supports en carbone, avec des cavités, et quatre traverses, également en carbone, à extrémités pointues, s'insérant librement dans les cavités placées le long du côté du les deux supports. Le résultat fut que, ce carbone étant ce que les électriciens appellent "une haute résistance" et les points de contact lâches où reposaient les latéraux rendant la résistance encore plus élevée, que toute vibration, aussi infime soit-elle, heurtait les points contre leurs supports et variait la résistance proportionnellement à la la vibration elle-même. Ceci, bien sûr, produisait un courant variable dans le "primaire" de la bobine d'induction, et était à son tour reproduit, considérablement agrandi, dans le "secondaire" où, à l'aide d'un petit récepteur de boîtier de montre, il pouvait être facilement entendu.

En d'autres termes, j'ai acquis une loupe mécanique, un microphone, un instrument, récemment appelé dictaphone , qui traduit le plus léger coup du bout d'un crayon en quelque chose qui atteint l'oreille avec la force d'un coup de marteau. Et le tout, batterie, bobine, fil isolé, barres de carbone et base en verre, pouvait être transporté dans son étui en cuir ou glissé sous mon manteau aussi facilement qu'un chapeau d'opéra plié.

Il était tout aussi facile, à mon avis, de le laisser pendre à plat contre le mur latéral de cette petite *chambre particulière rance* qui se trouvait à côté de la pièce où semblaient se dérouler la plupart de ces conspirations de chambres étoilées. Ma méthode de réglage du microphone était assez simple.

De la cloison de bois peint , j'ai fait descendre le tableau dans un cadre doré d'une bacchanale dont la semi-nudité diffusait les vertus d'un champagne que je savais fabriqué avec les déchets de l'humble évaporateur de pommes. Au bord le plus haut du carré de poussière où se trouvait cette image, j'ai soigneusement vissé deux crochets en L et sur ces crochets j'ai accroché la base de mon microphone. Puis j'ai raccroché le tableau, le laissant là pour masquer mon appareil. Mes fils recouverts de tissu, qui partaient de cette photo jusqu'au dossier du canapé en cuir usé contre le mur, j'ai très joliment caché en les épinglant sous un tronçon de tuyau de gaz et en les poussant sous le bord du linoléum marron en lambeaux.

Pourtant, ce n'est que le troisième soir de mon occupation légèrement exaltante dans cette petite *chambre noire étouffante* que certaines choses se produisirent qui prirent mon espionnage de son excitation impersonnelle et sans enthousiasme. J'avais commandé une bouteille de *Chianti* et je suis entré dans cette pièce en fait, en *bon vivant timide et maussade* , ne cherchant rien d'autre qu'un coin tranquille pour somnoler.

Pourtant, pendant une longue heure, j'étais assis dans cet auditorium secret, le combiné de mon boîtier de montre à l'oreille, tandis qu'un quatuor bavard de briseurs de grève s'épanouissait sur la béatitude de tabasser un « flic » qui avait abusé de l'un de leurs nombre.

Il a dû s'écouler une bonne demi-heure après leur départ avant que je porte à nouveau le téléphone à mon oreille. Ce que j'ai entendu cette fois, c'était la voix d'un autre homme, alerte, impatiente, un peu aiguë d'excitation.

" Je te le dis, Chuck, " déclarait cette voix mince et impatiente, " c'est une pipe ! J'ai réussi à le résoudre comme un jeu de dames. Mais Redney et moi ne pouvons rien faire à moins que vous ne nous mettiez en jeu dans un jeu de dames. " bateau et un lot d' outils !"

"Quel genre d' outils ?" » demanda une voix de basse grave et caverneuse. Dans cette voix, je pouvais sentir de la prudence et de la solidité, voire une connotation d'indifférence autocratique.

"Dix os suffiraient pour toute la tenue", fut la réponse de l'autre.

"Mais quel genre d' outils ?" insista la voix de basse imperturbable.

Il y eut une seconde ou deux de silence.

"C'est raconter toute la chanson", rétorqua l'autre.

"Eh bien, c'est toute la chanson que je veux savoir", fut la réponse calme et caverneuse. « Vous vous souviendrez qu'il y a trois semaines, je vous ai engagés pour ce travail sur les wagons express – et je n'en ai encore rien vu !

"Oh, c'était une machination", a protesté le premier intervenant. "Un couineur était là pour nous !"

C'est une voix nouvelle qui parla ensuite, une voix rauque et chevrotante, comme si elle venait d'une gorge alcaline souvent irriguée avec du whisky à l'huile de fusel .

"Tony, nous devons en parler à Chuck. Nous devons le faire!"

"Pourquoi devons-nous le faire?"

"Deux hommes ne peuvent pas y parvenir seuls", s'est plaint le dernier intervenant. "Vous le savez. Nous ne pouvons pas prendre de risques – et Dieu sait qu'il y en a assez pour trois personnes dans cette course !"

à nouveau un bref silence.

"Vous me dégoûtez!" explosa soudain le jeune à la voix aiguë qui avait parlé le premier. "On pourrait penser que c'est *moi* qui chante pour garder cette chose si silencieuse !"

"De toute façon, de quoi vous occupez -vous, les garçons ?" intervint la placide voix de basse.

"Je ne suis pas je me moque de toi. je ne suis pas Je m'oppose à ce que tu entres. Mais ce que je veux savoir, c'est comment allons -nous nous séparer quand tu *entreras* ? Qui a fait cette folie dès le début ? Qui a fait le sale boulot là-dessus ? Qui a fouillé cette jetée, l'a mesurée et a obtenu une perle sur tout le tracé ?

"Alors pourquoi m'as-tu *emmené* ?" demanda le digne appelé Redney . "Pourquoi n'es-tu pas allé de l'avant et monopolisé tout ça, sans que je te traîne ?"

"Arrêtez ça. Vous savez que j'ai besoin d'aide", fut la réplique aiguë. "Vous savez, c'est trop gros pour qu'un seul gars puisse le gérer."

"Et c'est tellement grand qu'il faut avoir un bateau et un équipement", suggéra l'homme à la voix basse. "Et je parie que toi et Redney ne pouvez pas échanger deux parts."

"Mais *tu* m'offres une baignoire avec un kicker et deux ou trois outils, et tu as le culot de me retenir pour un troisième rakeoff !"

"Je ne crois pas que je retienne qui que ce soit", rétorqua l'homme à la voix grave. "Tu es venu me voir et je t'ai dit que j'étais prêt à parler affaires. Tu as dit que tu voulais de l'aide. Eh bien, si tu veux de l'aide, tu dois la payer, comme je paie pour ces cigares."

"Je suis prêt à payer pour cela", répondit le jeune homme à la voix haute, avec un calme qui n'était pas tout à fait séparé de la bouderie.

"Alors qu'est-ce qu'on perd à passer du bon temps ?" » s'est enquis l'homme connu sous le nom de Redney . " Il ne s'agit pas ici de traire des sacs de café avec un briquet . Cette récolte est assez grande pour trois."

"Eh bien, quelle *est* votre récolte ?" » demanda la voix de basse.

à nouveau un silence de plusieurs secondes.

"Crachez-le", a incité Redney . Le silence qui s'ensuivit semblait impliquer que le jeune homme arrivait lentement et à contrecœur à un changement de cap. Il y eut le bruit d'une chaise qu'on repoussait, d'une allumette qu'on frappait, d'un verre qu'on posait sur une table.

"Chuck," dit le jeune à la voix aiguë, avec une solennité lente et impressionnante qui contrastait étrangement avec son discours précédent, "Chuck, nous sommes confrontés à la plus grande cascade jamais réalisée dans ce bourg de deux os. les piquiers !"

" Alors vous avez insinué ", fut la réponse qui sortit du silence. "Mais je suis resté assis ici pendant une demi-heure à attendre d'avoir des nouvelles de ce que tu mâches ."

"Chuck," dit la voix aiguë, "tu lis les journaux, n'est-ce pas ?"

"De temps en temps", reconnut la voix de basse timide.

"Eh bien, avez-vous vu hier matin où le paquebot *Finance* a été percuté par le White Star *Georgic* ? Où il est descendu dans la Lower Bay avant de commencer sa route vers le sud ?"

"Bien sûr que je l'ai fait."

"Eh bien, avez-vous lu qu'elle transportait six cent dix mille dollars en or - en or pris au sous-trésor ici et emballé dans des caisses en bois et expédié à cette société de construction de Panama ."

"Bien sûr que je l'ai fait."

"Et avez-vous remarqué que toute la journée d'hier, les plongeurs de la société de démolition travaillaient sur ce bateau à vapeur, travaillant comme des nègres pour extraire cet or de sa chambre forte ?"

"Bien sûr!"

"Et savez-vous où se trouve cet or maintenant ?" » fut le défi oratoire lancé à l'autre homme.

"Attendez juste une minute", remarqua cet autre homme dans sa lourde gutturale. « Est- *ce que c'est* votre coup ? »

"C'est mon coup !" fut la réplique confiante.

"Eh bien, vous avez cueilli un citron", annonça calmement le grand homme. "Il n'y a rien à faire , gamin, rien à faire !"

"Pas sur ta vie", fut la réplique tendue. "Je sais de quoi je parle . Et Redney le sait."

"Et *je* sais que l'or est parti vers le sud sur le paquebot *Advance* ", proclama la voix de basse. "Je sais qu'ils ont réexpédié tout le tas de métal sur leur deuxième bateau à vapeur."

"Où as-tu découvert ça ?" » demanda la voix aiguë moqueuse.

"N'étant pas au Sous-Trésor cette saison, j'ai dû me tourner vers les journaux pour avoir les nouvelles."

" Et c'est là que vous et les journaux avez complètement tort ! C'est comme ça qu'ils vous trompent , vous et tout le monde. " un autre gars qui n'est pas au courant. Je vais vous dire où est cet or. Je vais vous dire où il se trouve, jusqu'au pied, à l'instant !"

"Bien?"

"Elle est allongée dans le débarras, dans une pile de caisses en bois , sur le quai de cette Panama Company, au pied de la vingt-huitième rue!"

"Vous rêvez , Tony, vous rêvez . Aucune personne saine d'esprit ne laisse de l'or en liberté de cette façon. Non, monsieur; c'est pour cela qu'ils ont un joli sous-trésor en pierre."

"Regarde ici, Chuck," continua la voix aiguë et tendue. "Il suffit de déterminer quel jour nous sommes. Et de savoir quand ces dépanneurs ont sorti cet or de la chambre forte *des Finances* . Et qu'avez-vous obtenu ? Ils ont allumé ces caisses sur la rivière du Nord à une heure samedi après-midi. Ils se sont arrêtés à côté de l' *Advance* et ont mis à bord une demi-douzaine de caisses de peinture au plomb. Ensuite, ils ont mis ces caisses d'or sur une bâche et ont basculé dans le slip de la Panama Company et ont déchargé cette cargaison *à deux heures samedi après-midi.* !"

"Eh bien, et si c'était le cas ?"

" Ne vous déchaînez-vous pas ? Samedi après-midi, il n'y a pas de sous-trésor ouvert. Et aujourd'hui, c'est dimanche, n'est- ce pas ? Et ils n'entreront dans ce sous-trésor que demain matin. Et aussi sûr que je le sache. Je suis assis sur cette chaise, je sais que de l'or se trouve là-bas sur cette jetée de la vingt-huitième rue !"

Personne dans cette petite pièce ne semblait bouger. Ils semblaient assis dans un tableau silencieux. Ensuite, j'ai pu entendre l'homme à la voix de basse entonner lentement et méditativement son juron de basse vie.

"Eh bien, je serai damné !"

Le plus jeune du trio reprit la parole, d'une voix plus basse mais néanmoins tendue.

or jaune fin qui attend d'être retourné et entretenu ! Parlez de chasse au trésor ! Parlez de réseaux espagnols et de bateaux pirates ! Mon Dieu, Chuck, nous ne le faisons pas. Nous devons nous rendre sur la Côte des Moustiques pour déterrer nos doublons ! Nous les avons ici , à notre porte arrière !"

Quelqu'un a frappé une allumette.

"Mais comment allons -nous les choisir ?" » demanda placidement l'homme appelé Chuck. Il était aussi évident qu'il se considérait déjà comme faisant partie du groupe que leur intention ne l'avait pas vraiment emporté.

"Regardez ici", interrompit le jeune plus fougueux connu sous le nom de Tony, et d'après le son et les courts intermèdes de silence, il semblait dessiner une carte sur un bout de papier. "Voici votre jetée. Et voici votre magasin. Et voici où se trouve votre or. Et voici la première porte. Et voici la seconde. Nous n'avons pas besoin de compter sur les portes. Ils ont un gardien quelque part par ici . " Et ils ont placé deux de leurs gardes spéciaux ici, à l'extrémité terrestre de la jetée. Le magasin lui-même est vide. Ils l'ont verrouillé à double tour et un système d'alarme en circuit fermé pour sécuriser la chose. Mais à quoi ça sert, c'est tout ça quand on peut manger directement dans les entrailles de cette pièce sans toucher à une serrure ou à une alarme antivol, sans faire de bruit !

"Comment?" » demanda la voix de basse.

"Voici le fond de votre jetée. Voici la cale de la rivière. Nous ramons dans cette cale sans montrer de lumière, et avec le kicker éteint, naturellement. Nous nous glissons en dessous sans faire de bruit. Ensuite, nous prenons nos mesures. Ensuite, nous faisons attachez-vous à cette pile et lançons une ligne à celle-ci, et une seconde à celle-ci, pour nous maintenir stables contre la marée et le lavage du ferry. Ensuite, nous trouvons notre planche droite. Nous pouvons le faire en enfonçant une lampe de poche . contre eux là où on ne le verra jamais. Ensuite, nous prenons une attelle et mordons et faisons une rangée de trous sur cette planche, les deux rangées à environ trente pouces l'une de l'autre, chaque trou touchant l'autre. Ne voyez-vous pas, avec avec une bonne rallonge bien aiguisée, nous pouvons découper ce carré en une demi-heure environ, sans faire plus de bruit que si vous grattiez une allumette sur la jambe de votre pantalon !"

"Et quand tu auras ton carré ?"

"Puis Redney et moi montons. Redney sera le stand. Il surveille la porte de l'intérieur. Vous restez dans le bateau, avec un œil ouvert en dessous. Je vous passe l'or. Nous nous détachons et glissons avec la marée. Quand nous n'aurons plus d' écoute , nous lancerons le kicker et irons kiter jusqu'à votre restaurant de Bath Beach où nous ferons fondre et peser ces six cent dix mille dollars en or avant qu'ils n'obtiennent cela. porte du débarras déverrouillée le matin!"

"Pas si fort, Tony ; pas si fort !" » a prévenu le conspirateur appelé Redney . Il y a eu un moment de silence.

Dans ce silence, et sans l'aide de mon microphone, j'ai entendu un bruit de pas alors qu'ils s'approchaient de ma porte et s'arrêtaient.

"Écouter!" murmura soudain l'un des hommes dans l'autre pièce.

Alors que j'étais assis là, écoutant aussi attentivement que mes voisins, la poignée de ma porte s'est tournée. Puis la porte elle-même fut secouée avec impatience.

Ce son m'a fait me lever avec un sursaut d'alarme. Un accident m'avait entraîné dans un mouvement trop gigantesque pour être ignoré. La seule chose que je ne pouvais pas me permettre, à un moment pareil, c'était la découverte.

Trois pas silencieux m'ont fait traverser la pièce jusqu'à mon microphone. Un mouvement a soulevé cet instrument révélateur de ses crochets, et un deuxième mouvement a libéré les fils épinglés étroitement le long du tuyau de gaz. Un ou deux mouvements virent mon appareil se glisser dans son étui et celui-ci tomba derrière le dossier usé du canapé en cuir. Puis je me laissai tomber sur la chaise à côté de la table, sachant que rien ne pouvait me trahir. Pourtant, alors que je me prélassais devant ma bouteille de *Chianti* , je pouvais sentir l'excitation du moment accélérer mon pouls. J'ai fait un effort pour maîtriser mes sentiments alors que seconde après seconde s'écoulait et rien d'important ne se produisait. C'était, ai-je décidé, mon ami serveur aux yeux clos, porteur sans aucun doute du message selon lequel des clients plus lucratifs désiraient mon cagibi à l'air fétide.

Puis, tout d'un coup, j'ai pris conscience que des voix chuchotaient devant ma porte. L'instant d'après, j'ai entendu le craquement du bois soumis à une pression, et avant que je puisse bouger ou comprendre toute la signification de ce son, la porte avait été ouverte de force et trois hommes me regardaient fixement.

Je les regardai avec un sursaut, mais avec un sursaut que j'eus la prévoyance inspirée de traduire par un hoquet. Ce hoquet, à son tour, me rappelait que j'avais un rôle à tenir, un rôle d'ivresse insouciante et irresponsable.

Aussi opprobre que me paraisse toute cette farce, j'ai repoussé mon chapeau sur ma tête et j'ai regardé en clignant des yeux les trois intrus alors qu'ils entraient nonchalamment dans la pièce. Pourtant, alors que je leur faisais un clin d'œil, avec toute l'insouciance endormie à ma disposition, je pouvais clairement voir que chacun des membres de ce trio était très en alerte. C'est le plus jeune des trois qui s'est tourné vers moi.

"Kiddo," dit-il, et il parla avec une suavité huileuse qui ne me plaisait pas du tout, "Je pensais un peu que je sentais une fuite de gaz ici."

Il eut l'audace de se retourner et de regarder autour de lui les quatre murs de la pièce. Puis il se déplaça facilement sur le sol jusqu'à l'endroit où était accrochée la photo de champagne. Ce qu'il a vu ou n'a pas vu là-bas, je n'avais aucun moyen de le déterminer. Car me retourner et prendre soin de lui serait trahir mon rôle.

"Cette fuite n'est pas dans cette pièce", a admis le deuxième du trio, un pirate terrestre basané et aux lèvres lâches avec un coup de carotte qui couvrait son sourcil gauche. Je savais, avant même qu'il parle, qu'il s'agissait de l'homme appelé Redney , tout comme je savais que le premier orateur était le jeune auquel ils s'étaient adressés sous le nom de Tony. Chez le troisième homme, qui dominait les deux autres par sa stature de géant, il y avait un sentiment de calme et de solidité qui semblait presque pachydermateux. Pourtant, cette même solidité m'avertit d'une certaine manière qu'il pourrait être le plus dangereux de tous.

"' Sssh, tout va bien '!" J'ai vaguement toléré, avec une embardée endormie du corps. La mesure dans laquelle mon jeu les convainquait était pour moi une grande préoccupation. Le dénommé Tony, qui avait continué à étudier la cloison en bois contre laquelle était accroché mon micro, se tourna vers la table et s'assit calmement à côté de moi. Mon cœur s'est effondré comme un ascenseur avec un câble cassé lorsque j'ai remarqué la sueur nerveuse qui coulait sur son front.

"Dites, ma sœur, cela nous met à boire", a-t-il déclaré avec une légèreté que je sentais aussi irréelle que ma propre ivresse . Je l'ai vu faire signe aux deux autres de s'asseoir.

Ils le firent, un peu mystifiés, chacun gardant les yeux fixés sur le jeune appelé Tony. Ce dernier a ri, sans raison que je puisse comprendre, et a hurlé par-dessus son épaule un seul mot : « Shimmey !

Shimmey , je me souvenais, était mon ami le serveur aux yeux murés. Et c'est ce serveur qui entra en traînant dans la pièce.

" Shimmey ", dit le jeune volubile à mes côtés. "Nous avons introduit ce genre d'homme . Et nous devons nous mettre d'accord. Alors , qu'est-ce que ça va être ?"

" Rien !" protestai-je avec un geste répugnant de la main.

"Tu veux dire que nous ne sommes pas assez bien pour que tu boives ?" » demanda le jeune appelé Tony. Je pouvais voir ce qu'il voulait. Je pouvais sentir ce qui allait arriver. Il cherchait une raison, même ténue, pour déclencher des ennuis. À coup sûr, il le trouverait à temps. Mais mon seul désir était de reporter ce résultat le plus longtemps possible. Alors je lui ai souri en retour, plutôt idiot, j'en ai peur.

"Très bien ", ai-je faiblement accepté, clignant des yeux vers mes bourreaux. "Apportez-moi un son et un soda."

Les trois autres hommes regardèrent le serveur. Le serveur, à son tour, les regarda. Puis il a étudié mon visage. Il y avait quelque chose de résolument désagréable dans ses yeux froidement spéculatifs.

" Shimmey , tu comprends ? Ce type veut un cognac et un soda. "

Le serveur, toujours en train de m'étudier, a dit "Bien sûr !" Puis il tourna les talons et sortit de la pièce.

Je savais, dans mes os prophétiques, qu'il y avait une sorte de problème qui se préparait dans cette petite pièce odorante. Mais j'étais déterminé à l'éviter, à l'éviter jusqu'à la dernière extrémité. Et j'étais toujours en train de hocher aimablement la tête lorsque le serveur revint avec son plateau de verres.

"Eh bien, voici comment faire", a déclaré le jeune, et nous avons tous levé nos verres.

Ce brandy et ce soda, je le savais, ne seraient pas les meilleurs du genre. J'ai aussi clairement vu qu'il ne serait pas judicieux de la refuser. Alors j'ai avalé ce truc comme un enfant avale un médicament.

Je l'ai bu d'un trait ou deux et j'ai reposé le verre sur la table. Ensuite, j'ai commencé à m'essuyer la bouche avec le dos de la main, selon la mode approuvée par mon environnement.

Heureusement, à ce moment-là, ma main était bien devant mon visage. Car, tandis que la vérité sur tout cela me revenait à l'esprit, aussi brusque et rapide qu'une étincelle électrique, il a dû y avoir une seconde ou deux où mon rôle m'a échappé.

Je m'étais, il est vrai, intérieurement fortifié contre un courant d'air qui se révélerait fort désagréable. Mais le goût que je détectais maintenant, ce goût âcre, indubitable et trop familier, était trop fort pour mes nerfs surpris. Je cachais les mouvements brusques de mon corps uniquement au moyen d'un hoquet simulé. La chose que j'avais indéniablement goûtée était l'hydrate de chloral. Ils m'avaient donné des gouttes KO.

L'idée, tout d'un coup, m'a paru si ridicule que j'ai ri. La simple pensée d'une telle manœuvre était trop pour moi – l'espoir insensé qu'une petite pilule homéopathique de chloral me mettrait sous la table, comme n'importe quelle vendeuse attirée dans un dancing ! Ils essayaient de me droguer. Drogue *-moi* , qui avait pris des doses doubles et triples nuit après nuit alors que je luttais pour dormir !

Ils essayaient de me droguer, moi qui, lors de mes mauvaises nuits, avais même connu que le stupéfiant était arraché de force de mon emprise par ceux qui étaient consternés par les quantités qu'exigeait mon système trop emmuré, et je savais trop bien qu'avec le temps, il c'était de la folie !

Mais je me suis souvenu, en voyant les trois hommes me dévisager, que j'avais encore un rôle à tenir. Je savais qu'il serait imprudent de laisser ces gentils dignes savoir exactement où se trouve la terre. Je bénéficiais d'un avantage bien trop exceptionnel et bien trop précieux pour être cédé à la légère.

Donc, selon tous les signes et apparences extérieurs, je laisse le médicament faire son travail. J'ai soigneusement mis en scène ma prétendue chute dans une indifférence somnolente. J'ai perdu le pouvoir de coordination ; mon discours devint inarticulé ; mes épaules tombaient sur le bord de la table. Je me suis flétri comme une herbe coupée, jusqu'à ce que mon visage repose à plat contre le bois taché de bière.

"Il s'en va", murmura l'homme appelé Chuck. Il se leva tout en parlant.

"Ensuite, nous devons le battre", a déclaré le jeune nommé Tony, déjà debout. Je pouvais l'entendre prendre une profonde inspiration alors qu'il se tenait là. "Et le prochain long nez qui me causera une maladie cardiaque comme celle-ci va avoir cinq pouces d'acier froid!"

Il s'est agenouillé devant moi pendant qu'il parlait, a tiré mes pieds en arrière et a passé le fil d'un couteau le long des lacets de mes chaussures. Puis il a immédiatement retiré les chaussures de mes pieds. Ces chaussures, apparemment, il les gardait à la main. "Ça va m'aider à m'ancrer , je suppose", l'entendis-je remarquer.

"Mettons-nous au travail", suggéra le grand homme, visiblement impatient du retard. "S'il n'y a rien d'autre que cinq pouces de planche entre nous et cet or, mettons-nous au travail!"

J'étais assis là, la tête appuyée sur cette table qui sentait si fort les boissons aigres d'autrefois, et je les écoutais tandis qu'ils traversaient la pièce. J'ai écouté pendant qu'ils s'évanouissaient et j'ai fermé la porte derrière eux. J'attendis là encore une minute ou deux, sans bouger, sachant trop bien ce qu'impliquerait une seconde découverte.

Ma tête était toujours penchée sur ce dessus de table sale lorsque j'entendis la porte au loquet cassé s'ouvrir une fois de plus lentement et des marches traversaient lentement le sol jusqu'à l'endroit où j'étais assis.

Quelqu'un, je le savais, me regardait. J'ai senti quatre bouts de doigts distendus pousser avec curiosité ma tête, la faisant rouler un peu sur le côté. Puis la silhouette penchée au-dessus de moi a changé de position. Une main effleura prudemment mon corps. Il s'est égaré plus bas, jusqu'à atteindre la poche de ma montre.

Je ne pouvais rien voir du visage de mon ennemi, ni rien de sa silhouette. Tout ce que j'ai aperçu, c'est une tache de linge extrêmement sale. Mais cet aperçu était suffisant. C'était mon ami, le serveur aux yeux murés, décidé résolument à faire le foin pendant que le soleil brillait. Et cela m'a décidé.

D'un seul mouvement, je me levai de ma chaise et me retournai pour lui faire face. Cette torsion rapide du corps fit tourner sa propre silhouette à mi-chemin.

Mon poing l'attrapa du côté avant de la mâchoire détendue. Il heurta le canapé en cuir usé en tombant, puis se retourna complètement, aussi inerte qu'un sac de son.

Je l'ai regardé pendant un moment ou deux alors qu'il était allongé face contre terre sur le sol. Puis je me suis mis à genoux à côté de lui, j'ai délacé ses chaussures usées et à bout carré et je les ai ajustées calmement mais tranquillement à mes propres pieds.

Une fois dans la rue, j'ai accéléré le pas et j'ai pris le premier virage. Puis je me suis dépêché, en tournant encore un autre, et encore un autre, en m'assurant doublement de ne laisser aucune chance d'être suivi. Puis je suis monté à bord d'une voiture traversant la ville, descendant à nouveau dans un coin qui brillait avec l'éclat vulgaire d'une pharmacie ouverte toute la nuit.

Je suis allé directement à la cabine téléphonique de cette pharmacie et là j'ai immédiatement appelé le commissariat de la police. Je me sentais, en demandant le lieutenant Belton, une personne d'une certaine importance. Puis j'ai attendu que les moments précieux passent.

Le lieutenant Belton, m'a-t-on finalement appris, se trouvait dans sa chambre de l'hôtel York, sur la Septième Avenue. J'ai donc appelé l'hôtel York, et j'ai été informé que le lieutenant n'était pas là.

J'ai raccroché le combiné et mis fin à ce colloque insensé. J'ai d'abord pensé au patrouilleur McCooey. Puis j'ai pensé à Doyle, puis à Creegan , mon vieil ami détective. Puis, avec une poigne de détermination, j'ai rattrapé ce combiné, j'ai commandé un taxi, j'ai payé mes appels, j'ai consulté ma montre et j'ai fait les cent pas comme une hyène en cage, attendant mon taxi.

Dix minutes supplémentaires s'écoulèrent avant que j'arrive à la porte de Creegan, dans la Quarante-troisième Rue. Ensuite, j'ai appuyé sur le bouton de sonnette au-dessus de la boîte aux lettres et je suis resté là, le doigt dessus, pendant exactement une minute et demie.

Je me suis soudainement souvenu que le cliquetis du loquet de la porte à côté de moi impliquait que mon entrée était automatiquement sollicitée. Je suis entré dans le hall faiblement éclairé et j'ai grimpé avec détermination les escaliers étroits recouverts de moquette , sachant que je me retrouverais face à face avec Creegan si je devais ramper à travers une imposte et cogner dans la porte de sa chambre.

Mais c'est Creegan lui-même qui m'a confronté alors que je tournais la rampe de ce deuxième palier sombre.

"Tu réveilles ces enfants," m'informa-t-il solennellement, "et je te tuerai!"

" Creegan ", m'écriai-je, et il me semblait insensé de devoir l'inciter et l'amadouer dans une croisade qui signifiait infiniment plus pour lui que pour moi, "Je vais te rendre célèbre !"

"Dans combien de temps ?" » s'enquit-il avec méfiance.

"Dans deux heures", fut ma réponse.

"Ne *réveillez pas* ces *enfants* !" » ordonna-t-il en regardant par-dessus son épaule.

Je l'attrapai par la manche et le retins là, car le vague pressentiment d'un retrait soudain et d'une porte verrouillée me désespérait. Et le temps, je le savais, commençait à manquer.

"Pour l'amour du ciel, écoute-moi", dis-je en le tenant dans mes bras. Et alors qu'il se tenait là sous le bec de gaz chantant, avec son cigare allumé à la hâte et incliné d'un air sceptique dans un coin de la bouche, je lui ai raconté en aussi peu de mots que possible ce qui s'était passé cette nuit-là.

"Entrez pendant que j'enfile mes bottes", remarqua-t-il doucement, me conduisant dans un couloir non éclairé et de là dans une chambre de la taille d'une cabine de navire. "Et parlez bas", dit-il en faisant un signe de tête vers l'arrière de la salle. Puis, alors qu'il s'asseyait sur le bord du lit, enfilant ses chaussures , il me faisait tout raconter une seconde fois, m'arrêtant par une question occasionnelle, me fixant parfois d'un œil cogitatif.

"Mais nous n'avons pas une minute à perdre", l'ai-je prévenu pour la deuxième fois, alors qu'il se glissait dans un réduit plus éloigné d'une pièce pour voir, comme il le disait, "si les enfants restaient couverts. "

Il m'a rejoint au sommet de l'escalier, avec le plus doux des sourires irlandais toujours sur son visage. Au moment où nous avons atteint la rue et sommes montés dans le taxi qui nous attendait, ce sourire avait disparu. Il a simplement fumé un autre cigare alors que nous nous dirigions vers le bout de la Vingt-Huitième Rue.

Sur la Dixième Avenue, il a soudainement décidé qu'il valait mieux que nous y allions à pied. Alors il a jeté son cigare, un peu tristement, et m'a conduit dans une rue aussi étroite et vide qu'un lit de rivière. Il m'a conduit dans un quartier de New York que je n'avais jamais connu auparavant. C'était un quartier de murs en briques nues, de dalles brutes et de pavés sous les pieds, de lampadaires solitaires, de plates-formes d'expédition et de côtés d'entrepôts ininterrompus, de parcs de stockage et de dépôts de lait, avec des voies ferrées coupant des rues aussi vides que si elles étaient les principales. rues d'une ville morte. Personne ne s'est présenté devant nous. Rien ne donnait l'impression d'être vivant dans cette zone de laideur désolée qui ressemblait à l'arrière-cour du monde entier concentrée en quelques places serrées.

Nous étions presque sur West Street même avant que je sois conscient du bruit périodique des sifflets des bateaux qui se plaignaient toute la nuit. L'air, ai-je remarqué, prenait une odeur plus fraîche et plus propre. Creegan , sans parler, m'a attiré près du bout d'un mur, au coin, et nous sommes restés ensemble, regardant vers l'Hudson.

Directement devant nous, au-delà d'une forêt de tonneaux qui pointillaient l'asphalte, une véritable ville de tonneaux qui ressemblait aux souches d'une forêt de pins de Douglas incendiée, se dressait la façade de la structure de la jetée de la Compagnie Panama. Il paraissait assez imposant et solennel, sous sa sobre tôle ondulée. Et deux personnages également solennels, sombres et silencieux dans leurs pardessus sombres, montaient la garde impassibles devant ses portes closes.

"Allez," murmura finalement Creegan , marchant rapidement vers le sud jusqu'au bout de la Vingt-Septième Rue. Il s'est soudainement arrêté et m'a attrapé le bras pour arrêter mes propres pas. Nous sommes restés là, à écouter. Dans le silence, apparemment venant du milieu de la rivière, retentit la toux rapide et saccadée d'un moteur à essence. Cela résonna pendant un moment ou deux, puis le silence se fit.

Nous sommes restés là, sans bouger. Puis la silhouette à mes côtés parut soudain plongée dans une folie. Sans un mot d'avertissement ni d'explication, mon compagnon gloussa et alla et esquiva entre les amas de barils blottis, traçant un chemin détourné vers le bord de glissement. Je l'ai vu se mettre à quatre pattes et regarder par-dessus le cordage. Puis je le vis reculer, se relever et courir vers le nord, vers la porte du quai où se tenaient les deux gardiens.

Ce qu'il a dit à ces gardiens, je n'avais aucun moyen de le savoir. L'un d'eux, cependant, s'est retourné et a tatoué sur la porte avec une matraque avant que Creegan ne puisse l'attraper par le bras et l'arrêter. Avant que je puisse les rejoindre, quelqu'un de l'intérieur avait ouvert la porte. J'ai vu Creegan et le premier homme plonger dans le bâtiment frais et haut voûté, avec ses odeurs exotiques d'épices et de café et ses mystérieuses balles tropicales. J'ai entendu quelqu'un appeler pour allumer les lumières, puis la voix d'avertissement dégoûtée de Creegan lui a rappelé de se taire. Puis, quelque part dans l'obscurité intérieure, un autre colloque eut lieu, un enchevêtrement de voix, un appel au calme, suivi d'un sifflement sifflant de prudence.

Creegan réapparut dans l'embrasure de la porte. Je pouvais voir qu'il me faisait signe.

"Allez," murmura-t-il. Et je le suivis sur la pointe des pieds, sous cette voûte résonnante où le contour d'une passerelle à roues ressemblait étrangement au squelette de quelque grand dinosaure, et les odeurs piquantes et épicées m'emportèrent d'un seul souffle à deux mille milles au sud dans les Tropiques.

"Enlevez ces chaussures", ordonna doucement Creegan . Et je me suis laissé tomber à côté de lui sur les planches nues de la jetée et j'ai retiré mes pieds des chaussures disgracieuses à bouts disgracieux de Shimmey .

Un homme s'écarta d'une porte alors que nous nous y approchions silencieusement. Creegan se tourna pour lui murmurer un mot ou deux à l'oreille. Puis il ouvrit la porte et me conduisit par la manche dans l'obscurité totale, fermant et verrouillant la porte derrière lui.

J'ai été surpris par le contact soudain des doigts tâtonnants de Creegan . J'ai réalisé qu'il poussait un petit objet cylindrique contre mon corps.

"Prends ça," murmura-t-il.

"Qu'est-ce que c'est?" Ai-je demandé dans un murmure de réponse.

"C'est une lampe de poche. Appuyez ici, voyez ! Et allumez-la quand je le dis !"

J'ai pris la lampe de poche, l'ai appuyée comme il me l'a dit, et j'ai vu une faible lueur de lumière sortir de son extrémité en verre. À cette fin, il avait enveloppé un mouchoir de poche en coton. Un éclairage plus réel aurait été obtenu avec une bougie de suif. Mais cela semblait suffisant pour atteindre les objectifs de Creegan . Je pouvais le voir regarder autour de lui, se diriger vers une pile de grosses caisses en bois, les compter, en tester une quant à son poids, plisser encore une fois les yeux pour chercher dans la pièce, puis se laisser tomber de tout son long sur le plancher en planches et presser son oreille contre le sol. bois.

Il se tordait et rampait partout, d'un coin à l'autre de la pièce, chaque minute environ, appuyant son oreille contre les planches sous lui, comme un médecin sondant les poumons d'un patient. Il revenait sans cesse, ai-je remarqué, dans une zone au centre de la pièce, à moins d'un mètre de la pile de caisses en bois. Puis il se pencha en avant sur ses genoux, ses mains soutenant son corps dans une posture grotesque semblable à celle d'un ours. Il resta agenouillé là, observant attentivement la planche de chêne juste devant lui.

J'ai vu une main avancer soudainement et palper un pouce ou deux de cette planche , s'arrêter, puis soudainement se lever et s'agiter dans les airs. Je n'avais pas réalisé, à ce moment-là, que le signal était pour moi.

"Mettez-la dehors", murmura-t-il. Et alors que je retirais mon pouce du point de contact, la pièce fut à nouveau plongée dans l'obscurité la plus totale. Pourtant, à travers cette obscurité, je pouvais entendre un son distinct, un bruit infime mais indubitable de bois éclaté, suivi d'un son encore plus fort, comme si une tarière était retirée d'un trou dans les planches à mes pieds.

Puis, depuis le sol sur lequel Creegan était agenouillé, un mince rayon de lumière vacilla, vacilla et disparut. Un grondement de voix prudentes parvint à mes oreilles, et de nouveau je pus détecter ce son de rongement faible mais puissant alors que la tarière occupée rongeait une fois de plus les planches de chêne sur lesquelles nous nous tenions.

J'ai soudainement senti la main de Creegan toucher mon genou. Il se leva à côté de moi.

"Tout va bien", murmura-t-il avec un calme qui me laissa un peu honteux de ma propre excitation. "Tu restes ici jusqu'à mon retour."

Je restais là à écouter le léger bruit de la porte alors qu'il l'ouvrait et la fermait après lui. Je restai là tandis que j'entendais une fois de plus l'éclatement révélateur du bois, indiquant que la tarière avait terminé son deuxième trou à travers le bordé. Puis vint le bruit de son retrait, et à nouveau le crayon de lumière vacillant tandis que les hommes sous la jetée examinaient leur travail et ajustaient l'extrémité de leur vis pour sa prochaine perforation.

Une nouvelle anxiété commençait à me peser. J'ai commencé à me demander ce qui pouvait retenir Creegan si longtemps. J'étais terrifiée à l'idée qu'il pourrait être trop tard. De vagues éventualités sur lesquelles je n'avais pas pris en compte commencèrent à se présenter à moi. J'ai réalisé que ces trois hommes désespérés, une fois qu'ils verraient que je me mettais à nouveau entre eux et leurs fins, ne se contenteraient pas de demi-mesure.

Puis se produisit un mouvement qui faillit faire sortir un cri de mes lèvres surprises. Une main, s'avançant lentement dans l'obscurité, entra en contact avec mon genou et l'agrippa. Ce contact, survenu sans avertissement, sans raison, a envoyé un frisson horrible dans tout mon corps. Ce qui était étonnant, c'est que je ne me suis pas éloigné, comme un poulain effrayé, et que je n'ai pas commencé à me battre avec ma lampe de poche. Cependant, tout ce que j'ai fait, c'est me tordre et m'éloigner. Pourtant, avant que je puisse me lever, la main avait agrippé le côté de mon manteau. Et tandis que ces doigts serrés restaient là, j'entendis une voix murmurer dans l'obscurité :

"Tiens, prends ça", et au moment où je l'ai entendu, j'ai pu respirer à nouveau, car je savais que c'était Creegan . "Vous en aurez peut-être besoin."

Il tenait devant moi ce que je pensais être une matraque de policier. Je le lui ai pris, m'émerveillant comment il avait pu rentrer dans cette pièce sans que je l'entende.

"Il y a un interrupteur contre le mur là-bas, dit-on", fut le message qu'il me murmura ensuite. "Trouvez-le. Restez là et enfilez-le si je vous en donne l'ordre."

J'ai tâté, tapoté et piétiné contre le mur pendant un moment ou deux d'incertitude. "J'ai compris?" » fit la voix chuchotée de Creegan à travers l'obscurité.

"Oui," murmurai-je en retour.

Il ne parla plus, car un son plus nouveau parvint à ses oreilles et aux miennes. C'était un bruit de poussée et de levier, comme si les hommes en bas se précipitaient sur leur carré de planches desserré.

Je me suis penché en avant pour écouter, car je pouvais entendre le grincement et la grille du bloc de bois en mouvement. Je ne l'ai pas entendu tomber. Mais j'ai soudain eu conscience d'une bouffée d'air plus frais dans la pièce où je me trouvais et du clapotis persistant de l'eau contre les côtés des piles.

Puis j'ai entendu une voix aiguë dire : « Un peu plus haut ».

L'orateur semblait si proche que j'avais l'impression que j'aurais pu me baisser et toucher son corps. Je savais, avant même de voir le jet de flammes où il avait allumé une allumette sur le sol, que l'homme était déjà à mi-chemin du trou. Je pouvais voir la main couverte de terre, semblable à une griffe, qui tenait l'allumette, soignant la petite flamme, attendant patiemment qu'elle grandisse. Ce n'est que lorsque cette main a tenu l'allumette flamboyante devant son visage que Creegan a bougé.

Ce mouvement était aussi simple qu'inattendu. Je n'en avais pas de vision distincte, mais je savais ce que cela signifiait. Je l'ai su dès l'instant où j'ai entendu l'impact sourd et nauséabond du bois séché contre un os de crâne humain.

Il n'y a eu qu'un seul coup. Mais il était si bien placé qu'une seconde semblait inutile. Puis, d'après ce que j'ai pu en juger, Creegan a saisi l'homme stupéfait et l'a tiré corps à travers le trou dans le sol.

Un instant plus tard, une voix disait : « Tiens, tire ! Et je savais que le deuxième homme était sur le point de monter dans la pièce.

Ce qui a empêché Creegan de répéter sa manœuvre avec la matraque, je ne pouvais pas le dire. Mais je savais que la deuxième attaque n'était pas aussi simple que la première, car même si Creegan s'emparait du corps à mi-chemin de l'ouverture, la lutte avait dû commencer.

La conscience que cette lutte ne devait pas être résolue rapidement, qu'un troisième facteur pouvait à tout moment apparaître dans la lutte, m'a piqué dans la nécessité d'une sorte d'action aveugle de ma part. Je me suis souvenu du premier homme et du fait qu'il serait sûrement armé. J'ai couru vers le centre de la pièce, j'ai trébuché sur les caisses d'or et je suis tombé étalé sur le sol. Sans même me relever, j'ai tâtonné jusqu'à ce que je trouve le corps prostré. Il ne me fallut qu'un instant pour tâter cette masse molle, découvrir le revolver et le sortir de sa poche. J'étais encore à genoux lorsque j'entendis Creegan crier dans l'obscurité.

"La lumière!" Il haletait. "Allume la lumière!"

Je me suis retourné imprudemment au ton alarmé de sa voix et j'ai essayé de me frayer un chemin vers lui à tâtons. Seule une dernière extrémité aurait pu lui arracher cet appel. Il n'était que trop évident que sa position était désormais périlleuse. Mais quel était ce péril, je ne pouvais pas le déchiffrer.

"Où es-tu?" J'haletais, sentant que partout où il se trouvait, il avait besoin d'aide, que le service le plus rapide que je pourrais lui rendre serait de l'atteindre.

"La lumière, imbécile !" il a crié. "La lumière!"

J'ai esquivé et tâtonné jusqu'au mur où j'ai senti l'interrupteur. J'avais les doigts sur l'interrupteur lorsqu'un bras semblable à celui d'un derrick lui-même se balança dans l'obscurité et, d'un seul coup, me coupa le souffle et m'aplatit contre le mur. Avant que je puisse reprendre mon souffle, un deuxième mouvement me fit pivoter à moitié et me souleva de mes pieds. À ce moment-là, le grand bras était proche de moi, immobilisant mes mains sur mon côté.

Avant que je puisse crier ou faire un effort pour m'échapper, le grand carcasse qui me tenait avait changé sa prise, m'amenant directement devant lui et me tenant là avec une prise si puissante que la respiration était une torture. Et pendant qu'il me tenait là, il a tendu la main et a allumé la lumière de sa propre main. Je savais, avant même de le voir, que c'était le troisième homme.

Je savais aussi, avant même que cette lumière ne s'allume, quel était son but. Il me tenait là comme un bouclier devant lui. Je m'en suis rendu compte avant même de voir le revolver avec lequel il menaçait l'ennemi devant lui. Ce qui retenait mes yeux clignotants et perplexes, c'était le fait que Creegan lui-même, de l'autre côté de la pièce, tenait le corps se débattant et se tordant de l'homme appelé Redney exactement dans la même position.

Mais ce qui m'a découragé, c'est de découvrir que Creegan ne tenait rien d'autre qu'une matraque dans sa main gauche. Je pouvais voir que toute la force de sa main droite était nécessaire pour retenir son homme. Et son revolver était toujours dans sa poche.

J'ai eu la présence d'esprit de me souvenir de mon propre revolver. Et ma situation m'a rendu désespéré. Ce gang avait semé ses dents de dragon, ai-je décidé, et ils pouvaient désormais récolter leur récolte.

J'ai fait semblant de me dégager de l'emprise de mon ravisseur, mais pendant tout ce temps, je reculais un coude, de plus en plus en arrière, pour pouvoir enfoncer une main dans la poche de mon manteau. J'ai atteint la poche sans me faire remarquer. Mes doigts se refermèrent sur la crosse du revolver. Et pourtant, mon objectif n'avait pas été découvert.

Lorsque j'ai sorti cette arme à feu de ma poche , je n'étais plus un être humain raisonnable. En même temps , je sentais cet éclair rouge de rage traverser mon corps, je sentais aussi l'étau autour de ma taille se détendre. Le grand homme derrière moi éjaculait un seul mot. C'était " *Creegan !* "

Pourquoi ce seul cri aurait dû avoir sur Creegan un effet débilitant , comme il l'a fait, je n'avais aucun moyen de le savoir. Mais j'ai vu le visage taché de sueur et de sang de mon collègue changer soudainement. Ses yeux se fixèrent bêtement, sa mâchoire tomba et il resta là, haletant et bouche bée, comme si la dernière goutte de courage avait été chassée de son corps.

J'ai senti qu'il abandonnait, qu'il se rendait, avant même de le voir laisser tomber l' homme qu'il tenait. Mais je me souvenais du revolver à la main et des ignominies que j'avais subies. Et encore une fois , j'ai ressenti cette vague de quelque chose de plus fort que ma propre volonté, et j'ai su que mon moment était venu.

J'avais le revolver à mi-bras, le canon contre le corps écrasant le mien, lorsque la voix de Creegan , aiguë et courte comme un aboiement, arrêta ce tic de doigt imminent.

"Arrêt!" s'écria-t-il, et l'horreur de sa voix m'intrigua.

"Pourquoi?" » demandai-je dans un calme nouveau et terrible. Mais je n'ai pas baissé mon revolver.

"Arrête ça!" » a-t-il crié, et sa nouvelle note, plus de colère que de peur, m'a un peu déconcerté.

"Pourquoi?"

Mais Creegan , alors qu'il attrapait le col du manteau de l'homme appelé Redney , n'a pas répondu à ma question répétée. Au lieu de cela, il a regardé l'homme à côté de moi.

"Eh bien, je serai damné !" » murmura-t-il finalement.

"Qu'est-ce que *tu es* "Je traque ces gars depuis cinq semaines, et je veux savoir pourquoi tu es pédé . " ' mon boulot!"

Creegan , qui palpait ses dents de devant entre son pouce et son index d'investigation, cligna des yeux en direction du grand homme. Puis il s'est retourné contre moi avec colère.

"Posez cette arme!" il a hurlé. Il a pris une profonde inspiration. Puis il rit, sans joie, avec dégoût. "Vous ne pouvez pas *lui tirer dessus* !"

"Pourquoi je ne peux pas ?"

"C'est un pigeon de selles ! Un chat roussi !"

"Et qu'est-ce qu'un pigeon de selles ?" ai-je demandé. "Et qu'est-ce qu'un chat roussi ?"

Creegan rit pour la deuxième fois en s'essuyant la bouche du revers de la main.

"C'est un crétin du quartier général qui reste à l'écart et essaie de chasser avec les chiens en même temps qu'il court avec les lièvres - et qui se promène généralement en s'amusant avec le travail d'un officier honnête. Et je suppose qu'il a enthousiasmé le nôtre. Alors à propos La seule chose que nous puissions faire, d'après ce que je peux voir, c'est de sortir de chez nous en rampant et d'aller nous coucher ! »

CHAPITRE VIII

LE Dummy-Chucker

Ce fut sans aucun doute une nuit mémorable, cette nuit-là, j'ai libéré Latreille . Je sentais la chose venir depuis des semaines. Mais j'avais apparemment eu peur d'y faire face. J'avais temporisé et traîné, redoutant l'épreuve. Par deux fois, j'avais même cédé à un chantage tacite, suavement déguisé en simples avances de salaire. Presque quotidiennement aussi, j'avais été soumis à de vagues insolences, d'autant plus humiliantes qu'elles restaient inarticulées et incontestables. Et j'ai réalisé que cette chose devait prendre fin.

J'ai vu cette fin lorsque Benson m'a rapporté que Latreille n'avait pas reçu tranquillement un de ses amis dans mon bureau, pendant mon absence. J'aurais pu pardonner la perte des cigares et la disparition du *cognac*, mais les traces de pas sur ma précieuse vieille console en acajou de Saint- Domingue et le renversement de ma bouteille de lapis de Ch'ien-lung étaient des choses qui ne pouvaient pas être négligé.

J'ai vu rouge, et j'ai immédiatement et sans hésiter fait appeler Latreille . Et je pense que j'ai plutôt surpris ce scélérat au regard froid, car j'avais appris à connaître un peu mieux la vie, ces derniers temps. J'avais appris à me montrer moins craintive face à ses côtés les plus sombres et à ses coutures plus rugueuses. Je pouvais montrer à ce chauffeur concepteur que je n'étais plus en son pouvoir en montrant que je n'avais plus peur de lui. Et j'ai cherché à démontrer ce dernier en annonçant promptement, calmement et sans équivoque qu'il était démis de mon service à partir de ce jour et de cette heure.

"Tu ne peux pas le faire !" dit-il en me fixant avec des yeux surpris mais non moins insolents.

"Je l'ai fait", ai-je expliqué. "Vous êtes libéré, maintenant. Et plus tôt vous sortirez, mieux cela me conviendra."

"Et tu es prêt à prendre ce risque ?" » demanda-t-il en m'étudiant sous ses sourcils baissés.

"Tous les risques que je veux prendre dans cette existence", l'informai-je froidement, "sont des questions qui ne concernent que moi seul. Remettez vos clés, vos vêtements de service et vos affaires à Benson. Et s'il manque un article, vous le ferez." payer pour ça."

"Comment?" » demanda-t-il avec un ricanement.

"En étant mis à ta place", lui dis-je.

"Et où est-ce ?"

"Derrière les barreaux."

Il en a ri. Mais il s'est arrêté net lorsqu'il m'a vu sortir vers la porte et l'ouvrir. Puis il se tourna et me fit face.

"Je vais rendre les choses intéressantes pour toi !" » annonça-t-il, lentement et enceintement , et avec un vilain coup de son vilain menton pointu vers l'avant.

C'était à mon tour de rire.

"Vous les *avez* rendus intéressants", reconnus-je. "Mais maintenant, ils deviennent monotones."

"Ils ne resteront pas ainsi", a-t-il affirmé.

J'ai croisé son regard, sans grimacer. Je pouvais sentir mon sang de combat devenir de plus en plus chaud.

"Vous comprenez l'anglais, n'est-ce pas ?" Je lui ai dit. « Vous m'avez entendu dire de sortir, n'est-ce pas ? »

Il m'a regardé, avec son air renfrogné noir, pendant une demi-minute entière. Puis il tourna les talons et sortit de la pièce.

Je n'étais pas désolé de le voir partir, mais je savais, en partant, qu'il emportait avec lui quelque chose de précieux. Il emportait avec lui ma tranquillité d'esprit pour toute cette nuit bénie.

Dormir, je le savais, était hors de question. Il serait même insensé de tenter de la courtiser. J'ai ressenti l'appel neurasthénique familier aux grands espaces, au besoin de liberté physique et d'air frais. Et c'est cela, je suppose, qui m'a amené à m'éloigner vers le front de mer, où je me suis assis sur un fil, fumant ma septième cigarette et pensant à Creegan et à son chat roussi tout en regardant l'Hudson étoilé.

J'étais resté accroupi là pendant une bonne demi-heure, je pense, avant de prendre ne serait-ce que vaguement conscience de l'autre présence si proche de moi. Je n'avais aucun souvenir précis de l'avènement de ce personnage. Je n'avais aucune impression de son mouvement dans mon voisinage immédiat, j'en suis sûr, jusqu'à ce que mes méditations égocentriques soient interrompues par la découverte que l'étranger sur le même quai où je flânais s'était tranquillement et délibérément mis debout. En fait, cela m'a un peu surpris de constater qu'il se tenait à une extrémité du même cordage où j'étais assis.

Puis quelque chose à propos de la silhouette m'a apporté une lente perplexité dans mon esprit, alors que je me prélassais là, respirant les odeurs musquées du port, sous un ciel qui semblait italien dans sa sérénité, et une lune douce et argentée qui faisait des navettes des ferries des ombres aux échelles romaines. or. Cette perplexité s'est transformée en perplexité, car tandis que j'étudiais la silhouette élancée avec son ample manteau de paddock flottant dans la brise du quai, je me suis rappelé de quelque chose d'inquiétant, de quelque chose d'impressionnant. La forme décharnée si volumineuse drapée, le visage cadavérique aux joues étonnamment enfoncées, la touche tragique de toute l'attitude, m'ont rappelé brusquement et soudainement l'idée d'un symbole de la Mort enveloppé et aux yeux creux, n'ayant besoin que de la faux de tradition honorée pour la traduire dans l'image finie.

Il resta là un moment, sans bouger, à étudier l'eau qui coulait comme un velours noir sans couture sous le quai. Puis il ôta lentement son manteau, le plia et le plaça sur le cordon, et par-dessus il plaça de nouveau son chapeau. Puis il rit bruyamment. Je détournai le regard, craignant qu'une trivialité prononcée ne gâche une image si mystérieuse et si attrayante. Lorsque je le regardai ensuite, il semblait engagé dans l'occupation absurde de retourner lentement les poches complètement vides de ses vêtements. Puis il baissa de nouveau les yeux sur l'eau noire.

Apparemment, ces tourbillons de velours huileux étaient trop pour lui. Je l'ai vu se couvrir le visage avec ses mains et reculer en marmonnant tragiquement et impuissant : « Je ne peux pas le faire ! Et le geste et les mots m'ont fait revenir à l'esprit de l'homme de Medicine Hat.

Mille petites vrilles de curiosité l'emportèrent sur le ressentiment d'être ainsi dérangé dans ma quête de solitude. J'ai continué à observer ouvertement l'étranger incroyablement maigre qui scrutait toujours la glissoire. J'ai été surpris, une minute ou deux plus tard, de l'entendre émettre un rire de gorge aussi provocant que désagréable. Puis, avec un geste de répudiation étrangement nerveux, il attrapa son chapeau et son manteau, tourna les talons et passa comme une ombre dans le calme du quai désert.

Je me suis retourné et je l'ai suivi. Le drame inscrit sur ce visage pâle était avant tout un faux-semblant. Il ne pourrait jamais être pris pour un « idiot » ; la chose était authentique. Tout homme capable de presser la vie à tel point qu'il songeait à la jeter comme une peau d'orange méritait d'être suivi. Il semblait en contradiction avec tout ce qui se passait dans la ville qui nous entourait, dans cette ville folle où chaque mortel semblait si déterminé à vivre, où les épaves les plus désespérées s'accrochaient si fébrilement à la vie, et où la vie elle-même, dans cette nuit murmurante et éclairée par la lune, semblait si intense. plein de promesses murmurées.

Je l'ai suivi jusqu'à la ville, spéculant, comme le font les esprits oisifs, sur qui et quoi il était et par quel hasard il avait été jeté dans ce gouffre le plus bas de l'indifférence. Plus que ses simples vêtements, il m'a assuré qu'il n'était pas un « lanceur de croûtes ». Je suis resté sur ses talons jusqu'à ce que nous arrivions à Broadway, m'étonnant soudain de me demander si lui aussi n'était pas victime de ces chiens d'éveil incessants qui transforment la nuit en une inquisition sans fin.

Puis toutes les spéculations cessèrent brusquement, car je vis qu'il s'était arrêté et regardait avec perplexité de haut en bas le canal parsemé de lumière de Broadway. J'ai remarqué que son regard vacillait sur une ou deux silhouettes qui passaient, qu'il semblait sur le point d'aborder. Puis, comme si, parmi cette foule qui passait , il voyait sur mon visage quelque chose de semblable et de commun, il me toucha légèrement le bras.

Je m'arrêtai, le regardant bien en face. Il y avait presque une touche de surnaturel dans cette rencontre, comme si deux fantômes émerveillés se regardaient aux confins les plus solitaires d'un No man's Land.

Il ne parla pas, comme je le craignais , et envoya un maillet de banalité s'écraser sur ce cristal d'émerveillement. Il agita simplement d'une main fine la façade d'un caravansérail à miroirs et à piliers dans lequel, je le savais, c'était l'habitude du New-Yorkais sans abri d'acheter un bail de trois heures sur trois pieds de damas et de rêver ainsi qu'il sondait les profondeurs les plus intimes. de la vie. Son geste, j'ai vu, était une invitation. C'était aussi un défi.

Et j'ai accepté l'invitation et le défi, en silence, mais par un geste qui ne pouvait être trompé. C'est également en silence que je le suivis par la large porte et m'assis en face de lui devant l'un des parallélogrammes de lin blanc ombrés de rose qui s'étendaient autour de nous en lignes aussi épaisses et droites que des pierres tombales dans le sol d'une abbaye.

Je ne l'ai pas regardé pendant un moment ou deux, redoutant le retour prochain à la réalité. Je laissai mon regard errer sur la salle aux couleurs tumultueuses dans laquelle se déversait maintenant le flot des foules d'après-théâtre. Cela n'avait rien de nouveau ni d'attrayant pour moi. Ce n'était pas la première fois que je voyais les stars de la scène assises dans une torpeur périgée pendant leurs dîners à sept plats, tout comme ce n'était pas la première fois que j'endurais docilement les vulgarités agressives des piliers d'onyx et de l'art pornographique pour le bien de ce que je faisais. J'avais découvert que c'était la cuisine la plus incomparable d'Amérique.

Cela parut une histoire tout aussi ancienne à mon nouvel ami de l'autre côté de la table, car alors que je me détournais du tourbillon d'épaules nues environnantes, aussi blanches et douces qu'un tourbillon d'ailes de mouette, je vis qu'il avait déjà commandé un repas qui était aussi mystérieusement somptueux qu'étonnamment cher. Lui non plus n'était apparemment pas étranger à Lobster Square.

Je ne voyais toujours pas la nécessité de rompre le silence, bien qu'il ait commencé à boire son vin avec une insouciance fébrile qui m'étonnait assez. Pourtant, je sentais qu'à chaque souffle du temps, la bulle de mystère grandissait de plus en plus. Le tout était bien plus que l'aventure casse-cou d'un homme à bout de nerfs. C'était plus que l'extravagance du pur désespoir. C'est quelque chose qui m'a fait me retourner pour la deuxième fois et étudier son visage.

C'était un visage assez remarquable, remarquable par sa maigreur, par sa pâleur peu attrayante et par une certaine furtivité tragique qui montrait que son propriétaire n'était pas tout à fait en paix avec sa propre âme. Dans sa silhouette, j'avais déjà décelé une certaine note de distinction, de vivacité nerveuse, qui l'élevait aussitôt au-dessus de la place de l'aventurier anémique des rues. Il y avait quelque chose de presque héraclitéen dans cette bouche satyrique aux lèvres fines . La peau des joues creuses semblait aussi tendue que le vélin d'une caisse claire. Du coin de ses yeux, ombragé par un os frontal lisse et pâle, rayonnait un réseau de rides infimes. Ses mains, je pouvais le voir, étaient d'une blancheur presque féminine, aussi féminines dans leur fragilité qu'inquiétantes dans leurs mouvements agités sans fin. En années réelles, ai-je conclu, il aurait pu avoir entre vingt-cinq et trente-cinq ans. Il était au moins plus jeune que je ne le pensais au départ. Puis je regardai de nouveau la salle bondée, car je ne voulais pas donner à mon inspection un air inquisitoire. Lui aussi laissa ses yeux suivre les miens dans leur orbite d'exploration. Puis, pour la première fois, il parla.

"Ils en souffriront un jour !" » déclara-t-il soudain, avec la véhémence d'un socialiste confronté aux voluptés d'un Gomorrhe. "Ils en souffriront !"

"Pour quelle raison particulière ?" M'enquis-je, suivant son regard sur cette salle sans appréhension pleine de fêtards convenables.

« Parce que la moitié d'entre eux, avoua-t-il, sont des harpies et l'autre moitié des voleurs !

"Es-tu un New-Yorkais ?" Lui ai-je demandé doucement. Je me demandais si, dans ces circonstances, même un volumineux manteau de paddock serait considéré comme un paiement suffisant pour un repas aussi princier. L'homme m'avait déjà prouvé que ses poches étaient vides.

"Non, je ne le suis pas", rétorqua-t-il. "Je viens du pays de Dieu."

Ce territoire sans doute irréprochable mais vaguement dénommé m'a laissé tellement de doute que j'ai dû demander une seconde fois le lieu de son origine.

"Je viens de Virginie," répondit-il, "et si j'étais resté là-bas , je ne serais pas là où je suis ce soir."

Comme c'était un axiome qui semblait transcender toute critique , je me retournai simplement vers lui et lui demandai : « Et où es-tu ce soir ?

Il leva son verre et le vida. Puis il se pencha par-dessus la table et me regarda dans les yeux tout en parlant. « Connaissez-vous la ville de Hanover, en Virginie ?

J'ai dû avouer que non. Alors qu'il était assis à me regarder, avec une ombre de déception sur son visage maigre, je lui ai de nouveau demandé de préciser où il se trouvait actuellement.

"Je suis au dernier centimètre du dernier bout de corde", fut sa réponse.

"Il semble que son état s'améliore", remarquai-je en jetant un coup d'œil autour de la table.

Il émit un rire aigu.

"Tu devras me quitter avant que je commande la liqueur. Ceci," avec un balayage de la main sur le groupe de plats, "est une musique que je devrai affronter seul. Mais qu'est-ce que c'est, quand tu es sur le dernier centimètre du dernier bout de corde ? »

"Votre position", ai-je hasardé, "semble presque désespérée."

"Désespéré!" répéta-t-il. "C'est plus que ça. C'est sans espoir !"

"Vous avez sans doute visité Wall Street ou peut-être acheté des actions minières ?" était ma suggestion désinvolte. Sa manière de parler, je commençais à le sentir, n'était pas nettement sudiste.

"Non," cria-t-il avec une solennité rapide. "Je l'ai *vendu* ."

"Mais de telles activités, je suppose, étaient très éloignées des voies du remords."

Il m'a regardé distraitement pendant un moment ou deux. Puis il bougea avec agitation sur sa chaise.

"Avez-vous déjà entendu parler d'un écouteur ?" il a ordonné.

"Assez souvent", répondis-je.

« Êtes-vous déjà tombé amoureux d'un de leurs fils ? Êtes-vous déjà tombé dans l'un de leurs jolis pièges plaqués or et leur avez demandé de vous secouer pour tout ce que vous possédiez — et même pour des choses que vous ne possédiez pas ?

Voilà un malheur, je devais l'avouer, qui n'avait pas encore frappé à ma porte.

" Je suis arrivé dans cette ville avec trente mille dollars, dont pas vraiment un tiers de moi. Vingt de ces dollars étaient destinés à une carrière de marbre que nous allions ouvrir sur le Potomac. Ils m'ont envoyé dans le nord pour conclure l'affaire. C'était nouveau pour moi, d'accord. Je n'étais pas habitué à une ville où l'on doit enchaîner les paillassons et où l'on n'ose pas parler à son voisin sans permis de police. Et quand un voyageur à l'air prospère Mon hôtel a commencé à parler de chevaux, de courses et de la corde que Keene a envoyée dans le sud l'hiver dernier, il a frappé quelque chose qui me tenait assez à cœur, car c'est ce que nous recherchons chez nous : l'élevage de chevaux et l'élevage. Puis il m'a dit comment le surintendant adjoint de la Western Union, l'homme qui gérait leur département des courses, était un vieil ami à lui. Il a également permis à cet ami d'être prêt à lui téléphoner quelques premiers retours de piste, pour ce qu'il appelait une grosse commission . Il m'a même emmené au Western Union Building, au coin de Dey et Broadway, et m'a présenté à un homme qu'il appelait le surintendant adjoint. Nous l'avons rencontré dans l'un des couloirs : il était en manches de chemise et avait l'air d'un homme plutôt occupé. Il devait retenir les retours jusqu'à ce que nos paris puissent être faits. Il m'a expliqué que lui-même ne pouvait pas s'en occuper, mais que sa belle-sœur pourrait éventuellement gérer les retours via son propre fil privé.

"Cela me semble très familier", commentai-je tristement.

"Il a semblé se désintéresser lorsqu'il a découvert que je n'avais que quelques milliers de dollars. Il a dit que le meurtre s'élèverait à un quart de million et que le risque de retarder les expéditions de la société serait trop grand pour qu'il s'en soucie. petits paris. Mais il a dit qu'il essaierait le plan cet après-midi. Alors mon ami voyageur m'a emmené dans une salle de billard avec des feuilles de course et des tableaux noirs et une demi-douzaine de clés télégraphiques et deux fois plus de téléphones. " C'est une chose réelle pour moi. Lorsque les retours ont commencé à arriver et que nous avons reçu notre flash, notre pourboire privé du bureau de Western Union, j'ai essayé cinquante dollars sur une photo de trois contre un. "

"Et bien sûr , vous avez gagné", fut ma réplique sympathique, alors que j'étais assis à écouter le vieux et triste conte. "Tu le fais toujours."

"Puis j'ai rencontré la femme dont j'ai parlé, la femme qui se faisait appeler la belle-sœur du directeur du fil de course."

"Et comment était - *elle* ?" J'ai demandé.

"Elle ressemblait beaucoup à toutes ces femmes d'ici", dit-il en jetant un regard sur la rafale de dos d'ailes de mouette et le jardin de parures qui nous entourait. " *Elle avait l'air assez bien pour récupérer mes trente mille dollars et me rabaisser .* "

Ce à quoi il rit de son rire sans joie et comme celui d'une maman.

"Vous voyez, j'avais assez de bon sens pour avoir froid aux pieds du jour au lendemain. Mais quand j'en ai discuté avec elle le lendemain et que je l'ai vue appeler quelques-uns de ses amis de Wall Street, j'ai en quelque sorte oublié mes scrupules. Elle m'a eu penser à nouveau de manière tordue. Et c'est tout. C'est là que l'histoire se termine.

Sa docilité, alors que je pensais à ce type de harpie odieuse et flamboyante, commença à m'irriter.

"Mais pourquoi cela devrait-il s'arrêter là ?" ai-je demandé.

"Parce que j'ai mis vingt mille dollars de l'argent des autres dans un faux jeu et je l'ai perdu."

"Eh bien, qu'en est-il ?"

« Pensez-vous que je pourrais rentrer chez moi avec ça qui pèse sur moi ?

« Supposons que vous ne puissiez pas. Est-ce une raison pour laquelle vous devriez vous allonger à ce stade du jeu ? »

"Mais j'ai perdu", a-t-il affirmé. "Tout est parti !"

"'Tout n'est pas perdu'", ai-je cité, me sentant beaucoup comme François Ier après la bataille de Pavie, "'jusqu'à ce que l'honneur soit parti !'"

"Mais même *cela a* disparu", fut sa réplique apathique. Il leva les yeux, presque en colère, devant mon mouvement d'impatience. "Eh bien, que ferais *-tu* à ce sujet ?" il a défié.

"Je récupérerais cet argent ou je mettrais ce gang derrière les barreaux", fut la réponse que je lui ai lancée. "Je les combattrais jusqu'au bout."

"Mais il n'y a rien à combattre. Il n'y a personne à qui joindre. Cet homme de Western Union n'était qu'un cappeur, un arnaqueur. Leur salle de billard est un de ces types de dirigeables qui s'éloignent lorsque la police apparaît. Alors ils prétendraient que j'étais aussi mauvais qu'ils étaient, essayant de tromper un bookmaker honnête avec son argent. Et en plus, il n'y a plus rien qui montre que je leur ai jamais remis quoi que ce soit.

"Ensuite, je continuerais jusqu'à ce que je trouve quelque chose", ai-je déclaré. « Et la femme ?

"Elle serait trop intelligente pour se faire prendre. Et je ne pense pas qu'elle me reconnaîtrait à un morceau de fromage."

"Pensez-vous que vous pourriez d'une manière ou d'une autre me mettre en contact avec elle ?" J'ai demandé.

"Mais elle bénéficie de la protection de la police. J'ai essayé de la faire arrêter moi-même. Le policier m'a dit de partir, sinon il me renverserait."

"Alors tu sais où elle habite ?" Je me suis rapidement renseigné.

Il hésita un instant, comme si ma question l'avait pris au dépourvu. Puis il mentionna l'un des plus petits appart-hôtels du haut de Broadway.

"Et quel est son nom?"

Il hésita encore une fois avant de répondre.

"Oh, elle en a une douzaine, je suppose. La seule que je connaisse est Brunelle, Vinnie Brunelle. C'est le nom auquel elle répondait là-haut. Mais regarde ici, tu n'essaieras pas de la voir, n'est-ce pas ?"

"Ça, je ne pourrai le dire que demain."

"Je ne pense pas qu'il y en aura demain, pour moi", répliqua-t-il, alors que son air apathique d'avant revenait sur son visage. Il a même regardé un peu surpris alors que je me levais.

"C'est absurde", fut ma réponse. "Nous allons nous retrouver ici demain soir pour en discuter."

"Mais pourquoi?" il a protesté.

vous être utile, cela me fera un très grand plaisir. Et en attendant, je pourrais ajouter que je suis payer ce petit souper.

Il n'y a pas d'activité plus explosive que celle du paresseux chronique. Une fois à Broadway, je n'ai donc pas laissé l'herbe pousser sous mes pieds. Deux minutes au téléphone et dix autres dans un taxi m'ont mis en contact avec mon vieil ami Doyle qui « travaillait » sur une affaire de fusillade mulâtre dans la septième avenue inférieure aussi tranquillement qu'un jardinier travaillant son champ de choux.

« Que savez-vous d'une femme nommée Vinnie Brunelle ? ai-je demandé.

Il étudia le trottoir. Puis il secoua la tête. Ce nom ne lui disait clairement rien.

« Donnez-moi quelque chose de plus sur lequel travailler ! »

"C'est une jeune femme qui vit grâce à son intelligence. Elle fait très bonne figure et se livre de temps à autre au jeu des écoutes téléphoniques."

"Je me demande si ce ne serait pas la femme Cassal qu'Andrus a utilisée comme comédienne pour son jeu de mine mexicaine ? Mais *elle* a prétendu qu'Andrus l'avait trompée."

"Et quoi d'autre?" J'ai demandé.

Doyle resta silencieux, plongé dans ses pensées pendant un moment ou deux.

"Oh, c'est à peu près tout. J'ai entendu dire que c'était une femme particulièrement intelligente, la femme la plus intelligente du monde. Mais que cherches-tu ?"

"Je veux son disque, tout."

"Ce genre de femme n'a jamais de casier judiciaire. C'est ça l'intelligence, mon garçon, maintenir sa réputation aux dépens de son caractère."

"Vous avez donné naissance à une épigramme", me plaignis-je, "mais vous ne m'avez pas aidé à sortir de mon dilemme." Sur quoi il m'a demandé une carte.

"Je vais vous donner un message à Sherman... Camera-Eye Sherman que nous avions l'habitude de l'appeler au quartier général. Il est à l'Association des Banquiers maintenant, mais il a été avec notre Bureau d'Identification depuis si longtemps qu'il les connaît tous comme son propre famille."

Et au bas de ma carte , j'ai vu Doyle écrire : "S'il vous plaît, dites-lui ce que vous pouvez de Vinnie Brunelle."

" Bien sûr que je ne pourrais pas le voir ce soir ? "

Doyle regarda sa montre.

"Oui, vous pouvez. Vous le récupérerez dans son appartement de Riverside. Et je vous donne toutes les chances que vous trouviez le vieil oiseau de nuit en train de jouer au bézique avec sa belle-sœur !"

En fait, c'est précisément ce que j'ai trouvé en train de faire l'homme à l'œil-caméra. Il était assis là, distribuant les cartes, à une heure du matin, avec un visage aussi doux et fade qu'un cardinal vénitien nourrissant ses pigeons.

Mon hôte a regardé la carte entre ses doigts, m'a regardé, puis a regardé à nouveau la carte.

"Elle t'a causé des ennuis ?" » fut sa question laconique.

"Je n'ai jamais rencontré cette dame. Mais un de mes amis l'a fait, je suis désolé de le dire. Et je veux faire ce que je peux pour l'aider."

"Combien a-t-il perdu ?"

« Environ trente mille dollars, affirme-t-il.

"Quel était le jeu ?"

"Il semble qu'il s'agisse d'un de ces soi-disant coups d'État fondés sur des écoutes téléphoniques."

"C'est drôle comme ça les attire toujours ! " ruminait ce verger de visages longtemps emmurés. "Eh bien, voici ce que je sais de Vinnie. Il y a sept ou huit ans, elle était modèle pour un artiste. Puis un sculpteur appelé Delisle l'a emmenée à Paris - elle était alors encore adolescente. Mais elle était trop intelligente pour rester en studio. -arrangement de rat. Elle est vite arrivée au bout de sa corde là-bas. Puis elle est rentrée à la maison - j'ai l'idée qu'elle a essayé la scène et n'a pas pu y arriver. Puis elle était agent de perles à Londres. Puis elle a joué une variante du jeu de « l'héritier perdu » dans ce qu'on appelait l'affaire Southam, travaillant sous la direction d'un homme de confiance anglais appelé Adams. Puis elle a été dégoûtée par Adams et est revenue en Amérique. Elle a dû prendre ce qu'elle pouvait obtenir, et pendant quelques semaines, elle a été capsuleuse pour un magasin de seaux pour femmes de haut niveau. Lorsque le quartier général a fermé le magasin, elle est allée dans le sud et a été d'une manière ou d'une autre impliquée dans le soulèvement de Parra, à l'extrémité orientale de Cuba.

Mon chroniqueur apathique s'arrêta un moment ou deux, étudiant son bout de cigare lacéré.

"Puis elle a épousé un juif métis haïtien travaillant dans le secteur du café brésilien et qui avait acheté un titre espagnol. Puis elle a abandonné le titre et le vendeur de café et est revenue à Washington, où elle a travaillé dans les ficelles du métier de lobbyiste pour un un hiver ou deux. Ensuite, elle s'est mise à aller en Europe tous les mois environ. Je ne dirai pas qu'elle jouait sur les bateaux à vapeur. Je ne pense pas qu'elle l'était. Mais elle s'est fait des amis et elle savait jouer à une partie de bridge qui Elle a travaillé avec un manipulateur de parts minières nommé Andrus. Elle a été assez sage pour se glisser par-dessous avant qu'il ne soit envoyé en amont de la rivière. Et depuis, on me dit qu'elle fait plus ou moins jeu respectable ou deux avec Coke Whelan, l'écouteur. Et c'est, je suppose, à peu près tout.

« À votre connaissance, a-t-elle déjà été arrêtée ? Aurait-on sa photo, par exemple, au quartier général ?

L'homme qui avait vieilli dans l'étude du crime sourit un peu.

"Vous ne pouvez pas arrêter une femme tant que vous n'avez pas de preuves contre elle."

"Pourtant, vous êtes sûr qu'elle était impliquée dans un certain nombre d'entreprises malhonnêtes ?"

"Je ne l'ai jamais traitée d'escroc", protesta mon hôte avec une impersonnalité devenue soudain aussi olympienne qu'exaspérante. "Personne ne m'a jamais prouvé qu'elle était une escroc."

"Eh bien, je vais le prouver. Et j'imagine plutôt que je vais la faire arrêter. Eh bien," demandai-je, agacé par son sourire satirique, "tu ne veux pas dire qu'une femme comme ça est immunisée." ?"

"Non, je ne dirais pas exactement qu'elle était immunisée. D'un autre côté, je suppose qu'elle a aidé notre peuple dans un cas ou deux, quand cela l'a payée."

"Tu veux dire que c'est vraiment une informatrice, ce qu'on appelle une welcher ?"

"En aucun cas. Elle est juste intelligente, c'est tout. La seule fois où elle s'est retournée contre les siens, c'était quand ils l'ont jetée à terre, l'ont jetée à plat. Ensuite, elle a fait un peu de travail dans les services secrets pour le bureau de Wilkie à Washington qui lui a donné plus d'attrait que tous vos « politiques » Tammany à l'est de Broadway. "

« Dois-je comprendre que ce que vous appelez politique et traction permettra donc à une femme de voler trente mille dollars à un homme et de s'en sortir indemne ?

"Mon cher, ce genre de femme ne *vole jamais* un homme. Elle n'a pas besoin de le faire. Elles se contentent de cligner des yeux et de le remettre. Puis elles pensent à la maison et à la mère, environ dix heures plus tard."

"Mais cela ne semble pas tout à fait raisonnable", ai-je soutenu.

Le vieil homme regarda solennellement le bout de son cigare avant de poser sa prochaine question.

« L'avez-vous déjà vue ?

"Non, je ne l'ai pas fait", répondis-je en me levant pour partir. "Mais j'en ai l'intention."

Il déplaça sa lourde épaule dans une rapide poussée vers l'avant en demi-cercle. Cela aurait pu signifier n'importe quoi. Mais je ne me suis pas attardé pour le savoir. J'étais trop impressionné par la nécessité d'une action rapide et personnelle de ma part pour me soucier beaucoup des conseils de personnes extérieures.

Mais à mesure que chaque heure d'éveil passait, je me suis retrouvé possédé d'une curiosité toujours plus grande de voir cette femme étrange et intéressante qui, comme le disait Doyle, avait conservé sa réputation aux dépens de son caractère.

C'est extrêmement tôt le lendemain matin que je me présentai à l'appart-hôtel de Vinnie Brunelle. Non seulement j'avais mal dormi ; J'avais aussi rêvé de moi-même comme un moine flagellant envoyé à travers des sables brûlants pour supplier un Thaïlandais barbare et aux yeux verts de cesser de mettre sur écoute les fils télégraphiques menant au camp d'Alexandre le Grand.

L'absurdité de ce cauchemar opiacé semblait se projeter dans mes mouvements réels de la matinée. La lumière blanche et exigeante du jour a flétri la dernière vrille de romance de ma croisade chimérique. Ce n'est qu'en m'assurant, non pas tant que j'épousais la cause des morts, mais que j'étais sur le point de rencontrer un type de femme tout à fait nouveau pour mon expérience, que j'ai pu faire face à la porte d'une sobriété sans trahison de Miss Brunelle .

Cette porte fut dûment ouverte par une femme de chambre, par une femme de chambre étonnamment convenable, portant une casquette et un tablier blancs. J'étais conscient de son regard voilé mais inquisiteur posé sur ma personne déconcertée pendant la plus petite fraction de seconde. Je soupçonnais presque que dans cet œil on pouvait déceler une trace de quelque chose qui ressemblait étrangement au mépris. Mais, à mon grand étonnement, j'ai été admis sans poser de questions.

"Mlle Brunelle revient tout juste de sa promenade matinale dans le parc", expliqua cette servante.

J'entrai dans ce qui était clairement une salle à manger, une pièce petite mais bien éclairée. Des auvents rayés protégeaient toujours le soleil tempéré d'automne des fenêtres ouvertes, où une double rangée de cimes de géraniums écarlates hochaient la tête dans la brise. À un bout de la table, au centre de la pièce, était assise une femme qui prenait son petit-déjeuner.

Elle avait l'air plus jeune, beaucoup plus jeune que je ne l'avais imaginé. Si elle n'était pas assise là, déjà inondée par les acides corrosifs d'un préjugé antérieur, j'aurais même admis qu'elle était une femme extrêmement belle.

Elle portait une robe de chambre rose qui montrait une peau douce et satinée au niveau du cou et des bras. Ses yeux, je pouvais le voir, étaient quelque chose entre le noisette et le vert, bien écartés sous un sourcil de Pallas Athéna, qu'on aurait pu qualifier de serein, s'il n'y avait eu un esprit de rébellion vaguement réfracté de la partie inférieure du visage. La vivacité de sa couleur, que même le mouvement flamboyant de sa robe ne pouvait complètement ignorer, me faisait penser à des flots matériels, à de la chair et du sang vivants et à un corps fraîchement baigné.

Son regard était direct, d'une simplicité déconcertante. Cela m'a même fait me demander si elle lisait ou non mes pensées lorsque j'ai remarqué que ses mains étaient grandes et blanches, que sa bouche, malgré tout son mécontentement maussade, n'était pas dénuée d'humour et, assez étrangement, que ses doigts, ses oreilles, et sa gorge étaient dépourvues de ces bijoux que j'avais cru particuliers à son espèce.

Qu'elle possédait un don vague mais menaçant d'intimité, je ne pouvais que le sentir trop clairement, non pas tant par la facilité tranquille de sa pose et la gorge et les bras négligemment ouverts que par le regard direct de ces yeux scrutateurs et limpides, qui proclamaient que peu des illusions de vie aux coquelicots pourraient fleurir dans leur quartier. Ce sentiment inconfortable de clarté mentale, en fait, m'a forcé à prendre conscience non pas tant d'être en présence d'un corps doux et luxueux que de me tenir face à face avec un esprit qui, à sa manière incongrue, était aussi austère qu'alerte.

.

"Tu veux me voir ?" dit-elle au-dessus de sa tasse de café. Mon deuxième regard me montra qu'elle prenait un petit-déjeuner composé de pamplemousses glacés, de côtelettes, d'œufs brouillés et de pain grillé beurré.

"Beaucoup", répondis-je.

"À propos de quoi?" » s'enquit-elle en cassant un carré de pain grillé.

"A propos de la situation malheureuse d'un jeune gentleman qui vient de se séparer de trente mille dollars!"

Elle baissa la tête, avec ses lourdes et lâches boucles de cheveux noirs, et jeta un coup d'œil à ma carte avant de reprendre la parole.

"Et que pourrais-je faire pour lui ?"

Il y avait quelque chose de ni apaisant ni encourageant dans son calme imperturbable. Mais je n'entendais pas me laisser désarmer par une quelconque parade théâtrale de quiétude .

« Vous pourriez, suggérai-je, rendre les trente mille.

Il y avait plus de langueur que de défi actif dans son regard alors qu'elle se tournait et me regardait.

"Et je ne pense même pas savoir qui tu es," murmura-t-elle.

"Mais il se trouve que je sais exactement qui vous êtes", fut ma réplique rapide et peu douce.

Elle repoussa ses cheveux – qui semblaient très épais et lourds – et rit un peu.

"Qui suis je?" » demanda-t-elle en léchant les miettes de pain grillé du bout de ses doigts blancs.

"Je vais te dire qui tu es", rétorquai-je avec une certaine chaleur. "Vous êtes un modèle qu'un sculpteur nommé Delisle a emmené à Paris. Vous êtes l'ancien colistier d'Adams dans l' affaire de l' héritier Southam . Vous êtes l'épouse d'un juif métis haïtien avec un titre espagnol. Vous êtes la femme qui a travaillé avec Andrus, l'escroc sauvage des mines qui purge actuellement une peine à Sing Sing ... Et en ce moment, vous êtes complice d'un gang dirigé par un certain Coke Whelan, un espion bien connu de tous. la police."

Son visage ne montrait aucune colère ni aucun ressentiment alors que je me déchargeais de ce pedigree peu recommandable. Ses yeux studieux devinrent en effet presque contemplatifs.

« Et si tout cela était vrai ? » a-t-elle finalement demandé. "Et alors ?"

Elle s'est assise et m'a regardé, aussi froide qu'un concombre. Je ne pouvais plus nier que son type m'intéressait. Ses audaces indomptées étaient quelque chose de nouveau pour mon expérience. Elle semblait toujours à l'état sauvage. Sa simple présence, alors qu'elle était assise là dans la lumière lucide du matin, exerçait sur moi ce même charme qui maintient les enfants enracinés devant la cage d'un animal de cirque.

"Et alors ?" répéta-t-elle doucement.

"Je crains qu'il n'y ait rien de tout cela", avouai-je, "sauf dans le cas où cela empiète sur mes intérêts personnels. J'ai l'intention de récupérer ces trente mille dollars."

La résolution de mon ton semblait seulement l'amuser.

"Mais pourquoi venir vers moi ?" » demanda-t-elle en retournant à son petit-déjeuner. « En supposant que je sois réellement un rouage dans une machine comme vous en parlez, combien resterait-il sur un petit rouage alors qu'il fallait lubrifier tant de roues ? »

"Je ne m'intéresse pas beaucoup à votre gang et à ses méthodes. Tout ce que je sais, c'est qu'un énorme tort a été commis et je veux qu'il soit réparé."

"Pour quel motif ?" » demanda-t-elle avec cette immédiateté barbare qui lui est particulière.

"Pour les motifs les plus désintéressés, je veux dire du point de vue de cette chose assez rare qu'on appelle l'honnêteté commune."

Elle m'a regardé longuement et attentivement avant de reprendre la parole. J'ai eu le sentiment d'être soulevé, retourné et inspecté à travers une lentille d'une clarté implacable.

"Connaissez-vous ce jeune homme qui a perdu son argent sur ce qu'il avait pris pour une course truquée ?"

"Je l'ai rencontré", répondis-je, un peu décontenancé par le souvenir de la fragilité de cette connaissance.

« Et vous le connaissez depuis longtemps ?

J'ai été obligé d'avouer le contraire.

"Et vous comprenez l'affaire jusqu'au bout ?"

"Je pense que oui", fut ma réponse brève.

Elle s'est retournée contre moi rapidement, comme si elle était sur le point de déclencher un éclair de colère en réponse. Mais après y avoir réfléchi, elle resta silencieuse.

"Si la vie était aussi simple que vous , les humanitaires sentimentaux, essayez de la rendre !" se plaignit-elle en m'étudiant avec un regard de pitié que je commençais à ressentir très vivement. Elle parcourut la pièce avec un regard méprisant. « Si tous ces jetteurs de foin qui viennent dans cette ville et se font enlever leur argent ressemblaient aussi à des agneaux que vous l'imaginez !

"Est-ce une tentative de justification du vol ?" J'ai demandé. Pour la première fois, je vis une touche de couleur plus foncée marquer sa joue. J'avais été conscient d'une certaine dualité dans son équipement mental, tout comme je pouvais détecter un plan supérieur et inférieur dans sa manière de parler.

"Pas du tout", rétorqua-t-elle. "Je ne parle pas de vol. Et autant s'en tenir aux cas particuliers. Je ne pense pas qu'on gagne grand-chose en étant impoli, n'est-ce pas ?"

J'étais obligé d'être d'accord avec elle, même si je ne pouvais pas me débarrasser du sentiment qu'elle avait, d'une manière ou d'une autre, marqué contre moi. Et c'était la femme dont je craignais autrefois qu'elle essaie de jouer avec les boutons de mon manteau.

" J'ai peur, " continua-t-elle avec son ton grave et abstrait, " que vous me trouviez très neutre. Une femme ne peut pas voir autant de choses que moi sur le monde et puis... oh ! puis je l'ai renvoyé aux Elsie Books.

J'étais mécontent de la chute vers le plan inférieur, comme si elle avait conclu que le plan supérieur m'était incompréhensible.

"Pardonnez-moi, madame, ce ne sont pas mes moulins à vent que j'essaie d'être fidèles, c'est une de mes promesses."

"La promesse était très stupide", protesta-t-elle doucement. "Pourtant," ajouta-t-elle après coup, "tu es intelligent. Et j'aime l'intelligence."

Encore une fois, ses yeux profonds et scrutateurs se posèrent sur mon visage. Ses mots suivants ressemblèrent plus à un monologue qu'à un discours.

"Pourtant, vous faites cela juste pour être fidèle à vos moulins à vent. Vous le faites par simple générosité aveugle et chimérique."

Le fait que mon allusion n'ait pas échappé à elle me plaisait un peu plus, je crois, que son regard de commisération perplexe.

« N'est-il pas étrange, dit-elle, que nous nous trompions, que nous tirions des conclusions hâtives et jugeions mal les gens ? Vous pensez, à ce moment précis, que c'est moi qui vois de travers, que je suis celui qui a perdu ma perspective sur les choses. Et maintenant je vais faire quelque chose que je n'avais pas la moindre intention de faire lorsque vous êtes entré dans cette pièce.

"Et qu'est ce que c'est que ça?"

"Je vais te montrer à quel point tu as eu tort, à quel point tu as tort."

"En ce que?" M'enquis-je alors qu'elle s'asseyait à nouveau en silence devant moi.

"En tout", répondit-elle finalement en se levant. J'étais immédiatement plus conscient de son attrait physique, de sa flottabilité corporelle inaliénable, alors que je la voyais debout, de toute sa hauteur. Le flux profond de couleurs dans sa robe légèrement drapée lui donnait une majesté presque pontificale. Instinctivement, je me levai comme elle. Et je pouvais voir à ses yeux que cette courtoisie n'était ni négligeable ni déplaisante pour elle. Elle était sur le point de dire quelque chose ; puis elle s'est arrêtée et m'a regardé pendant un moment ou deux d'hésitation.

On aurait pu penser, à la solennité de ce regard, qu'elle se trouvait face au Rubicon même de sa vie. Mais un instant plus tard, elle éclata de rire et, dans un bruissement innombrable de jupes, traversa la pièce et ouvrit une porte intérieure.

Par cette porte, pendant un instant ou deux, elle a complètement disparu de ma vue. Puis elle revint, tenant à la main une photo du cabinet.

"Le savez-vous?" » a-t-elle demandé doucement en me le passant.

Il n'a fallu qu'un coup d'œil pour me montrer qu'il s'agissait d'une photo de l'homme dont j'épousais la cause à ce moment-là, l'homme que j'avais suivi depuis le quai de la rivière du Nord la nuit précédente. Un deuxième coup d'œil me montra que la photographie avait été prise à Londres ; il portait l'inscription estampillée : « Garet Childs, Regent's Park, NW »

L'attitude persistante d'anticipation de la femme, d'attente non satisfaite, m'a intrigué. Je n'ai rien vu de remarquable dans la photo ou dans sa possession.

"C'est, je crois, l'homme que vous essayez de sauver des griffes d'un espion nommé Whelan, Coke Whelan, comme vous l'appelez ?"

J'ai reconnu que c'était le cas.

"Maintenant, regardez la signature écrite dessus", a-t-elle incité.

J'ai fait ce qu'elle m'a suggéré. J'y lis : « Sincèrement et plus encore, Duncan Cory Whelan. »

"Est-ce que je vous ai maintenant expliqué la situation relativement clairement ?" » a-t-elle demandé, observant mon visage alors que je regardais d'elle à la photo, puis de nouveau à elle.

"Je dois avouer que je ne comprends pas très bien", avouai-je, pensant à ce moment-là à quel point son visage, dans la forte lumière latérale des fenêtres, avait pris une touche de pathétique tout à fait accidentelle.

"C'est simplement que l'homme que vous essayez de sauver de Coke Whelan est *Coke Whelan lui-même*."

"C'est impossible!" fut mon exclamation.

" Ce n'est pas impossible, " dit-elle avec un peu de lassitude, " parce que tout cela n'est rien d'autre qu'une plante, une machination. Et autant le savoir. Cela ne peut pas continuer. Tout cela n'était qu'un *plan pour te piéger*."

« Un plan pour me piéger ?

"Oui, un plan soigneusement élaboré pour vous rassembler. Et maintenant, vous voyez, la machine glisse un rouage là où elle n'était pas prévue !"

Je restais là, incrédule, hébété, essayant de digérer le choc.

"Tu veux dire que l'homme que j'ai rencontré et à qui j'ai parlé hier soir est en fait un de tes complices ?"

"Oui," répondit-elle, "si vous voulez le dire ainsi."

"Mais je ne peux pas y croire. Je *ne* le croirai pas tant que vous ne l'aurez pas amené ici et que vous ne l'aurez pas prouvé."

Elle se laissa tomber sur sa chaise, avec un mouvement à moitié apathique pour que je m'assoie.

"Savez-vous pourquoi il s'appelle Coke Whelan ?" » a-t-elle demandé.

Je n'ai pas.

"Cela aussi, vous devez le savoir. C'est parce qu'il est un accro à l'héroïne et à la cocaïne. Il se suicide en consommant de la drogue. Il rend tout impossible. Cela le rend irresponsable, aussi dangereux que n'importe quel fou en liberté. "

Elle se tourna et regarda une petite montre ornée de bijoux.

"Il sera là lui-même à dix heures. Et s'il m'entendait sauver ce que je suis en ce moment, il me tuerait aussi calmement qu'il s'asseyait à une table de café et te mentait."

"Mais à quoi servent ces mensonges ?"

" Ne pensez-vous pas qu'il savait que vous étiez Witter Kerfoot, que vous possédiez entre autres choses une maison et une voiture, que vous valiez la peine d'essayer ? Ne pensez-vous pas qu'il a découvert tout cela avant de poser ses valises ? " pour cette histoire d'écoutes téléphoniques ? Ne voyez-vous pas le rôle *que je* devais jouer, suivre son exemple et vous montrer que nous ne pourrions jamais récupérer son argent, mais que nous pouvions affronter le gang avec son propre feu. affaiblir et vous montrer comment nous pourrions exploiter le propre fil de l'exploiteur, choisir la course qui promettait les meilleures cotes et vous inciter à vous lancer contre la maison sur ce qui semblait sûr ? »

Je me suis assis là, faisant de mon mieux pour flécheriser ce qui semblait être une information remarquablement volumineuse.

"Mais pourquoi tu me racontes tout ça ?" Je parais toujours, repoussant la conscience flatteuse que nous avions un secret commun, que j'avais prouvé que j'étais digne d'une intimité refusée aux autres.

"Parce que j'ai juste décidé que c'était la solution la plus simple."

"Pour qui?"

"Pour moi!"

"Qu'est-ce qui t'a décidé à faire ça ?"

"J'ai beaucoup réfléchi depuis que tu es entré dans cette pièce. Et pendant longtemps, j'ai beaucoup réfléchi. Je ne fais pas les choses à la manière de Coke Whelan. J'ai eu pitié de lui, une fois. Mais Je suis fatigué d'essayer de le maintenir quand il insiste pour descendre de plus en plus bas chaque jour. N'imaginez pas, parce que vous avez certaines idées de moi et de ma vie, que je n'ai pas de bon sens, que je ne vois pas à quoi mène ce genre de choses. J'en ai vu trop et comment elles se sont toutes terminées. J'ai peut-être été mêlé à une étrange compagnie à mon époque, mais je veux que vous sachiez que j'ai gardé mes mains propres !"

Elle s'était levée à ce moment-là et se déplaçait avec agitation dans la pièce.

"Pensez-vous que je serais un jour satisfait d'être une de ces poupées peintes de Broadway et de laisser mon cerveau sécher comme un citron sur une étagère de garde-manger ? Je ne pourrais pas si je le voulais. Je ne pourrais pas, même si je peux voir comme cela rend tout facile. Je vous le dis, une femme avec une réputation comme la mienne doit payer et continue de payer. Elle doit payer deux fois pour les décences de la vie. Elle doit payer deux fois pour sa protection. À moins que vous " Si vous êtes respectable, vous ne pouvez pas avoir de personnes respectables autour de vous. Vous devez surveiller tout le monde dans votre entourage, les surveiller toujours, comme un faucon. Vous devez surveiller chaque pas que vous faites et chaque homme que vous rencontrez... et parfois on en a marre de tout ça."

Elle s'assit, au milieu de son torrent fébrile de paroles, et me regarda avec des yeux embrumés et interrogateurs. Je savais, en rencontrant ce regard troublé, si touché de lassitude et de rébellion, qu'elle disait la vérité. Je pouvais voir la vérité écrite sur son visage. J'ai essayé de m'imaginer à sa place, j'ai essayé de voir la vie telle qu'elle l'avait vue ces dernières années, qu'aucune charité ne pouvait traduire en quoi que ce soit qui s'approche du beau. Et même si j'aurais pu le souhaiter, je ne pouvais prononcer la moindre phrase de consolation. Nos mondes semblaient trop désespérément éloignés pour qu'il soit possible d'avoir un point de vue commun.

"Qu'est-ce que tu vas faire?" Ai-je demandé, humilié par l'insuffisance de la question alors même que je la posais.

"Je vais m'en éloigner. Je vais m'enfuir là où je peux respirer en paix. Oh, crois-moi, je peux être irréprochable sans même un effort. Je veux l'être. Je préfère ça. Je' J'ai découvert à quel point cela rend la vie plus facile. Ce n'est pas mon passé qui me fait peur. C'est ce maniaque imbibé de drogue, cette pauvre chose impuissante qui sait que si je m'éloigne de lui, il n'osera pas tourner au coin d'une rue. sans être arrêté. »

Elle s'arrêta brusquement et la couleur disparut de son visage. Puis je la vis se lever lentement et regarder, indécis, les quatre coins de la pièce. Puis elle s'est tournée vers moi. Ses yeux semblaient ridiculement terrifiés.

" *Il est venu !*" dit-elle, à peine plus qu'un murmure. "Il est là maintenant !"

La porte s'est ouverte avant que je puisse parler. Mais avant même que l'homme au visage de momie que j'avais laissé à la table du café la veille ait pu entrer dans la pièce, la femme devant moi se laissa tomber sur sa chaise. Sur son visage est apparu un changement, un voile, un vide rapidement forcé et aux lèvres souriantes qui m'a rappelé une scène pastorale fermant la porte à une tragédie sombre et émouvante.

Le changement d'attitude et d'attitude de l'intrus fut tout aussi rapide lorsque ses yeux surpris tombèrent sur moi, calmement assis entre ces quatre murs. Il n'a pas été aussi rapide que la femme à comprendre son signal.

Je pouvais clairement détecter le regard interrogateur qu'il lui lançait, ce regard qui exigeait aussi clairement que des mots : « Que fait cet homme ici ?

"Voici," dit la femme à la table, de son ton le plus doux et le plus égal, "c'est le gentleman altruiste qui s'oppose à ce que vous perdiez trente mille dollars dans une course que je n'avais aucun moyen terrestre de contrôler."

Ici, j'ai vu, c'était un histrionisme sans défaut. Son collègue, je le voyais aussi, prenait plus de temps à s'adapter à son rôle . Il était moins fini dans son expression d'indignation accusatrice. Mais il a fait de son mieux pour se montrer à la hauteur.

"Je dois récupérer cet argent", cria-t-il en levant un doigt tremblant vers elle. "Et je vais le faire sans y entraîner mes amis !"

Elle se dirigea vers les fenêtres et les ferma avant de parler.

"A quoi ça sert de revenir sur tout ça ?" continua-t-elle, et j'eus l'impression d'être assis devant une rangée de lampadaires et d'assister à un drame joué. "Vous avez pris votre risque et vous avez perdu. Je ne l'ai pas compris. Ce n'est pas de ma faute. Vous savez aussi bien que moi que McGowan et Noyes ne s'ouvriront jamais à moins que vous ne soyez en mesure de les faire. C'est une affaire de " Un chien mange un chien, de combattre le feu par le feu. Et je viens de raconter tout cela à votre ami M. Kerfoot, qui semble penser qu'il va faire arrêter quelqu'un si nous ne faisons pas soudainement la bonne chose. "

"Je veux mon argent!" s'écria l'homme nommé Whelan. Je pouvais voir, alors même qu'il prononçait ses lignes, que son esprit pataugeait et tâtonnait sauvagement pour trouver un terrain solide.

"Et M. Kerfoot", continua la femme à la voix tranquille à la table, "dit qu'il a une maison à Gramercy Square où nous pouvons aller tenir une conférence. J'ai appelé un télégraphiste appelé Downey pour qu'il soit là, alors nous pouvons décider d'un plan pour mettre sur écoute le fil de McGowan.

"Et à quoi ça me sert ?" » demanda le jeune au visage de momie.

"Eh bien, cela donne à M. Kerfoot sa chance de parier autant qu'il le souhaite, d'obtenir autant de retour de McGowan qu'il le souhaite, sans aucun risque de perdre."

"Mais qui gère l'argent ?" » demanda Whelan, méfiant.

" Cela n'a aucune importance. *Vous* pouvez, si vous êtes son ami, ou s'il peut s'en occuper lui-même. L'important est que votre projet soit réglé et que votre fil soit mis sur écoute. Et si M. Kerfoot a la bonté de téléphoner à son majordome, je vais m'habiller et je serai prêt dans dix minutes.

Elle se pencha en avant et balança un support de téléphone en équilibre autour de mon coude.

Mais je n'ai pas décroché le récepteur de son crochet. Car à ce moment la porte s'ouvrit brusquement. La servante au bonnet et au tablier blancs se tenait tremblante sur le seuil.

"C'est un mensonge!" elle pleurait, dans son abandon criard et soudain, et les deux insignes de servitude rendaient doublement incongrue son attitude de révolte farouche. "C'est un mensonge, Tony ! Elle s'en prend à toi !"

Elle fit trois pas rapides dans la pièce.

"Elle ne fait que te monter contre ce type. J'en ai entendu chaque mot. Elle n'a jamais appelé un opérateur. C'est un mensonge. Elle te jette à terre, pour de bon. Elle lui a dit qui tu es et quel est ton jeu !"

J'ai regardé l'autre femme. Elle était maintenant debout.

"Ne la laisse pas te tromper cette fois, Tony", fut le cri passionné de la poitrine tremblante sous les bretelles blanches incongrues du tablier. "Regarde comment elle t'a traité ! Regarde ta photo là-bas, avec laquelle elle a serré son discours ! Elle n'a jamais fait la moitié de ce que j'ai fait pour toi ! Et maintenant tu la laisses te jeter à plat ! Tu es là et tu laisses— "

La femme s'est arrêtée et a mis ses mains sur ses oreilles. Car elle a vu, tout comme moi, le jeune aux yeux creux et au visage de momie tendre une main tremblante vers sa hanche.

"Menteur!" dit-il en levant la main avec le revolver à l'intérieur. "Tu mens, Welcher !" » cria-t-il d'une voix fine et rauque qui n'était guère plus qu'un rire.

Il fit un pas vers la femme en robe de chambre rose. Elle était, je pouvais le voir, beaucoup plus grande des deux. Et elle se tenait maintenant, le dos plaqué contre le mur. Elle n'a fait aucune tentative pour s'échapper. Elle le regardait toujours avec des yeux écarquillés et perplexes lorsqu'il tira.

J'ai vu le crachat de plâtre et la petite pluie de mortier qui pleuvait sur son épaule nue depuis le trou de balle dans le mur.

Ensuite, j'ai fait une chose très ordinaire et banale. Je me penchai vivement jusqu'au bout de la table et attrapai la cafetière nickelée par son manche en ébène. Le fou avec le revolver fumant a vu mon mouvement brusque, car alors que je balançais l'instrument métallique vers le haut , il s'est retourné vers moi et a tiré pour la deuxième fois.

Je pouvais sentir la piqûre de la fumée de poudre sur mon poignet relevé. Je savais alors qu'il était inutile d'essayer de le joindre. J'ai simplement avancé mon bras et laissé le pot en métal s'envoler de ma main. Je le laissai voler en avant, visant son visage blanc et déformé.

Où et comment cela a frappé, je ne saurais le dire. Tout ce que je savais, c'est qu'il était tombé sous un geyser de café noir. Il n'a plus tiré. Il n'a même pas bougé. Mais alors qu'il tombait, la femme en casquette et en tablier tomba à genoux à côté de lui. Elle s'agenouilla là avec un cri inarticulé comme celui d'un animal sur son compagnon tombé, un son ridicule, semblable à celui d'une souris, qui était presque un couinement. Puis elle se retourna brusquement et tendit la main vers le revolver tombé.

Je l'ai vue à travers la fumée, mais elle avait le pistolet à la main avant que je puisse l'arrêter. Elle s'est battue comme un chat sauvage. Le péril de ce combat m'a rendu désespéré. Son bras était plutôt mince et pas trop fort. Je l'ai d'abord tordu pour que le canon du pistolet pointe vers l'extérieur. La douleur, alors que je continuais à me tordre, devait être intense. Mais je savais que l'heure n'était pas aux demi-mesures. L'intensité de cette douleur m'est revenue à l'esprit un instant plus tard, lorsque la femme est tombée en avant sur le visage, évanouie.

L'autre femme avait calmement ouvert les fenêtres. Elle m'a regardé, presque apathiquement, alors que je me levais et me penchais, alarmée, devant l'homme inconscient dans son ridicule fouillis de café noir. Puis elle s'est rapprochée de moi.

"L'avez-vous tué ?" » demanda-t-elle, avec plus une touche d'émerveillement enfantin que de véritable peur.

"Non, il est seulement abasourdi."

"Mais comment?"

"Ça l'a touché ici au front. Il sera là dans une minute ou deux."

Une fois de plus, j'entendis le bruissement innombrable alors qu'elle traversait la pièce.

"Mettez-le ici sur mon lit", appela-t-elle depuis une porte ouverte. Et tandis que je le portais et le déposais en tas détrempé sur la couverture blanche, j'ai vu la femme dégainer son corps se tordant de son emballage rose. De cette bouffée de chaleur , son corps tordu émergeait d'une blancheur presque sépulcrale . Puis elle s'est arrêtée, épaules nues et pensive devant moi.

"Attendez!" dit-elle en traversant la pièce. "Je dois téléphoner à McCausland."

"Qui est McCausland ?" Ai-je demandé alors qu'elle sortait dans la salle à manger.

"C'est un homme que je connais au quartier général", fut sa réponse impersonnelle.

Pour la deuxième fois, alors qu'elle revenait précipitamment dans la pièce avec moi, j'étais conscient de la douceur satinée de sa peau, de la blancheur infantile de ses bras nus et arrondis . Puis, totalement imperturbable devant ma présence, elle a ouvert la porte d'un placard et a jeté une cascade de vêtements parfumés à côté du lit où je me tenais.

"Qu'est-ce que tu vas faire?" Ai-je demandé, alors que je voyais sa silhouette vêtue de blanc se tordre dans une robe de ville. Il y avait quelque chose de primordial et d'Adamitique dans le calme même avec lequel elle balayait les fragiles réserves du sexe. Elle était aussi inconsciente de ma situation difficile qu'une femme des cavernes aurait pu l'être. Et l'instant d'après, elle écrasait de la lingerie, des chaussures à bout étroit, des articles de toilette et des vêtements indéchiffrables en soie pliée dans un sac club anglais. Puis elle se tourna pour jeter un coup d'œil à sa montre sur la commode.

"Je vais!" » dit-elle enfin, en attrapant un deuxième sac à main en peau d'alligator et en y fourrant des coffrets à bijoux remplis de peluches sombres et des étuis de chevreau de différentes couleurs, et encore plus de vêtements et de lingerie. "Je vais prendre le *Nieuw Amsterdam* ."

"Au cas où?"

"Pour l'Europe !"

Ses mains rapides et adroites s'étaient épinglées sur un chapeau et un voile alors que je la regardais avec émerveillement.

"Appelle un taxi, s'il te plaît", dit-elle en se débattant pour enfiler son manteau. "Et un garçon pour mes sacs."

J'étais encore au combiné lorsqu'elle entra dans la pièce et baissa les yeux un instant sur la femme qui gémissait et gémissait sur le sol taché de café. Puis elle commença à enfiler résolument et calmement ses gants.

"Ne pourrions-nous pas faire quelque chose pour eux ?" Dis-je en retournant dans la chambre pour chercher son sac à main.

"Quoi?" » demanda-t-elle, alors qu'elle se penchait sur le lit où le corps ressuscité de Whelan se contractait et bougeait.

"Il doit y avoir quelque chose."

"Il n'y a rien. Oh, crois-moi, tu ne peux pas l'aider. Je ne peux pas l'aider. Il a son propre chemin à parcourir. Et c'est un chemin terriblement court !"

Elle ouvrit grand un tiroir de bureau et fourra un ou deux autres articles dans son sac châtelaine encore ouvert.

Puis elle ouvrit la porte extérieure au garçon qui était venu chercher les sacs. Puis elle regarda de nouveau sa montre.

"Tu ne dois pas revenir", m'a-t-elle dit. "Ils peuvent être là à tout moment."

"Qui peut?" J'ai demandé.

"La police", répondit-elle en fermant la porte.

Elle ne parla plus jusqu'à ce que nous soyons à côté du taxi.

"Au Holland American Wharf", dit-elle.

Elle n'a pas non plus parlé pendant que nous ronronnions, fredonnions et esquivions à travers la ville. Elle ne bougea pas jusqu'à ce que nous embarquions à bord du ferry-boat, et le cliquetis du flotteur de débarquement nous apprit que nous n'étions plus sur cette île aiguë et étroite où la fièvre de la vie brûle jusqu'au bord de ses trois îles. rivières lavantes. C'est alors et seulement alors que j'ai remarqué le tremblement convulsif de ses épaules.

"Qu'est-ce que c'est?" Ai-je demandé, impuissant, opprimé par les mondes qui semblaient se dresser entre nous.

"Ce n'est rien", dit-elle, les dents contre la lèvre. Mais la minute suivante, elle pleurait aussi désespérément et ouvertement qu'une enfant.

"Qu'est-ce que c'est?" Répétai-je, aussi insuffisamment qu'auparavant, sachant l'inutilité de toute touche de sympathie débilitante.

"C'est tellement dur", dit-elle, luttant pour contrôler sa voix.

"Qu'est-ce que?"

"C'est tellement dur de recommencer."

"Mais on dit que tu es la femme la plus intelligente du monde !" C'était la seule consolation que je pouvais lui offrir.

CHAPITRE IX

UNE TEMPÊTE DE PLUIE AU RIALTO

J'ai levé mon visage vers la soudaine pluie de la douche à effet de pluie, me sentant ainsi comme une deuxième édition du Roi Lear. Non pas que j'aie perdu un royaume, ni que j'aie jamais été expulsé d'un cercle familial ingrat ! Mais quelque chose d'aussi inquiétant, à sa manière, m'avait rattrapé.

J'avais été snobé par Mary Lockwood. Alors que je regardais cette averse soudaine vider le quartier supérieur de Broadway aussi rapidement qu'une fusillade de balles aurait pu le vider, j'ai rencontré quelque chose qui a vidé mon propre cœur tout aussi rapidement. C'était la coupe directe. Car alors que je m'accroupissais sous mon portique dégoulinant, comme un crapaud sous une feuille de rhubarbe, j'aperçus le landaulet couleur vin, trop familier, alors qu'il se tournait vers Longacre Square. J'ai dû avancer un peu, sans être bien conscient du mouvement. Et à travers la vitre protectrice du capot dégoulinant , j'ai aperçu Mary Lockwood elle-même.

Elle m'a vu, en même temps que je la voyais. En fait, elle s'est retournée et m'a regardé. Je n'aurais pas pu lui échapper, car je me tenais là, sous le réverbère. Mais aucun signe de reconnaissance ne venait de ce visage froidement interrogateur. Elle ne sourit ni ne s'inclina ni ne se retourna. Et le landaulet couleur de vin s'est envolé, me laissant là, mon chapeau détrempé à la main et une grande douleur de désolation au cœur.

Elle a dû me voir, répétai-je en me retournant inconsolablement et en regardant les hommes et les femmes continuer à se cacher sous les portes, à esquiver dans les rues secondaires et à donner des coups de coude dans les halls de théâtre. Au cours des instants suivants, il sembla que ce territoire autrefois connu sous le nom de Rialto était un village de gaufres et qu'une faim de lupin l'avait envahi. Devant les regards inquisiteurs de ces invités de la pluie, tous les amateurs de plaisir disparurent aussitôt. Des femmes gaiement vêtues et chaussées de pantoufles s'éloignaient comme si elles étaient faites de sucre et elles et leurs courbes gracieuses pouvaient se fondre en rien au premier contact de l'eau. Au-dessus du trottoir, à vingt pas de la porte vide où je flânais, un auvent apparut, surgissant comme un champignon dans une prairie humide. Vers une extrémité de cet auvent tournait une chaîne de limousines et de taxis, contrôlés par un Hercule impassible vêtu de cirés dégoulinants. Et comme un tapis roulant vide le grain dans un silo de moulin, ainsi cette chaîne ininterrompue éjectait des hommes et des femmes pressés à travers le trottoir mouillé dans la trémie pailletée de lumière du foyer du théâtre. Et l'idée de ce théâtre, avec son écrasement amical d'humanité, a commencé à faire appel à mon esprit balayé par la pluie.

Pourtant, je restais là, indécis, regardant les derniers membres de la foule se disperser, regardant la rue qui ressemblait encore à une arène allongée où un ou deux matadors esquivaient encore les charges taurines des véhicules. J'observais les enseignes électriques qui couraient comme du lierre liquide sur les devantures des magasins, puis grimpaient et flottaient au-dessus des toits, brumeuses et adoucies par la pluie. J'ai regardé les cieux ironiques déverser leurs flots incessants sur ce noyau encombré et trop mûr d'une ville qu'aucune eau ne pouvait nettoyer.

Alors la désolation des rues désertes parut devenir insupportable. Les embruns qui soufflaient sur mes genoux mouillés me faisaient penser à un abri. J'apercevais les lumières du théâtre à vingt pas à peine. C'était déjà un dédale de vie surpeuplée. L'idée même de la compagnie diluée que cela pourrait m'offrir continuait à susciter un attrait de plus en plus bruyant.

Un instant plus tard, je me trouvais devant la vitrine du box-office, pas plus large qu'un louchoir médiéval, à partir duquel les âmes à l'étroit et affamées achètent l'accès à leurs temples modernes de l'émerveillement.

« Places debout uniquement », annonça l'autocrate du guichet. Et j'achetai docilement mon billet d'entrée, me rappelant que l'huissier en chef de ce théâtre en particulier m'avait rendu dans le passé plus d'un léger service.

Pourtant le visage de cet huissier en chef hautain et obséquieux, tandis que sa main rencontrait la mienne dans cette franc-maçonnerie que perpétuent certains bouts de papier oblongs enfilés de soie, était troublé.

"Je n'ai plus rien", murmura-t-il.

J'ai regardé avec tristesse cette mer de têtes cherchant la vie à travers le treillis maladroit du mélodrame poli.

"À moins que," ajouta l'huissier à mon coude, "vous ne preniez place dans cette deuxième loge inférieure?"

Même à travers les portes en feutrine derrière moi, je pouvais entendre le battement et le crépitement de la pluie. C'était le cas de n'importe quel port en pleine tempête.

"Ça fera l'affaire", lui dis-je et un instant plus tard, il me conduisait dans une allée latérale jusqu'au renfoncement couvert de rideaux de l'entrée de la loge.

Pourtant, il n'était pas ordonné que j'occupe cette loge dans une splendeur solitaire et sans égal. L'une de ses chaises, placée près de la rampe de cuivre et du parapet recouvert de peluche qui le séparait de la loge de scène la plus saillante, était déjà occupée par un homme en grande tenue de soirée. Lui, comme moi peut-être, n'avait jamais partagé une boîte avec d'autres que ses propres connaissances. Quoi qu'il en soit, avant de me favoriser avec la largeur quelque peu limitée de son dos, il me lança un regard oblique et manifestement plein de ressentiment.

Pourtant, en m'asseyant, je regardais mon voisin avec plus d'intérêt que je ne regardais les acteurs de théâtre derrière la rampe, car je préférais plutôt la vie à l'état brut à la vie dans les sirops de l'émotivité scénique.

Cela m'a un peu surpris de constater que l'homme, à ce moment-là, était également inconscient de tout ce qui se passait sur scène. Ses yeux, en effet, semblaient fixés sur les épaules enneigées de la femme assise au fond de la tribune, juste en face de lui. En suivant la direction de son regard, j'ai été encore plus surpris de découvrir l'objet sur lequel il était focalisé. Il regardait non pas la femme elle-même, mais un rubis sang de pigeon serti dans le fermoir d'un pendentif ou d'un collier encerclant son cou.

Il y avait en effet une excuse pour qu'il le regarde. En premier lieu, c'était une pierre extraordinairement grande et vive. Mais sur le fond où il se trouvait, sur la colonne blanche comme neige du cou (blanchie peut-être par une application prudente de poudre de riz), il se détachait dans un rouge limpide, le feu le plus vif sur la neige la plus pure. C'était un défi pour l'attention. Il a attiré et retenu l'attention. Il se tenait là, juste en dessous de l'endroit où les cheveux s'enroulaient dans sa couronne d'or vénitien, aussi sémaphorique qu'une lampe de jardin pour un voyageur de nuit. Et je me demandais, tout en le regardant, quel élément au-delà de la curiosité pouvait contraindre l'homme à mes côtés à l'étudier avec autant d'indolence et pourtant avec autant d'intensité.

Concernant l'homme lui-même, il ne semblait pas y avoir grand-chose d'exceptionnel. Au-delà d'une certaine vigilance rapide et astucieuse dans ses mouvements oculaires alors qu'il me regardait de temps en temps avec un ressentiment sourd que je ne trouvais pas du tout à mon goût, il semblait moyen en tout, en couleur, en stature, en habillement. Son visage avait la teinte neutre et jaunâtre du New-Yorkais sédentaire. Son intelligence semblait être celle d'un employé de bureau préoccupé, capable de se faufiler dans un tailleur mal ajusté et d'approuver placidement un mélodrame de second ordre. Il semblait si indifférent, en fait, que je n'hésitais pas à diriger à nouveau mon regard vers le rubis sang de pigeon qui brillait comme un charbon ardent sur la blancheur marbrée du cou devant moi.

Peut-être s'agissait-il d'un simple accident, ou peut-être que de nos regards unis surgissait une vague force psychique qui troublait cette jeune femme. Car alors que j'étais assis là à regarder le bijou scintillant, son porteur a soudainement tourné la tête et m'a jeté un coup d'œil. L'instant suivant, j'étais conscient de son hochement de tête et de son sourire, incontestablement dans ma direction.

Puis j'ai vu de qui il s'agissait. J'avais regardé de manière grossière les omoplates d'Alice Churchill – c'étaient les Churchill de Park Avenue – et plus loin dans la boîte, j'ai aperçu son frère Benny, qui était venu vers le nord, je le savais, depuis la côte nicaraguayenne pour récupérer. d'une crise de fièvre.

Pourtant, je n'ai guère réfléchi à l'un ou l'autre, je dois l'avouer. En même temps que j'avais vu ce sourire momentanément éclatant, j'avais aussi découvert que le fermoir de pierreries au cou de la jeune fille retenait en place un seul rang de perles graduées, de très belles perles, du genre de celles autour desquelles le mansarde effiloché... l'auteur et les "jaunes" du dimanche aiment toujours la romance. Je n'étais pas non plus inconscient du regard rapide et discret de l'homme assis si près de moi.

Puis j'ai laissé mon regard revenir sur le rubis, apparemment content d'étudier sa taille parfaite et sa coloration incomparable. Et je savais que l'homme à côté de moi participait également à ce spectacle. En fait, j'étais toujours en train de la regarder, si inconscient du mouvement de la pièce sur scène que la « scène sombre », lorsque toutes les lumières de la maison s'éteignirent pendant une seconde ou deux, me parvint avec une sensation distincte. de choc.

Un murmure d'approbation parcourut la maison tandis que le retour de la lumière leur révélait un décor complètement métamorphosé. Je ne savais pas quel était ce paramètre et je n'ai pas non plus levé les yeux pour le voir. Car alors que mon regard inquisiteur se concentrait une fois de plus sur le cou blanc en forme de colonne qui dominait le dossier de la chaise, un second choc encore plus grand me vint. Si ce cou était resté là sans tête, j'aurais à peine été plus surpris.

Le rubis sang de pigeon avait disparu. Il n'y avait plus de collier là-bas. La colonne de neige était dépourvue de sa touche de lumière rougeâtre. Il était laissé aussi inquiétant qu'une cible sans sa cible. Cela me faisait penser à une grille en marbre sans son point de feu central.

Ma première pensée définitive fut que j'étais témoin d'un crime aussi audacieux que déroutant. Pourtant, à la réflexion, c'était assez simple. Le problème de la proximité était déjà résolu. L'obscurité totale était venue une opportunité, une opportunité qui avait visiblement été attendue. D'un seul mouvement de la main, le collier avait été doucement et astucieusement retiré.

Ma prochaine pensée rapide fut que le voleur était assis là dans mon quartier immédiat. Il ne pouvait y en avoir d'autre. Il n'y avait aucun doute possible. Par quelque mystérieux et adroit mouvement, l'homme à côté de moi avait tendu la main et avec cette délicatesse de toucher née sans doute de beaucoup d'expérience, il avait dégrafé les bijoux, toujours enveloppés par l'obscurité totale. L'audace de la chose était stupéfiante, mais la complétude avec laquelle elle avait réussi était encore plus stupéfiante.

J'étais assis là, m'obligeant à un calme qui n'était pas facile à atteindre. J'ai eu du mal à rendre mon examen de mon étrange compagnon aussi calme et détendu que possible.

Pourtant, il semblait avoir l'impression d'être toujours sous mes yeux. Il semblait irrité par cette enquête continue ; car même pendant que je l'étudiais, je pouvais voir une fine sueur d'embarras sortir sur son visage. Il ne s'est pas retourné pour me regarder directement, mais il était évident qu'il n'était que trop conscient de ma présence. Et avant même que je réalise vraiment de quoi il s'agissait, il tendit doucement la main, prit son chapeau et son manteau, se leva et sortit de la boîte.

Ce mouvement de sa part balaya ma dernière hésitation. La simple précipitation de sa fuite était une preuve suffisante de son offense. Ses efforts évidents pour m'échapper m'ont rendu plus que jamais déterminé à continuer sur sa trace.

Et je suis resté sur ses traces, à partir du moment où il est sorti d'un air coupable de ce hall de théâtre éclairé dans la pluie toujours bruine de Broadway. Des vagues d'indignation de plus en plus fortes me submergeaient alors que je le regardais se cacher vers le nord, avec un regard furtif par-dessus son épaule alors qu'il s'enfuyait.

Il avait bien deux cents pieds devant moi quand je le vis brusquement se retourner et, au risque d'une visite à l'hôpital ou à la morgue, traverser la rue au milieu du pâté de maisons, esquiver désespérément entre les voitures et les automobiles de la surface, et battez-le directement pour le Times Building. J'ai immédiatement jeté le décorum et j'ai couru, j'ai couru comme un lapin, jusqu'à ce que j'arrive à l'entrée de la 42e rue de la pharmacie par les portes tournantes de laquelle j'avais vu mon homme disparaître. J'étais raisonnablement certain qu'il ne s'arrêterait pas pour boire une glace au soda et il ne l'a pas fait, car alors que je me précipitais devant la fontaine , je l'ai aperçu en train de tourner dans l'escalier qui mène à la station de métro. Je me suis précipité en avant mais il avait franchi la porte avant que je puisse le rattraper. Je n'ai pas eu le temps de prendre un ticket car les gardes étaient déjà en train de claquer les portes d'un « local » en direction du sud.

"Achetez-moi un billet", ai-je appelé au "chopper" étonné alors que je jetais un billet d'un dollar sur le bras qu'il tendait pour m'arrêter. Je n'ai pas attendu pour en discuter, car la portière de la voiture devant moi commençait déjà à se fermer. J'ai eu juste le temps de catapulter mon corps entre cette porte coulissante et son cadre en acier. Je savais, en reprenant mon souffle, que j'étais sur la plate-forme de la voiture derrière le voleur de bijoux.

Et je restais là, scrutant attentivement la rangée de portes de voiture alors que nous entrions dans la gare Grand Central. J'ai fait la même chose en passant devant la trente-troisième rue, et de nouveau à la vingt-huitième rue. L'homme n'avait donné aucun signe qu'il savait réellement que j'étais sur sa piste. Il se peut qu'il m'ait vu ou non. Quant à cela, je n'avais aucun moyen d'en être sûr. Mais j'étais certain qu'il s'enfuyait dans une panique de peur indéterminée, qu'il faisait tout son possible pour échapper à sa poursuite.

Cela m'est revenu doublement en mémoire lorsque le train s'est arrêté à la vingt-troisième rue et que je l'ai vu sortir rapidement de l'extrémité du wagon, regarder autour de lui, traverser le quai de la gare et monter les escaliers deux marches à la fois.

Je le poursuivais, encore plus précipitamment. Au moment où j'atteignais la rue, il se hissait sur le marchepied d'un véhicule de surface traversant la ville. Il était hors de question de rattraper cette voiture, mais j'ai attendu un moment et je suis monté à bord de celle qui la suivait, trente mètres en arrière. En regardant devant moi, je pouvais clairement le voir alors qu'il descendait de sa voiture au coin nord-est de la Sixième Avenue. Je pouvais le voir alors qu'il montait précipitamment les marches de l'Elevé, traversait la plate-forme et, sans même acheter de billet, descendait précipitamment les marches sud-est.

À ce moment-là, je m'étais rapproché de lui, de sorte que nous étions à un jet de biscuit l'un de l'autre. Pourtant, jamais il ne regarda autour de lui. Il doublait maintenant son élan, marchant rapidement vers l'est le long de la Vingt-troisième Rue. J'étais juste derrière lui alors qu'il traversait Broadway, tournait vers le sud, puis virait soudainement, pénétrait dans le couloir de l'immeuble qui était autrefois l'hôtel Bartholdi et se dirigeait rapidement vers l'entrée latérale de la 23e rue.

Alors même qu'il émergeait à nouveau à l'air libre , il avait dû voir le taxi antédiluvien du faucon de nuit qui l'attendait sur le trottoir. Quelles étaient les instructions qu'il donnait au chauffeur, je n'avais aucun moyen de le savoir. Mais alors que cet individu dégoulinant et imperméable abaissait son fouet sur son cheval fumant, une porte s'est refermée sur moi au nez. Une fois de plus, j'ai tellement oublié ma dignité que j'ai esquivé et couru comme un lapin, cette fois de l'autre côté du taxi alors qu'il virait vivement vers le nord. Une torsion et une traction ont ouvert la porte de la cabine et je suis tombé à l'intérieur – je suis tombé pour voir mon voleur de bijoux au visage blanc et effrayé, tenant avec détermination et frénésie la poignée de la porte opposée.

Son visage est devenu cendré alors que je m'étalais et titubais contre lui. Il aurait sauté physiquement de la voiture, qui remontait maintenant une

Cinquième Avenue presque déserte, si je ne l'avais pas attrapé et retenu là avec une sinistre née d'une exaspération répétée.

Il ne montra aucune intention de se soumettre docilement à cette emprise. Voyant qu'il était finalement acculé, il s'est retourné contre moi et s'est battu comme un rat. Sa force, pour son poids , était surprenante. Mais sa férocité était bien plus surprenante. Et c'était une lutte étrange, là, dans la pénombre de ce fiacre de nuit, moisi et odorant . Il y avait là quelque chose de souterrain, comme s'il s'agissait d'une bataille au fond d'un puits. Et sans une chose, j'imagine que cela n'aurait pas été, pour moi, une rencontre agréable. C'est cependant une chose merveilleuse de savoir que vous avez le Droit à vos côtés. La panoplie de Justice est aussi fortifiante que n'importe quelle armure de chaîne jamais fabriquée.

Et je savais, alors que nous nous battions comme deux rats des quais sous l'extrémité d'un quai, que j'avais raison. Je savais que ma cause était la cause de la loi et de l'ordre. Cette connaissance m'a donné à la fois une force et une audace qui m'ont porté jusqu'au bout, même lorsque je voyais mon voleur se tordant et désespéré tâtonner et saisir sa poche de hanche, même lorsque je le voyais en tirer un chargeur-revolver qui avait l'air assez laid pour dévaler un régiment. Et tandis que cet engoulevent au cuir détrempé remontait placidement la Cinquième Avenue, nous nous tournions, haletions et grognions sur son sol comme s'il s'agissait d'un wagon postal dans les Sierras d'il y a soixante ans, luttant pour la possession de cette vilaine arme à feu.

Comment je lui ai enlevé ça, je n'ai jamais vraiment su. Mais quand j'ai repris conscience, je l'avais sur le sol de la cabine et mon genou sur sa poitrine, avec son corps courbé comme une lettre U. Je l'ai tenu là pendant que je fouillais dans ses poches, doucement, délibérément, une par une, avec tous les soins d'un inspecteur des douanes passant par un contrebandier présumé.

Je n'ai pas eu le temps de regarder son portefeuille (dont je me souvenais comme étant aussi grand qu'un porte-documents) ou ses papiers, ni le temps de m'assurer que la quantité de bijoux qu'il portait pouvait être la sienne. La seule chose que je voulais, c'était le collier de perles avec le rubis sang de pigeon. Et j'ai trouvé ce collier, soigneusement enveloppé dans un mouchoir de soie glissé dans la poche droite de son gilet, qui, soit dit en passant, était munie d'un rabat boutonné pour le rendre doublement sécurisé.

J'ai regardé le collier pour m'assurer qu'il ne pouvait y avoir aucune erreur. Puis je l'enveloppai de nouveau dans le mouchoir de soie et le glissai dans la poche de mon gilet.

"Se lever!" Je l'ai dit à l'homme sur le plancher du taxi.

J'ai remarqué, alors que je retirais mon genou de sa poitrine, dans quel état déplorable le devant de sa chemise était et comment sa cravate avait été tordue sous son oreille droite. Il s'allongea contre les coussins moisis, respirant fort et me regardant avec des yeux qui n'étaient en aucun cas gentils.

"Tu ne pouvais pas y arriver!" Dis-je en mettant le revolver dans ma poche et, après avoir rajusté ma cravate, boutonné mon pardessus sur un devant de chemise tristement froissé. Puis, pour la première fois, le voleur parla.

« Tu sais ce que ça va te coûter ? s'écria-t-il, blanc jusqu'aux lèvres.

"Cela ne m'inquiète pas", fut ma réponse calme. "J'ai eu ce que je cherchais."

Il s'assit en avant sur son siège avec un visage qui semblait bêtement menaçant.

"N'imaginez pas que vous puissiez vous en sortir comme ça", a-t-il déclaré. Je pouvais me permettre de sourire devant sa fureur impuissante.

"Juste regarde-moi!" Je lui ai dit. Puis j'ajoutai plus sobrement, la main sur la poignée de porte : « Et si vous me dérangez après que j'ai quitté ce fiacre, si vous essayez ne serait-ce que de vous approcher à dix mètres de moi ce soir, je vous donnerai ce qui t'arrive."

J'ai ouvert la porte tout en parlant et je suis tombé facilement de la cabine toujours en mouvement sur le trottoir. Je restai là un moment, à regarder son conducteur placide tandis qu'il remontait l'avenue. La porte vitrée s'ouvrait toujours, se balançant d'avant en arrière comme une main me faisant lentement signe d'au revoir.

Ensuite, j'ai regardé ma montre, je suis allé au University Club, j'ai sauté dans un taxi qui attendait et je suis retourné au théâtre, un peu endolori de corps mais plutôt satisfait d'esprit.

Un étrange sentiment de supériorité m'a envahi lorsque j'ai présenté mon contrôle de porte et j'ai été une fois de plus reconduit à ma boîte vide. Depuis une heure et demie, cette fosse pleine de gens aux yeux languissants assistait à une imitation sordide de l'aventure. Ils avaient avalé une capsule de roman d'imitation, tandis que moi, entre le moment de quitter et de rentrer dans ce hall aux lumières criardes, je m'étais délecté de l'aventure de première main, j'avais pris des risques, affronté des dangers et réparé un grand tort.

Je me sentais incroyablement fier de moi alors que je regardais le dernier rideau tomber. Cette fierté s'est transformée en sentiment d'exaltation lorsque j'ai dirigé mon regard vers Alice Churchill, qui s'était levée dans la loge devant la mienne et qui me déversait à nouveau la chaleur de son sourire amical. Je savais que j'étais toujours destiné à être le dieu de la machine. Il était évident qu'elle n'était toujours pas consciente de sa perte.

Je l'arrêtai, elle et son frère aux joues creuses, en sortant, les surprenant un peu, je suppose, par la cordialité inattendue de mon salut.

« Vous ne pouvez pas, tous les deux, manger un morceau avec moi chez Sherry ? » J'ai aimablement suggéré. Je pouvais voir frère et sœur échanger des regards.

"Benny ne devrait pas sortir tard", rétorqua-t-elle.

"Mais j'ai quelque chose d'assez important à discuter," plaidai-je.

"Et Benny *aimerait* avoir à nouveau un aperçu de Sherry", intervint le jeune aux joues maigres qui revenait tout juste de la nature. Et sans plus attendre, je les ai mis dans un taxi et je les ai emportés avec moi, me demandant quelle serait la meilleure manière d'aborder le sujet en cours.

En fait, j'ai trouvé cela beaucoup plus difficile que ce à quoi je m'attendais. Au fil du temps, j'étais de plus en plus réticent à trahir ma position, à descendre doucement de mon sommet de supériorité, à brûler mon petit moulinet de pouvoir. J'étais comme un chiot avec son premier os enfoui. Je savais ce que je portais si soigneusement enveloppé dans la poche de mon gilet. Je me souvenais de la façon dont cela s'était produit là-bas, et pendant cette heure tranquille du dîner, j'étais excessivement fier de moi.

Je restais assis à regarder la jeune fille avec son imposante couronne de cheveux rouge-or. Elle, à son tour, regardait son propre reflet bêtement déformé dans le bol poli du réchaud où je venais de lui servir du *chapon à la reine* . Elle était assise là, regardant son visage reflété, le regardant avec une sorte d'intensité studieuse mais impersonnelle. Puis je la vis soudainement se pencher en avant sur sa chaise, regardant toujours l'image grotesque d'elle-même dans l'argent poli. Je ne pus m'empêcher de remarquer son expression qui changeait rapidement, le halètement inarticulé de ses lèvres entrouvertes, la main qui montait soudain jusqu'à sa gorge. J'ai vu les doigts palper la base du cou mince et compact, et l'air momentané de stupeur qui a de nouveau balayé son visage.

Elle mangea une bouchée de chapon, studieusement, sans parler. Puis elle nous a de nouveau regardé. C'est alors que son frère Benny remarqua pour la première fois son changement de couleur.

"Qu'est-ce qui ne va pas?" » demanda-t- il , son jeune visage mince soudainement touché par l'anxiété.

La jeune fille, lorsqu'elle lui répondit enfin, parla très doucement. Mais je voyais quel combat cela lui coûtait.

"Maintenant, Benny, je ne veux pas de bruit", dit-elle, presque dans sa barbe. "Je ne veux pas que vous soyez excités, car cela ne peut pas faire le moindre bien. Mais mon collier a disparu."

"Disparu?" haleta Benny. "Ce n'est pas possible !"

"C'est parti", répéta-t-elle, avec ses yeux vides sur moi tandis que son frère tâtait et tâtait sa jupe, puis secouait même sa cape d'opéra froissée.

"Est-ce que c'est ça?" Ai-je demandé, avec toute la nonchalance dont je disposais. Et tout en parlant , j'ai déballé le collier de perles avec le rubis sang de pigeon et je les ai laissés rouler sur le damas blanc qui se trouvait entre nous.

Elle les regardait sans bouger, les yeux écarquillés d'émerveillement. Je pouvais voir la couleur revenir sur son visage. C'était une récompense suffisante pour assister au retour de la chaleur apaisante dans ces yeux écarquillés, pour se prélasser dans ce regard charmant et liquide de gratitude.

"Comment," demanda-t-elle un peu faiblement, alors qu'elle tendait la main et les prenait entre ses doigts, "comment les as-tu obtenus ?"

"Tu les as perdus dans la loge lors du premier acte", lui dis-je. Son frère Benny s'essuya le front.

"Et c'est à une femme de laisser tomber quarante mille dollars sans jamais s'en rendre compte", a-t-il crié.

Je l'ai regardée pendant qu'elle les retournait dans ses mains. Puis elle a soudainement levé les yeux vers moi, puis vers les perles, puis de nouveau vers moi.

" *Ce n'est pas mon collier* ", furent les mots étonnants que j'entendis sortir de ses lèvres. Bien sûr, je savais qu'elle se trompait.

"Oh, oui, ça l'est", lui assurai-je doucement.

Elle secoua la tête en signe de négation, me regardant toujours.

"Qu'est-ce qui te fait penser cela ?" elle a demandé.

"Je ne le pense pas, je le sais", fut ma réponse. "Ce n'est pas le genre de pierres qui poussent sur tous les buissons de cette ville."

Elle étudiait à nouveau le collier. Et encore une fois, elle secoua la tête.

"Mais je suis gauchère", expliquait-elle en les regardant toujours, "et j'avais mon fermoir, ici sur le rubis au fond, fait pour fonctionner de cette façon. Ce fermoir est droitier. Don tu ne vois pas, c'est du mauvais côté.

"Mais tu n'as que la chose à l'envers", s'écria son frère. Et je dois avouer qu'une sensation désagréable a commencé à se manifester au creux de mon ventre alors qu'il se rapprochait d'elle et essayait d'inverser le collier pour que le fermoir soit celui d'une main gauche.

Il le tordit et le retourna en vain pendant plusieurs instants.

"N'est-ce pas la limite ?" » murmura-t-il finalement en s'enfonçant dans son fauteuil et en me regardant avec des yeux perplexes. La jeune fille, elle aussi, étudiait de nouveau mon visage, comme si mon mouvement représentait une forme de plaisanterie grossière qu'elle ne parvenait pas tout à fait à comprendre.

"Quelle est la réponse, de toute façon ?" » demanda le jeune homme mystifié.

Mais sa perplexité n'était rien comparée à la mienne. J'ai attrapé le collier de perles avec le fermoir en rubis. Je les pris et les retournai encore et encore entre mes mains, faiblement, silencieusement, comme s'ils pouvaient eux-mêmes, d'une manière ou d'une autre, résoudre une énigme qui semblait impénétrable. Et j'ai dû admettre que tout cela était trop pour moi. Je regardais toujours cette rangée de perles brillantes, si attrayantes à l'œil dans leur graduation absolue et parfaite, lorsque j'entendis le plus jeune homme à mes côtés m'appeler à haute voix.

« Kerfoot ! » dit-il, pas vraiment alarmé ni vraiment anxieux, mais avec une note plus récente qui me fit lever brusquement les yeux.

Ce faisant, j'avais conscience de la silhouette si proche derrière moi, si près de ma chaise que même si j'avais déjà senti sa présence là, je l'avais pour le moment pris pour mon serveur scrupuleusement attentif. Mais en me retournant et en levant les yeux vers ce chiffre , j'ai vu que je me trompais. Mon regard tomba sur un homme aux larges épaules et plutôt corpulent, aux yeux gris calmes et très enfoncés. Ce qui me dérangeait encore plus que sa présence à mon épaule, c'était le sentiment de puissance, de supériorité sans précédent, sur ce visage impassible mais indéniablement intelligent.

"Je veux te voir", dit-il avec un ton neutre et sans émotion qui, dans un autre, aurait frôlé l'insolence.

"À propos de quoi?" » ai-je demandé, essayant de faire correspondre son impassibilité avec la mienne.

Il fit un signe de tête en direction du collier que je tenais à la main.

"A propos de ça," répondit-il.

"Que dire de cela?" Ai-je demandé langoureusement.

L'homme corpulent à mon épaule ne m'a pas répondu. Au lieu de cela, il se tourna et fit un signe de tête en direction d'un deuxième homme, un homme debout à une demi-douzaine de pas derrière lui, vêtu d'un pardessus humide et d'un devant de chemise tristement froissé.

J'ai senti mon cœur battre plus vite, car il n'a pas fallu un second regard pour me dire que cette deuxième silhouette était le voleur de bijoux que j'avais traqué et coincé dans le taxi sentant le moisi.

J'ai senti la prise soudaine du plus grand homme sur mon épaule – et sa main semblait avoir la force d'un étau – tandis que le plus petit, toujours pâle et échevelé, s'avançait vers la table. Son visage n'était pas agréable.

Benny Churchill, dont les yeux attentifs se tournèrent un instant vers le visage surpris de sa sœur, se leva brusquement.

« Écoutez, » dit-il avec une vigueur tranquille dont je ne l'avais pas imaginé capable, « il n'y aura pas de scène ici. Il se tourna vers l'homme à mon épaule. "Je ne sais pas qui vous êtes, mais je veux que vous vous souveniez qu'il y a une dame à cette table. Souvenez-vous-en, s'il vous plaît, ou je serai obligé de vous apprendre comment le faire !"

"Asseyez-vous!" Je lui ai dit. "Pour l'amour du ciel, asseyez-vous tous ! Il n'y a rien à gagner à l'héroïsme. Et si nous avons quelque chose à dire, autant le dire décemment."

Les deux hommes échangèrent des regards tandis que je leur commandais deux chaises.

"Soyez gentils", continuai-je en leur faisant signe vers ces chaises. "Et puisque nous avons un problème à discuter, il n'y a aucune raison pour que nous ne puissions pas en discuter de manière semi-civilisée."

"Ce n'est pas un problème", dit l'homme à mon épaule avec quelque chose de désagréable qui ressemble à un ricanement.

"Alors n'en faisons pas un," protestai-je.

L'homme derrière moi fut le premier à s'asseoir sur le siège vide à ma gauche. L'autre homme s'est avancé de l'autre côté de la table, m'observant toujours de près. Puis il chercha la chaise et s'y enfonça lentement ; mais pas une seule fois il n'a quitté mon visage des yeux. J'étais heureux que notre cercle soit devenu compact, car nous étions désormais tous les cinq suffisamment rapprochés autour de la table pour isoler notre petit royaume de dissension de lin blanc du reste de la pièce.

"Cet homme est armé, souviens-toi !" » cria soudain le voleur de bijoux à l'étranger à ma gauche. Il a parlé à la fois avec avertissement et indignation. En fait, son accès de colère semblait incontrôlable.

"Où est ton arme ?" dit l'homme aux yeux calmes à mes côtés. Sa propre main était dans sa poche, remarquai-je, et il y avait dans sa bouche une certaine intention maligne que je n'aimais pas du tout.

Pourtant, j'ai pu rire un peu en posant le revolver-chargeur sur la table ; il y avait des souvenirs amusants.

Le mouvement rapide avec lequel il a retiré cette arme était cependant encore plus risible. Pourtant, mon sens de l'humour revenu ne l'a en aucun cas impressionné.

"Où as-tu trouvé cette arme ?" s'enquit-il.

J'ai hoché la tête en direction de l'homme au visage blanc en face de moi.

"Je l'ai pris à ton ami là-bas", fut ma réponse.

"Et qu'as-tu pris d'autre ?"

Il y avait quelque chose d'impressionnant dans la pure impersonnalité de cet homme. Cela a donc limité les choses à des cas précis.

"Ce collier de perles avec un fermoir en rubis", répondis-je.

"Pourquoi?" » a demandé mon interlocuteur.

"Parce qu'il l'a volé", fut ma réponse rapide. Le grand homme resta silencieux un moment.

"De qui?"

"De la part de la dame à qui vous avez l'honneur de faire face", répondis-je.

"Où?" » était sa prochaine question.

Je lui ai dit. Il resta de nouveau silencieux pendant une seconde ou deux.

« Savez-vous qui est cet homme ? » dit-il, avec un bref signe de tête en direction de son collègue au visage blanc.

"Oui," répondis-je.

"Qu'est-il?"

"C'est un voleur de bijoux."

Les deux hommes se regardèrent. Puis l'homme à mes côtés s'est frotté le menton entre son pouce et son index méditatifs. Il était visiblement perplexe. Il a commencé à adopter des attributs humains et est rapidement devenu un personnage moins intéressant et moins impressionnant. Il regarda Alice Churchill et son frère, puis de nouveau vers moi.

Puis, après s'être encore une fois caressé distraitement le menton, il se retourna et fit face à la jeune fille étonnée et silencieuse qui était assise en face de lui.

« Excusez-moi, mademoiselle, mais cela vous dérangerait-il de répondre à une ou deux questions ? »

C'est son frère qui parla avant qu'elle n'ait eu le temps de répondre.

"Attendez," intervint-il. "Au juste, qui es-tu, de toute façon ?"

L'homme, pour répondre, souleva le revers de son manteau et exhiba un insigne en argent.

"Eh bien, qu'est-ce que ça veut dire ?" » demanda le jeune pas du tout impressionné.

"Que je suis un officier."

"Quel genre de détective ?"

"Oui."

"Pour quoi ? Pour cet endroit ?"

"Non, pour la Maiden Lane Protective Association."

"Eh bien, qu'est-ce que ça a à voir avec nous ?"

L'homme au grand corps le regarda avec un peu d'impatience.

"Vous comprendrez cela le moment venu", rétorqua-t-il. "Maintenant, jeune dame," recommença-t-il en se tournant vers la jeune fille perplexe, "dites-vous que vous avez perdu un collier dans cette loge de théâtre ?"

La jeune fille hocha la tête.

"Oui, je dois l'avoir fait", répondit-elle, l'air un peu effrayée.

"Et tu dis qu'on te l'a volé ?"

"Non, je n'ai pas dit ça. J'avais mon collier quand j'étais dans la boîte – Benny et moi le savons."

"Et ça a disparu ?"

"Oui."

"Quand?"

"J'ai remarqué qu'il n'y en avait plus lorsque je me suis assis à table ici."

Le monsieur dominateur s'est retourné vers moi.

"Tu as vu le collier de la deuxième boîte ?" il a ordonné.

"Je l'ai fait", fut ma réponse.

"Et tu l'as vu disparaître ?" il a ordonné.

"J'ai vu *quand* il a disparu", rétorquai-je.

Le voleur de bijoux au devant de chemise froissé a tenté de s'introduire par effraction à ce moment-là, mais l'homme plus grand l'a rapidement fait taire d'un mouvement latéral impatient de la main.

"C'était quand?" il a continué.

"Quelle différence cela fait?" » M'enquis-je calmement, mécontent du caractère péremptoire de ses interrogatoires.

Il s'est arrêté net et m'a regardé. Puis le premier fantôme d'un sourire, un sourire patient et presque triste, vint à ses lèvres.

"Eh bien, nous allons procéder autrement. Vous avez vu cet homme de l'autre côté de la table prendre le collier des mains de la jeune femme ?"

"Cela revient pratiquement à cela."

« Autrement dit, vous l'avez réellement détecté en train de commettre ce crime ?

"Je ne pense pas avoir dit ça."

"Mais vous pensiez qu'il avait commis ce crime ?"

"Plutôt."

« Quand a-t-il été commis ?

"Pendant ce qu'ils appellent un sombre changement dans le premier acte."

"Tu veux dire que le collier était en place avant ce changement et qu'il avait disparu lorsque les lumières se sont rallumées ?"

"Précisément."

"Et la position et les actions de cet homme vous paraissaient suspectes ?"

"Extrêmement."

"De quelle manière ?"

"En différentes manières."

"Il s'était rapproché de façon suspecte du porteur du collier ?"

"Il avait."

"Et ses yeux étaient rivés dessus au début de cet acte ?"

"Ils l'étaient certainement."

"Et tu l'as surveillé ?"

"Avec presque autant d'intérêt qu'il regardait le collier."

"Et après le changement sombre, comme vous l'appelez, le cou de la dame était nu ?"

"C'était."

"Tu en es sûr ?"

"Positif."

"Et qu'a fait cet homme de l'autre côté de la table ?"

"Ayant obtenu ce qu'il cherchait, il s'est précipité hors du théâtre et s'est enfui - ou a tenté de s'enfuir."

"Ça l'a embarrassé, je suppose, que tu l'étudies si attentivement ?"

"Il avait certainement l'air embarrassé."

"Bien sûr", a admis mon interrogateur. Puis il soupira profondément, presque avec contentement, après quoi il s'assit avec des lèvres contemplatives et pincées.

"Je suppose que j'ai tout ce grognement maintenant", a-t-il admis avec complaisance. "Tous les défauts sauf un."

"Qu'est-ce qui cloche ?" » a demandé Benny Churchill.

L'homme à mes côtés ne lui a pas répondu. Au lieu de cela, il se leva.

"Je veux que tu viennes avec moi", eut-il l'audace de remarquer, avec un bref hochement de tête dans ma direction.

"Je préfère de loin rester ici", rétorquai-je. Et pour la deuxième fois il sourit de son sourire attristé.

"Oh, il n'y a rien de répréhensible", a-t-il expliqué. "Personne ne te fera de mal. Et nous serons de retour ici dans dix minutes."

"Mais, curieusement, j'ai de profondes objections à abandonner mes invités."

"Vos invités ne le regretteront pas, j'imagine", répondit-il en regardant sa montre à navet en argent. "Et nous perdons du bon temps."

"S'il vous plaît, partez", dit Alice Churchill, apparemment enhardie par une conclusion instinctive qu'elle ne pouvait pas, ou ne voulait pas expliquer. Et elle était soutenue, ai-je remarqué, par un signe de tête de son frère.

J'ai également remarqué, en me levant, que je tenais toujours le collier dans ma main. J'étais un peu perplexe quant à ce que je devais en faire.

"Ça," dit le sagace étranger, "tu ferais mieux de partir d'ici. Laisse la demoiselle le garder jusqu'à notre retour. Et toi, Fessant ", continua-t-il en se tournant vers le voleur de bijoux aux lèvres belliqueuses, "tu restes." ici et rendez-vous agréable. Et sans être impoli, vous pourriez voir que la demoiselle et son frère restent ici avec vous.

Puis il m'a pris amicalement par le bras et m'a emmené.

"Quelle est la signification exacte de tout cela ?" » demandai-je alors que nous nous dirigeions vers l'arrêt de taxi et que nous partions en taxi vers l'ouest le long de la Quarante-troisième Rue. La pluie, remarquai-je, à travers la vitre embuée, tombait toujours.

"Je veux que vous me montriez exactement où cet homme était assis dans cette boîte", fut sa réponse. "Et deux minutes au théâtre suffiront."

"Et à quoi ça sert," demandai-je, "est-ce que ça va me servir ?"

"Cela peut vous faire beaucoup de bien", rétorqua-t-il en ouvrant la portière du taxi.

"Je suis plutôt désolé pour toi si ce n'est pas le cas", fut ma réponse alors que je le suivais. Nous nous étions arrêtés devant une porte de scène à l'aspect désolé, au-dessus de laquelle brillait une ampoule électrique à l'aspect encore plus désolé. L'homme s'est retourné et m'a regardé avec un bref grognement, plus de dégoût que de mépris.

"Vous êtes plutôt chouette, n'est-ce pas, pour une édition new-yorkaise de Jesse James ?"

Et sans attendre ma réponse , il s'est mis à donner des coups de pied dans la porte de scène en mauvais état. Il était encore en train de donner des coups de pied lorsque la porte elle-même fut ouverte par un homme en uniforme gris, visiblement le veilleur de nuit.

"Bonjour Tim!" dit celui-là.

"Bonjour, Bud !" dit l'autre.

"Le portier est parti ?"

« Il y a environ une heure ! »

S'ensuivit ensuite une minute de silence.

"Burnside dit que quelque chose a été rendu ?"

"Je n'en ai pas entendu parler", fut la réponse du gardien.

"Mon ami ici pense qu'il a laissé quelque chose dans une boîte. Pourriez-vous nous laisser passer ?"

"Bien sûr", fut la réponse facile. "Je vais allumer les lumières de la maison pour vous . Surveillez votre chemin !"

Il nous a précédés à travers un labyrinthe de toiles peintes et ce qui ressemblait au dos de gigantesques cadres. Il s'écarta un instant pour allumer un interrupteur. Puis il ouvrit une porte étroite recouverte de tôle, et nous nous trouvâmes face aux entrées des loges.

Mon compagnon m'a fait signe d'entrer dans la deuxième loge tandis qu'il s'avançait vivement dans celle la plus proche des feux de position.

"Maintenant, la jeune femme était assise là", dit-il en plaçant la chaise dorée contre la balustrade en laiton. Puis il s'y assit, face à la scène. Ce faisant, il ôta son chapeau et le posa sur le sol de la loge. "Maintenant, montre-moi où cet homme était assis."

J'ai placé la chaise contre le parapet recouvert de peluche et je me suis laissé tomber dessus.

"Ici," expliquai-je, "à moins de deux pieds de l'endroit où vous êtes."

"D'accord !" fut sa réplique soudaine et tout à fait inattendue. "Ça suffit ! Ça suffit !"

Il se pencha et chercha son chapeau avant de se lever de la chaise. Il l'effleura distraitement avec la manche de son manteau, puis sortit de la boîte.

"Nous ferions mieux de rentrer", m'a-t-il appelé depuis la porte couverte de tôle.

"Retour à quoi ?" » demandai-je, tandis que je le suivais à nouveau à travers le labyrinthe tapissé de toile, sentant qu'il me trompait d'une manière ou d'une autre, mécontent du stupide mystère qu'il jetait sur toute cette stupide manœuvre.

" Revenons à vos invités et à un peu de bon vieux bon sens ", fut sa rétorque.

Mais pendant le trajet de retour chez Sherry, il n'avait plus rien à me dire. Ses réponses aux questions que je lui posais étaient soit évasives, soit monosyllabiques. Il bâilla même, ouvertement et audiblement, tandis que nous nous arrêtions devant la porte cochère de cette hôtellerie richement éclairée. Il ne semblait plus qu'un homme ordinaire, épuisé par l'accomplissement d'une tâche banale. Il parut même un peu impatient de mon retard tandis que j'attendais de vérifier mon chapeau et mon manteau, formalité à laquelle il ne se joignit pas à moi.

"Maintenant, je ne peux vous donner que deux minutes", dit-il alors que nous étions tous les cinq à nouveau assis à la même table et qu'il consultait à nouveau son navet de montre. "Et je suppose que c'est plus que ce dont nous aurons besoin."

Il se tourna vers la jeune fille pâle et aux yeux fatigués, qui, de toute évidence, n'avait pas vraiment apprécié son attente.

"Tu as le collier ?" Il a demandé.

Elle leva une main à laquelle pendait le collier de perles graduées. L'homme s'est alors tourné vers moi.

"Vous avez enlevé ce collier de perles à cet homme ?" » demanda-t-il, avec un rapide signe de tête en direction du voleur de bijoux.

"Je l'ai assurément fait", fut ma réponse.

« Sachant qu'il les avait pris à cette jeune femme plus tôt dans la soirée ?

"Votre hypothèse porte toutes les marques du génie !" lui ai-je assuré.

Il se tourna vers la jeune fille.

"C'est ton collier ?" » demanda-t-il sèchement.

La jeune fille me regardait avec des yeux embrumés et troublés. Nous avions tous l'impression, d'une manière stupide, que le moment était crucial.

"Non!" » répondit-elle, à peine plus qu'un murmure.

"Tu es positif ?"

Elle hocha la tête sans parler. L'homme s'est tourné vers moi.

"Pourtant, vous avez suivi cet homme, l'avez agressé et lui avez retiré de force ce collier ?"

"Attendez!" J'ai pleuré, irrité par sa manière calmement pédagogique. "Je veux que tu dé-"

Il m'a arrêté d'un mouvement brusque de la main.

"Ne reviens pas sur tout ça !" il a dit. "C'est une perte de temps. Le fait est que ce collier n'appartient pas à votre ami. Mais je vais vous dire ce que c'est. C'est une copie de celui-ci, pierre pour pierre. La dame, je pense, sera d'accord avec moi. là-dessus. Ai-je raison ?

La jeune fille hocha la tête.

"Alors qu'est-ce que diable cet homme fait avec ça ?" » a demandé Benny Churchill, avant qu'aucun de nous puisse parler.

« Supposons que vous attendiez et découvriez qui est cet homme ! »

"Eh bien, qui est-il ?" M'enquis-je, résolu qu'aucune main, aussi astucieuse soit-elle, n'allait me faire de la laine sur les yeux.

"Cet homme," dit mon ami imperturbable et aux grandes épaules, "est l'agenceur de perles de Cohen et Greenhut, les importateurs de Maiden Lane. Attendez, ne m'interrompez pas. Le collier de Miss Churchill, si j'ai bien compris, était l'un des plus beaux. " Dans cette ville. Sa maison avait reçu l'ordre de le reproduire. Il a saisi la première chance, une fois les perles assorties et enfilées, pour s'assurer qu'il avait bien fait son travail. "

"Et vous voulez me dire, m'écriai-je, qu'il s'est pendu au-dessus d'une rampe et a soulevé un collier de perles du cou d'une dame juste pour..."

"Attends là, mon ami", coupa l'homme aux gros membres. "Il a découvert que cette dame allait être dans cette boîte avec ce collier."

"Et après avoir examiné sa chaste beauté, il s'est faufilé hors de sa propre boîte et a couru comme un chien poursuivi !"

"Tenez vos chevaux maintenant ! Ne voyez-vous pas qu'il pensait que vous étiez l'escroc ? Si vous aviez un tas de pierres comme ça sur vous et qu'un étranger intervenait et commençait à vous suivre , ne feriez-vous pas de votre mieux pour fondre quand tu en as eu l'occasion ? » » demanda l'officier. Puis il me regarda à nouveau avec ses sourcils levés avec lassitude. "Oh, je suppose que tu allais bien jusqu'où tu es allé, mais, comme la plupart des amateurs, tu n'es pas allé assez loin !"

C'est Benny Churchill qui a pris la parole avant que je puisse répondre. Sa voix, tandis qu'il parlait, était étrangement fine et enfantine.

"Mais pourquoi diable devrait-il vouloir reproduire les bijoux de ma sœur ?"

"Pour une autre femme, avec plus d'argent que de cerveau, ou de savoir-faire, ou peu importe comment vous voulez l'appeler", fut la réponse impassible.

J'ai vu la fille en face de moi éloigner le collier d'elle et le laisser là, en tas scintillant sur la table blanche. J'ai rapidement et discrètement tendu la main et j'en ai pris possession, car j'avais toujours mes propres idées sur la situation.

"C'est très bien, m'écriai-je, et c'est très intéressant. Mais ce que je veux savoir, c'est : *qui a reçu le premier collier ?* "

L'homme de grande taille regarda une fois de plus sa montre. Puis il m'a regardé avec un peu de lassitude.

"Je les ai eu !"

"Vous les avez?" » répétaient à la fois la jeune fille et son frère. Il était clair que les inconséquences de la dernière heure avaient été un peu trop lourdes pour eux.

L'homme enfonça une énorme main dans la poche de son pardessus humide et quelque peu déformé.

"Oui, je les ai ici ", expliqua-t-il en retirant sa main et en tendant la ficelle scintillante vers la lumière. "Je les ai ramassés dans le coin de cette boîte, là où ils ont glissé du cou de la dame."

Il se leva placidement et lourdement.

"Et je suppose que c'est à peu près tout", a-t-il ajouté en louchant à travers une bande de verre non fermée et en remontant lentement le col de son manteau, "sauf que certains d'entre nous, les gars de plein air, auront sûrement les pieds palmés si cette pluie continue !"

CHAPITRE X

L'INDICE DU POUCE

J'étais suivi. Il n'y avait plus l'ombre d'un doute là-dessus. Mouvement après mouvement et tour à tour, depuis encore plus longtemps que je n'en avais ouvertement conscience, quelqu'un me suivait tranquillement.

Or, si une chose plus qu'une autre remue le sang de l'homme qui a l'occasion de marcher la nuit, c'est de découvrir que ses pas sont obstinés. L'idée d'être surveillé, d'avoir un éventuel ennemi derrière soi, éveille un frisson ancestral.

Ainsi, au lieu de continuer mon circuit sans but autour de cette clôture en fer à hautes pointes qui entoure Gramercy Park, je suis parti en tangente, continuant à partir de son coin nord-ouest en ligne droite vers la Quatrième Avenue et Broadway.

Je m'étais cru seul dans cette demeure de tranquillité nocturne. Seule la crainte d'une seconde nuit d'insomnie m'avait retenu là, me poussant dans mes révolutions fébriles jusqu'à ce que la lassitude me fasse trébucher hors de mon circuit comme un coureur de six jours hors de sa roue.

commence à nouveau la 21e rue, je me suis retourné et j'ai attendu. Je restais là, dans une sorte de belligérance tranquille, observant la silhouette de l'homme qui suivait mes pas. Je le vis tourner vers le sud sur la place, comme si ma fuite lui était indifférente. Pourtant, la pensée soudaine et soulageante que ses mouvements auraient pu être aussi sans but que les miens fut engloutie par une seconde découverte, plus intéressante.

C'était la découverte que l'homme que j'avais accepté comme me suivant était à son tour suivi par un autre homme.

J'ai attendu que cet étrange couple ait fait le tour complet de l'enceinte grillagée. Puis je suis retourné sur la place, marchant vers le sud jusqu'à ce que j'arrive en face de la porte de ma propre maison. Le deuxième homme a dû me voir à ce moment-là. Apparemment méfiant d'un éventuel espionnage, il flânait avec une insouciance simulée dans le coin sud du parc. Le premier homme, le plus mince et le plus jeune des deux, continuait son chemin sans y prêter attention, comme s'il était le concurrent fantôme d'un cauchemar sans fin de marathon.

Ma contemplation fut interrompue par l'avènement d'un quatrième personnage, un personnage qui semblait apporter quelque chose de sain et de rassurant à une situation qui devenait momentanément plus ridicule. Car le nouveau venu était McCooey, le patrouilleur. Il s'est retourné vers moi sans parler, comme un ferry qui se balance dans sa cale. Puis il se leva pour regarder impassiblement les étoiles impassibles de novembre.

« Vous sortez tard », commenta-t-il finalement, avec cette lourdeur insouciante qui est la belle-fille d'une autorité incontestée.

"McCooey," dis-je, "il y a un rôdeur nocturne qui se promène dans votre parc. Il le fait environ la cent dixième fois. Et j'aimerais que vous découvriez ce qu'il veut dire par là."

"Ça t'a dérangé , hein ?" demanda négligemment la loi incarnée. Pourtant, il posait la question comme le ferait un médecin indulgent à un patient. McCooey était de ce type qu'il est à la fois une joie et une tentation de mystifier.

"Il a agressé ma curiosité", me plaignis-je solennellement.

"Tu veux dire qu'il a interféré avec toi ?" » a demandé mon ami littéral.

"Je veux dire qu'il a envahi ma tranquillité d'esprit."

"Alors je verrai ce qu'il veut " , fut la réponse de l'autre. Et un instant plus tard, il se balançait négligemment sur le trottoir en direction d'une ligne qui convergerait avec le chemin de l'étranger qui marchait nerveusement. Je pouvais voir les deux au coin presque ensemble. Je pouvais voir McCooey se rapprocher de plus en plus. Je pouvais même voir qu'il s'était retourné et avait parlé au promeneur de nuit alors qu'ils descendaient ensemble la place devant les lumières des joueurs.

Je vis que ce promeneur nocturne ne montrait ni ressentiment ni inquiétude d'avoir été ainsi abordé. Et je voyais aussi que la rencontre des deux était source de beaucoup de mystification pour le troisième homme, celui qui surveillait encore discrètement depuis le coin de la rue à ma droite.

McCooey est revenu là où je me trouvais. Il recula avec ressentiment, comme un retriever envoyé sur une piste aveugle.

"Qu'est-ce qu'il cherche, de toute façon ?" Ai-je demandé avec irritation.

"Il dit qu'il veut dormir !"

"Après quoi?" ai-je demandé.

McCooey cligna des yeux en voyant le ciel soudainement rougi par une torche de gaz de l'East River. Puis il prit une profonde inspiration désintéressée.

"Il dit qu'il veut dormir ", répéta le patrouilleur. "À moins qu'il ne la récupère, dit-il, il va se diriger vers l'East River."

"Quel est le problème avec cet homme, de toute façon ?" Ai-je demandé, car cette confession avait amené l'inconnu à se rapprocher de quelque chose de très proche et de très apparenté à moi.

"Ce n'est pas grand-chose", fut la réponse du grand homme. "Il semble qu'il ait trop mangé et qu'il ait passé une ou deux mauvaises nuits."

Et sur ce, mon ami le patrouilleur, tournant les talons, poursuivit son chemin à travers les canyons tranquilles des rues où mille dormeurs heureux ne savaient rien de son arrivée et ne voyaient rien de son départ.

Je restais là, le surveillant pendant qu'il partait. Puis j'ai traversé jusqu'au coin nord-ouest de cette enceinte grillagée et j'ai attendu ce jeune que le bras de l'éveil balançait comme une pierre en écharpe.

J'ai délibérément bloqué son chemin alors qu'il essayait de se montrer irritable à mon égard.

"Pardonnez-moi", ai-je commencé. Il leva les yeux, comme un somnambule réveillé en sursaut. "Pardonnez-moi, mais je pense que je devrais vous prévenir que vous êtes suivi."

"Suis-je?"

"Oui; et je pense que tu devrais le savoir."

"Oh, je le sais," fut sa réponse apathique. "Je commence même à m'y habituer."

Il recula et s'appuya contre la clôture en fer. Son visage, sous les réverbères, était très malheureux. Il y avait là une impassibilité malheureuse, une impassibilité qui impliquait qu'il était tellement submergé par la misère qu'aucun autre coup ne pouvait avoir de conséquence pour lui. Et pourtant, au-delà de la pâleur fixe de ce visage, il y avait quelque chose d'attrayant, une trace de choses plus fines, un contact qui me disait que lui et les enfers nocturnes n'avaient rien de commun.

"Mais est-ce que tu t'habitues à autre chose ?" J'ai demandé.

"Quelle autre chose ?" » fut sa lente enquête. Je voyais les feux jumeaux d'une fièvre sourde brûler au fond de ses yeux caverneux.

"Je ne dors pas", répondis-je. Pour la deuxième fois, il m'a regardé.

"Mais je vais dormir", répondit-il. "Je dois!"

"Nous devons tous le faire", ai-je remarqué d'un ton platitudinal. "Mais il y a des moments où nous ne le faisons pas tous."

Il eut un curieux petit rire sans joie.

"Es-tu déjà été troublé de cette façon ?" Il a demandé.

Nous nous tenions face à face, comme deux fantômes apparentés communiquant dans le calme d'une catacombe. Puis j'ai ri, mais pas aussi amèrement, j'espère, comme lui.

"J'ai parcouru cette place", lui ai-je dit, " mille fois pour toi."

"Je fais ça ici depuis trois heures", avoua-t-il doucement.

"Et ça t'a fait chier," répondis-je. "Et ce dont nous avons tous les deux besoin, c'est d'une cigarette tranquille et d'une heure ou deux avec les pieds sur quelque chose ?"

"C'est très gentil de votre part", eut-il la grâce d'admettre, tandis que son regard suivait le mien vers la porte de la maison. "Mais il y a un certain nombre de choses auxquelles je dois réfléchir."

C'était un type honnête. Cela ne faisait aucun doute. Mais il était tout aussi évident qu'il était en mauvaise posture à propos de telle ou telle chose.

"Réfléchissons-y ensemble !" J'ai eu l'audace de le suggérer.

Il rit sans joie, même s'il se dirigeait déjà vers le sud le long de la place avec moi alors qu'il recommençait à parler.

"Il y a quelque chose que je dois réfléchir seul", m'a-t-il dit. Il parla, cette fois sans ressentiment, et j'en étais content. Ce jeune homme au regard malheureux avait en quelque sorte pris possession, sinon de mon affection, du moins de mon intérêt. Et dans notre infirmité nous avions un lien de sympathie. Nous étions comme deux réfugiés poursuivis par les mêmes limiers et cherchant les mêmes voies d'évasion. Je sentais que je ne violais aucun principe de réticence en le prenant par le bras.

"Mais pourquoi ne peux-tu pas te glisser dans mes fouilles", suggérai-je, "pour fumer une cigarette et une goutte de Bristol Milk ?"

En fait, je le cajolais et le cajolais, comme on cajole un enfant têtu.

"Lait!" murmura-t-il. "Je ne bois jamais de lait."

"Mais, mon cher, le Bristol Milk n'est pas du genre à venir de vaches. C'est du sherry vieux de soixante-dix ans qui a été envoyé en voyage maritime vers l'Australie et retour. C'est quelque chose qui est de l'huile pour la gorge et de la musique pour les sens. !"

Il m'a regardé comme si toute la largeur du fleuve Hudson coulait entre nous.

"Cela semble attrayant", a-t-il reconnu. "Mais je suis dans un pétrin dont même Bristol Milk ne veut pas me laver."

"Eh bien, si c'est si grave, ça vaut la peine d'oublier pendant une heure ou deux !" J'ai annoncé. Il rit à nouveau, d'une manière relaxante. J'ai pris son bras plus fermement et plus fraternellement.

Et côte à côte, nous montâmes les marches et passâmes la porte dans le calme de cette maison à la façade sobre que j'appelais encore du vide nom de chez moi.

En cinq minutes , j'avais allumé une bûche de caryer dans la cheminée, les chaises de la bibliothèque étaient dressées et Criswell, mon captif, sans chapeau ni manteau. A ses côtés se tenait une assiette de biscuits et un verre de Bristol Milk. Mais il semblait trouver plus de consolation en s'asseyant et en observant le jeu des flammes. Son visage était très fatigué. La peau était moite et semblait morte ; et pourtant, du fond de cette fatigue jaillissaient les lumières blanches et ironiques familières de l'éveil. Je pense que je savais ce qu'il ressentait.

Nous étions assis là sans parler, mais pas inconscients d'une communion silencieuse de pensées. Je savais cependant que Bristol Milk n'avait pas l'habitude de laisser un homme longtemps bouche bée. Alors je me suis retourné pour remplir son verre. J'avais remarqué que ses mains tremblaient, tout comme j'avais remarqué le tremblement révélateur d'une de ses paupières. Mais lorsque ses doigts incontrôlés ont accidentellement fait tomber le verre du bord de la table, cela m'a fait sursauter.

Il était assis là, regardant attentivement les morceaux de cristal éparpillés.

"C'est l'enfer !" » éclata-t-il soudain.

"Qu'est-ce que?" J'ai demandé.

« Être dans ce genre de forme ! » fut sa réponse véhémente. Je ne me suis pas permis de le regarder. La sympathie n'était pas le genre de chose dont il avait besoin. Un sherry de soixante-dix ans, à mon avis, était plus approprié.

"Surtout quand nous n'avons aucune excuse pour cela", commentai-je paresseusement, lui passant un deuxième verre, le remplissant et me tournant pour regarder le feu.

"Des trucs qui réchauffent, ce Bristol Milk", dit-il avec une respiration trop courte pour être qualifiée de soupir. Puis, riant et essuyant la sueur de son front, il reprit avec une incohérence qui se rapprochait de celle de l'enfance.

"J'ai *une excuse* ."

J'ai attendu un moment ou deux.

"Qu'est-ce que c'est?"

"Cet homme que tu as vu me suivre sur la place, d'abord."

"Même cela n'est pas vraiment une excuse", ai-je soutenu.

"Mais c'est ce qu'il représente", a protesté mon visiteur. Il resta assis à regarder le feu pendant une minute ou deux. Je m'assis à côté de lui, à nouveau conscient d'une compagnie inarticulée et évasive.

"Comment ça a commencé ?" J'ai finalement demandé.

Il a pris une profonde inspiration. Puis il ferma les yeux. Et quand il parlait, il le faisait sans les ouvrir.

"Je ne pense pas pouvoir expliquer", fut sa réponse apathique.

"Essayez-le", lui ai-je conseillé. "Aérons la chose, canalisons-la. Mettons-y un peu de lumière et d'ordre."

Il remuait la tête de haut en bas, lentement, comme s'il avait une vague compréhension de la psychologie de la confession, une certaine connaissance des avantages d'« extérioriser » les offenses secrètes. Puis il resta assis, immobile et tendu.

"Mais il n'y a aucun moyen d'aérer cela. Il n'y a aucun moyen de casser une fenêtre. C'est... ce n'est qu'un mur blanc."

"Pourquoi un mur blanc ?" J'ai demandé.

Il s'est retourné et a regardé derrière moi, avec des yeux aveugles.

" *Parce que je ne m'en souviens pas* ", dit-il d'une voix qui donnait l'impression qu'il parlait plus à lui-même qu'à moi. Il regardait autour de lui avec un impuissance pitoyable. "Je ne m'en souviens pas !" répéta-t-il avec la tristesse d'un enfant effrayé.

"C'est exactement ce à quoi je voulais en venir", m'écriai-je, faisant semblant d'une intimité confiante et insouciante. " Alors , dégageons devant le mur blanc. Essayons au moins de lui donner un coup de pied ou deux. "

"Cela ne sert à rien", se plaignit-il.

"Eh bien, essayons", persistai-je avec une gaieté forcée. « Allons au début des choses. »

"Jusqu'où veux-tu que j'aille ?" » a-t-il finalement demandé. Il parlait avec l'apathie lasse d'un patient confronté à un praticien importun.

"Commençons par le début", suggérai-je allègrement.

Il resta assis à regarder ses doigts tremblants pendant un moment ou deux.

"Il n'y a vraiment pas grand-chose par où commencer", essaya-t-il d'expliquer. "Ces choses ne semblent pas commencer en une minute, ni une heure, ni un jour."

"Bien sûr que non," acquiesçai-je en attendant qu'il continue.

"La chose que j'ai remarquée à ce moment-là, la seule chose à laquelle j'ai pensé, c'est que ma mémoire semblait avoir une tache aveugle, une tache aveugle semblable à celle d'un œil."

"Je vais?" J'ai demandé. "Ou du surmenage ?"

"Je suppose que j'avais travaillé assez fort. Je sais que je l'avais fait. Vous voyez, je voulais réussir dans ce bureau. Donc j'ai dû avoir les yeux plus gros que je ne pouvais mâcher."

"Quel bureau ?" Ai-je demandé alors qu'il s'arrêtait. Il me regarda avec un regard hébété et perplexe.

"Je ne te l'ai pas dit ?" » demanda-t-il en massant son os frontal avec le bout de ses doigts instables. "Eh bien, je veux dire le bureau de John Lockwood."

"John Lockwood ?" Répétai-je avec un brusque resserrement des nerfs. "Voulez-vous parler de l'homme qui investit dans les chemins de fer, l'homme qui a amassé tant de millions le long de la côte nord-ouest ?"

Le jeune assis sur la chaise hocha la tête. Et j'ai fait un effort pour contrôler mes sentiments, car John Lockwood, je le savais trop bien, était le père de Mary Lockwood. Comme moi, il avait exploité le Nord gelé, mais d'une manière très différente de la mienne.

"Continuez", dis-je après une assez longue pause.

"Lockwood m'a fait venir des bureaux de Canadian Northern à Winnipeg. Il m'a dit qu'il me donnerait une chance dans l'Est, la chance de ma vie."

« Qu'étais-tu dans son bureau ?

"Je suppose que vous l'appelleriez secrétaire particulier. Mais je ne pense pas qu'il savait lui-même qui j'étais."

"Et il t'a laissé te surmener ?"

"Non, je ne peux pas dire ça. Ce n'était pas de sa faute. Voyez-vous, son travail cet été l'a empêché de rester sur la côte une bonne partie du temps.

Il avait un ingénieur minier anglais nommé Carlton qui surveillait certaines zones de la Colombie-Britannique. intérêts."

"Et vous avez continué le travail de bureau pendant que Lockwood était dans l'ouest ?"

"J'ai fait ce que j'ai pu pour continuer mon travail. Mais, voyez-vous, tout cela était tellement nouveau pour moi. Je n'avais pas suffisamment approfondi le travail pour l'organiser comme je le voulais. Il y avait un plein de petites choses qui *n'arrivaient pas* à être organisées. »

"Pourquoi pas?"

"Eh bien, cet homme Carlton, par exemple, a demandé au bureau de Lockwood de s'occuper de son courrier anglais. Toutes ses lettres devaient être envoyées à l'endroit d'où il se rendait."

"Bien?"

"Quand Lockwood était absent du bureau , il me chargeait de m'occuper de son courrier, de signer les lettres recommandées, de rediriger les télégrammes, de veiller à ce que tout soit envoyé au bon endroit. C'était un courrier assez lourd. Carlton, je suppose, " C'était un homme important, et en plus de cela, il investissait pour ses amis à la maison. S'en occuper, bien sûr, était assez simple, mais... "

"Attendez!" Je l'ai interrompu. « Ce courrier a-t-il quelque chose à voir avec notre mur blanc ? »

Il m'a regardé autour de moi comme s'il m'avait vu pour la première fois, comme s'il réfléchissait tout simplement à voix haute.

"Pourquoi c'est ça le mur blanc", a-t-il crié.

"Comment?" ai-je demandé.

Il y a quatre semaines , Lockwood est revenu de l'Ouest. Le même jour, une lettre recommandée est arrivée au bureau du jeune Carlton. Cette lettre contenait douze billets de la Banque d'Angleterre d'une centaine de livres chacun. Environ six mille dollars en tout."

"D'où vient-il?"

"De Montréal, du propre père de Carlton. Il voulait que l'argent soit envoyé à son fils. L'homme plus âgé était sur le chemin du retour en Angleterre. Le plus jeune Carlton recherchait certaines terres dans lesquelles son père voulait investir. Les mouvements du jeune Carlton étaient plutôt incertains. , alors son père s'en est assuré en envoyant la lettre à notre bureau, au bureau de Lockwood.

"Et vous étiez toujours *poste restante* pour le Carlton en Colombie-Britannique ?"

"Oui, nous recevions et transmettions son courrier."

"Et?"

"Nous avons également reçu cette lettre recommandée de Montréal. C'est là qu'intervient le mur blanc."

"Comment?"

"Nous n'avons aucune trace de cette lettre sortant de notre bureau."

Il m'a regardé comme s'il s'attendait à ce que je sois plus électrisé que je n'aurais pu l'être.

"Perdu, volé ou égaré ?" J'ai demandé.

"C'est ce que je donnerais à mes yeux et à mes dents pour le savoir", affirma-t-il solennellement.

"Mais où entres- *tu* ?"

Sa réponse fut donnée sans la moindre nuance d'émotion.

"J'ai signé pour la lettre."

"Alors tu t'en souviens de ça ?"

"Non, je ne m'en souviens pas. Mais lorsqu'ils ont commencé à enquêter par la poste, j'ai reconnu ma propre signature lorsque je l'ai vue."

"Sans aucun risque d'erreur ou de contrefaçon ?"

"C'était ma propre signature."

« Et tu ne te souviens même pas d'avoir reçu la lettre ?

"J'ai repensé à cette journée avec des draghooks . J'y ai réfléchi toute la nuit d'affilée, mais je n'arrive pas à avoir une idée précise de ce que j'ai fait."

La force de la situation me revenait enfin.

"Et ils vous tiennent pour responsable de la disparition de cette lettre ?"

"Bon Dieu, je m'en tiens responsable ! Cela me pèse depuis près d'un mois. Et je n'en peux plus !"

"Alors revenons aux possibilités. Les avez-vous déjà vérifiées ?"

"Je les ai passés en revue comme un scrutateur sur une liste électorale. Je les ai tous testés , un par un, mais ils finissent tous sur le mur blanc."

"Eh bien, avant de revenir à ces possibilités, qu'en est-il de l'équation personnelle ? Avez-vous un sentiment, un parti pris émotionnel, une inclination à propos de la chose, aussi ridicule que cela puisse paraître ?"

Il ferma les yeux et parut plongé dans ses pensées.

"J'ai toujours ressenti une chose", a-t-il avoué, "j'ai toujours senti - remarquez, je dis seulement ressenti - que lorsque j'ai signé pour cette lettre de Carlton, je l'avais emportée dans la chambre de Lockwood avec son propre courrier personnel, et soit je le lui ai donné, soit je l'ai laissé sur son bureau.

"Qu'est-ce qui te fait ressentir ça ?"

"En premier lieu, je devais savoir qu'il avait vu Carlton récemment et j'avais une idée plus claire de son adresse à l'époque que moi. En deuxième lieu, étant enregistré, cela a dû m'impressionner comme étant relativement important. ".

« Et Lockwood lui-même ?

" Il dit que je me trompe. Il soutient que je ne lui ai jamais donné la lettre, sinon il s'en serait souvenu. "

"Et les circonstances semblent le soutenir dans cette affaire ?"

"Tout le soutient", fut la réponse.

" Alors revenons aux possibilités. Et le vol ? Êtes-vous sûr que tout le monde dans le bureau était fiable ? "

" Tout le monde sauf *moi* ! " fut sa réplique amère.

"Alors que diriez-vous qu'il soit réellement perdu à l'intérieur de ces quatre murs ?"

"C'est à peine possible. J'ai fouillé chaque recoin, chaque tiroir et chaque dossier. J'ai passé en revue les lieux avec un peigne fin, maintes et maintes fois. J'ai même fouillé mon propre appartement, chaque poche et chaque coin de chaque pièce. »

"Alors tu as une maison ?" J'ai demandé.

Il y eut à nouveau un délai neurasthénique révélateur avant que sa réponse n'arrive.

"Je me suis marié la même semaine où la lettre a été perdue", fut sa réponse.

« Et votre femme n'a pas pu vous aider à vous en souvenir ?

"Elle ne s'en rendait compte qu'il y a une semaine. Puis elle a vu que je n'arrivais pas à dormir et j'oubliais toujours des choses, des petites choses insignifiantes qui montraient que je ne me coordonnais pas correctement, comme laisser une lettre non signée ou m'embrouiller. sur la combinaison sûre ou ne pas me rappeler si j'avais mangé ou non. Elle a dit qu'elle pensait que j'avais la typhoïde ou quelque chose comme ça. Elle est allée directement à Lockwood et l'a pratiquement accusé de me faire surmener. Lockwood a dû lui dire quoi Je suppose que c'est de cette façon qu'on lui a lancé l'argent, en tas ! Elle est rentrée chez les siens cet après-midi-là, sans me voir. J'y ai réfléchi et j'ai décidé qu'il ne servait à rien de faire quoi que ce soit avant... jusqu'à ce que le désordre a été résolu d'une manière ou d'une autre.

Je n'ai pas parlé pendant plusieurs secondes. L'affaire n'était pas aussi simple qu'elle le paraissait.

"Et Lockwood, qu'en pense-t-il ?" J'ai finalement demandé.

"La façon dont n'importe quel homme se sentirait !" Le sourire acidulé qui ridait son visage était significatif. "Il me fait suivre !"

"Mais il *ne fait* rien !"

"Il continue de me donner plus de temps."

"Eh bien, cela n'implique-t-il pas qu'il croit toujours en toi ?"

"Il ne croit pas en moi", fut la réponse lente.

« Alors pourquoi ne fait-il pas quelque chose ? Pourquoi n'agit-il pas ?

Il y eut un moment de silence. "Parce qu'il a promis à sa fille de me donner une semaine supplémentaire."

Encore une fois, j'éprouvais cet étrange resserrement des nerfs. Et j'ai dû me ressaisir avant de pouvoir continuer.

"Vous voulez dire que Mary Lockwood s'est personnellement intéressée à votre cas ?"

"Oui."

Ce serait comme Mary Lockwood, je m'en souvenais. Elle voudrait toujours être quelque chose de plus que juste ; elle voudrait être miséricordieuse – envers les autres. *J'étais* le seul coupable d'un délit qui ne pouvait être ignoré !

"Mais pourquoi Mary Lockwood ?" J'ai demandé quelque chose à dire.

"Elle semblait penser qu'il fallait me donner une chance." Criswell parlait avec une lourdeur apathique, comme si la pitié de Mary Lockwood, comme si la pitié de n'importe qui, lui répugnait.

"Une question de pouce vers le bas", murmurai-je. Il m'a regardé d'un air vide ; l'idiome n'avait pas atteint son intelligence. Je me dirigeai vers la table et lui versai un autre verre de Bristol Milk.

"Vous dites que vous avez fait des choses pour montrer que vous n'étiez pas correctement coordonné", ai-je continué. "Maintenant, pour en revenir aux possibilités, n'y aurait-il pas eu une touche d'aphasie ? N'auriez-vous pas fait quelque chose avec cette lettre et n'aviez-vous aucun souvenir de ce que c'était ?"

"Ce n'est pas de l'aphasie, ça n'a jamais été ça", rétorqua calmement le jeune homme au regard malheureux. "On ne pouvait pas lui donner de dignité avec un nom pareil. Et cela n'a jamais rien constitué de grave. J'ai effectué tout mon travail de bureau sans encombre, sans une seule erreur. Mais, comme je vous l'ai déjà dit, je travaillais sous pression, et je n'avais pas bien dormi. Je faisais les choses les plus importantes sans commettre d'erreur, mais je trouvais souvent que je les faisais automatiquement.

"Alors revenons une fois de plus à ces possibilités. La lettre aurait-elle pu être mal adressée, par distraction ? Est-ce qu'elle aurait pu être envoyée à l'une des adresses de Carlton ?"

"Chaque adresse a été sondée. La chose a été vérifiée par le bureau de poste local et par le bureau de Montréal. Cette partie est aussi claire que le jour. Une lettre est arrivée à ce bureau de Lockwood adressée à Carlton. Elle contenait six mille dollars. en espèces. Je l'ai reçu et signé. L'homme à qui il était adressé ne l'a jamais reçu. Ni l'argent ni la lettre n'ont jamais été revus. Et le dernier enregistrement se termine par *moi* . Est-il étonnant qu'ils aient Est-ce que cet homme aux chaussures de gomme me suit à chaque mouvement que je fais ? »

"Attendez", criai-je, continuant à conjecturer sur le champ des possibles. "Pourquoi cette lettre n'aurait-elle pas pu arriver dans une seconde enveloppe que vous avez retirée après sa réception ? Pourquoi n'aurait-elle pas pu être adressée à Lockwood ou à l'entreprise ?"

"Les archives postales montrent différemment. Il est arrivé à Carlton. J'ai signé pour cela en tant qu'agent de Carlton. Oh, cela ne sert à rien de revenir sur tout ce vieux terrain. J'ai parcouru cela jusqu'à ce que je pense que je devenais fou. Je l'ai fouillé et creusé ces trois dernières semaines, et rien n'en est sorti. Rien ne *peut* en sortir, jusqu'à ce que Lockwood se lasse d'attendre que je prouve ce que je *ne peux pas* prouver !

"Mais, parmi toute cette affaire qui s'est produite, dans toute cette journée où la lettre est arrivée, n'y a-t-il pas un lambeau ou un lambeau de mémoire auquel vous pouvez essayer d'accrocher quelque chose ? N'y a-t-il pas une chose, peu importe à quel point est-il petit ou brumeux, à partir duquel vous pouvez commencer ? »

"Pas une seule chose rationnelle ! J'ai essayé de construire un pont vers cet espace vide - ce jour me semble toujours un espace vide - j'ai essayé de le construire comme un porte-à-faux, mais je n'arrive pas à articuler deux idées. J'ai essayé de l'imaginer; j'ai essayé de le visualiser; j'ai essayé de l'imaginer tel que j'ai dû le vivre. Mais tout ce qui me reste, c'est l'idée idiote d'un homme qui se frappe le pouce. "

"Que veux-tu dire par là?" » ai-je demandé en me redressant brusquement.

"Je vois toujours quelqu'un, quelqu'un assis devant moi, tenant une lettre dans sa main droite et tapotant avec le pouce de sa main gauche pendant qu'il parlait."

"Mais qui est-ce ? Ou qui était-ce ?"

"J'ai essayé d'imaginer que c'était Lockwood."

"Eh bien, tu as quelque chose là!" J'ai crié d'exultation. "C'est précieux. C'est quelque chose de défini, quelque chose de concret, quelque chose de personnel. Commençons par là."

"Cela ne sert à rien", fit remarquer mon compagnon. Sa voix, tandis qu'il parlait, était empreinte d'une insouciance lasse. "J'ai pensé comme toi, au début. J'étais sûr que cela mènerait à quelque chose. J'ai continué à observer Lockwood, essayant de le rattraper."

"Et?" » ai-je demandé.

"Je n'avais aucune chance d'en être sûr. Alors je suis allé chez lui et j'ai demandé Miss Lockwood elle-même. J'ai essayé de lui expliquer à quel point tout cela signifiait pour moi. Je lui ai demandé si elle avait déjà remarqué son père en train de en tapotant ses pouces. »

"Et elle l'avait fait ?"

"Elle a été très patiente. Elle a réfléchi et essayé de se souvenir, mais elle a décidé que je me trompais. Sa propre fille, expliqua-t-elle, aurait remarqué un tel maniérisme. En fait, elle osa en parler à son père. Et quand John Lockwood a découvert que j'étais allé chez lui, de cette façon, il... eh bien, il s'est plutôt mis en colère à cause de tout cela. Il m'a accusé d'essayer de jouer sur la sympathie de sa fille, d'essayer de me cacher derrière Cependant, Miss Lockwood elle-même est venue me revoir et a eu la gentillesse de dire qu'elle croyait toujours en moi, qu'elle avait toujours confiance en moi. Elle a dit que je pouvais toujours compter sur son aide.

Mais tout ce qu'elle faisait ne faisait que a semblé me repousser encore plus loin dans le noir, le noir qui est pire que l'enfer pour moi !"

Il se pencha en avant sur la chaise, se couvrant le visage de ses mains chancelantes. Je n'avais aucune aide à lui apporter.

Mais alors que j'étais assis là à le regarder , j'ai commencé à voir ce qu'il avait vécu. Plus troublante encore que d'en avoir conscience était la pensée de ce à quoi cela finirait par conduire, de ce à quoi cela conduisait déjà, dans cette épave brisée de fantôme ambulant, dans ce neurasthénique traqué par la terreur qui avait trouvé un trou dans sa mémoire. et il avait continué à l'explorer, à le ressentir comme le bout de la langue continue de sonder la grotte d'une dent perdue.

"Je suis allé chez un médecin après qu'elle m'ait quitté", disait l'homme assis sur la chaise entre ses doigts maigres alors que leurs extrémités se pressaient contre ses orbites. " Il m'a dit que je devais dormir. Il m'a donné du trial , des bromures et tout, mais je n'avais pas l'air capable de les assimiler. Puis il m'a dit que tout était dans ma tête, que je n'avais qu'à me détendre. Il m'a dit de m'allonger, les mains sur le côté, et de soupirer, de soupirer juste une fois. Je suis resté allongé toute la nuit comme si j'étais dans un cercueil attendant ce soupir, luttant pour l'obtenir, priant pour l'obtenir. Mais cela n'a pas été le cas. viens."

" Bien sûr que non", lui dis-je, car je connaissais ce sentiment. "Ça n'arrive jamais, de cette façon. Tu aurais dû passer quelques semaines dans les bois du Maine, ou essayer de pêcher à Temagami, ou aller taper une balle de golf à quinze milles par jour."

Puis je m'arrêtai et le regardai, car une partie subsidiaire de mon cerveau devait fonctionner même pendant que je parlais.

"Par le ciel, je crois que cette fille s'est trompée !"

« Vous vous êtes trompé ? Il a demandé.

"Oui, je crois qu'aucune fille ne connaît vraiment les petits trucs de son père. Je parierais que Lockwood a l'habitude de se taper l'ongle du pouce, parfois, avec ce qu'il tient dans son autre main !"

Mon ami découragé m'a regardé, un peu perturbé par la véhémence de mon éclat.

"Mais qu'est-ce que ça m'apporte maintenant ? A quoi ça me sert, même s'il tape du pouce ?"

" Ne voyez-vous pas qu'il s'agit d'un travail d'exploration, comme déterrer une cité perdue ? Ne voyez-vous pas que nous devons descendre jusqu'à au moins une pierre et suivre où mène ce premier panneau ? "

Je m'efforçai de lui transmettre quelque trace de mon enthousiasme soudain. Je voulais le faire sortir de ce ton monotone et mort d'indifférence. Je me levai d'un bond et posai une main déclamative sur le coin de la table de ma bibliothèque.

"Je vous le dis, ça vous fait beaucoup de bien. C'est votre bouée de sauvetage. C'est la chose qui doit vous maintenir à flot jusqu'à ce que vos pieds reposent à nouveau sur la terre ferme."

"J'ai essayé de ressentir cela une fois", fut sa réponse apathique. "Mais ça ne mène à rien. Cela me fait seulement décider que j'ai tout rêvé."

Je l'ai regardé alors qu'il s'appuyait avec lassitude dans le lourd fauteuil.

"Regarde ici," dis-je. "Je sais que tu es plutôt bien fini. Je sais que tu en as marre de toute cette situation désespérée, que tu as renoncé à essayer d'y penser. Mais je veux que tu joues cette chose pour moi- nuit. Je veux essayer de dramatiser cette situation dans le bureau de Lockwood lorsque vous avez signé pour la lettre de Carlton. Je veux que vous fassiez tout ce que vous pouvez pour visualiser ce moment. Je veux que vous fassiez dépasser ce pont en porte-à-faux à travers le golfe, à travers le golfe de chaque côté, jusqu'à ce que vous touchiez le milieu et que vous nous donniez une chance de les assembler .

J'ai repoussé les chaises, libéré l'espace sur la table de lecture, fait pivoter le jeune homme pour qu'il fasse face à cette table, puis j'ai pris une de mes propres lettres sur le lourd support en cuivre à côté de lui. Mon seul objectif maintenant était de le rendre « fou furieux ».

"C'est ta chambre", lui dis-je. "Et ceci est votre bureau. N'oubliez pas que vous êtes dans votre bureau, au travail dur. Soyez si gentil, s'il vous plaît, de rester occupé."

J'ai traversé la pièce jusqu'à la porte tout en parlant, concentré sur mon imitation. Mais je pouvais l'entendre rire de son rire indulgent et sans joie.

"Maintenant, je vous apporte ce courrier. Et ici, j'ai une lettre recommandée adressée à un certain Carlton. Vous la voyez, là ? Cette lettre ? C'est pour Carlton, rappelez-vous. Je veux que vous la preniez. Et que vous la signiez. , ici. Oui, écrivez votre nom – écrivez-le réellement. Maintenant, prenez la lettre. Et maintenant réfléchissez, mec, *réfléchissez* . Que faites-vous après cela ? Quelle est la prochaine chose ? Quelle est la bonne chose à votre avis ? Le seule chose?"

Il m'a regardé avec étonnement. Puis il regarda la pièce. Puis il secoua lentement sa perle d'un côté à l'autre. Je n'avais pas réussi à lui communiquer la moindre parcelle de ma propre énergie mentale.

"Je ne peux pas le faire", dit-il, "je ne m'en souviens pas. Cela ne semble rien suggérer."

"Mais réfléchis, mec, réfléchis !" Je lui ai crié dessus. "Utilisez votre imagination ! Entrez dans le rôle ! Jouez-le ! La chose est là dans votre tête, je vous le dis. Elle est enfermée quelque part là-bas, seulement vous n'avez pas frappé la bonne combinaison pour ouvrir la porte. Vous n'y parvenez pas. une chose dans cette vie, vous n'avez jamais vécu un moment actif de cette vie, sans qu'une trace de celle-ci n'y soit laissée. Elle est peut-être enterrée, elle peut être enfouie si profondément que vous mourrez sans la déterrer, mais elle est là , je vous le dis, si seulement vous y allez!"

"Si seulement j'étais sûr qu'il était là", hésita l'homme à table. "Si seulement je savais dans quelle direction aller ! Mais ça ne veut rien dire, ça ne me *mène* nulle part."

"Vous n'êtes pas de la partie", m'écriai-je avec ce qui était presque une extase d'impatience. "Ce que vous devez faire, c'est vivre cette journée. Si vous ne pouvez pas faire cela, vous devez vivre *au* moins une partie de cette journée. Non, ne pensez pas que tout cela soit une bêtise. Cela ne fera que revenons à une très vieille loi d'association. J'essaie seulement de faire quelque chose pour évoquer la vue, le toucher, l'ouïe. Nous savons tous les deux que ce sont des choses qui agissent le plus rapidement pour raviver la mémoire. Ne voyez-vous pas - dans des conditions similaires, je Je veux attraper quelque chose qui suggérera une action similaire ! Inutile de vous dire que mon esprit et votre esprit ont chacun une disposition permanente à refaire ce qu'ils ont fait autrefois dans les mêmes circonstances. Il ne sert à rien de se plonger dans la psychologie. C'est tout un bon sens quotidien si ordinaire.

Il s'est assis en me regardant d'un air un peu vide pendant que je lui martelais ça. Son visage pâle, frémissant à la lumière du feu, était studieux, mais passivement. L'infection de mon effort rhapsodique ne l'avait pas atteint. Je le savais, avant même qu'il parle.

"Je peux voir ce que vous visez", expliqua-t-il. "Mais peu importe à quel point je réfléchis, je ne peux pas dépasser le mur blanc. Je suis toujours dans votre bibliothèque. Et ceci est toujours une table et rien de comparable au bureau de Lockwood."

"Et ça te semble plutôt idiot ?"

"Oui, cela *semble* idiot", a-t-il reconnu.

Puis une idée soudaine tomba comme un grêle du ciel lui-même.

"Je sais ce qui ne va pas", m'écriai-je. "Je sais pourquoi tu ne joues pas le rôle. C'est parce que tu n'es pas sur la bonne scène. Tu sais que c'est une répétition vide, tu n'as pas réussi à te laisser aller !"

"Je suis désolé", dit-il avec la contrition d'un enfant et avec son geste répété d'impuissance.

Je me tournai vers lui, entendant à peine les mots qu'il prononçait.

"Nous devons entrer dans ce bureau", ai-je déclaré. "Nous devons entrer dans le bureau de Lockwood."

Il secoua la tête sans me regarder.

"J'ai parcouru ce bureau, dans tous ses coins et recoins !" il a réitéré.

"Mais ce que je veux savoir, c'est : *pouvons* -nous y entrer ?"

"A cette heure de la nuit ?" » demanda-t-il, apparemment un peu effrayé à la simple idée de cela.

"Oui, maintenant", ai-je déclaré.

"Je préférerais ne pas le faire", affirma-t-il finalement.

"Mais tu portes toujours ces clés de bureau, n'est-ce pas ?" J'ai demandé.

"Oui, j'ai toujours mes clés. Mais cela ne semblerait pas correct, dans l'état actuel des choses. Il serait trop facile pour eux de mal interpréter ma visite à minuit dans ces bureaux. Et ils me surveillent, chacun de mes mouvements. Je fais."

"Alors fais-leur savoir que tu vas faire le pas", ai-je soutenu. "Et puis nous descendrons dans ma voiture, sans aucune chance d'être suivis."

Il semblait réfléchir à la question. Puis il leva les yeux, comme si une lumière soudaine avait clarifié la situation.

"Vous connaissez Mary Lockwood, n'est-ce pas ?" il a ordonné.

"O-oui," admis-je avec hésitation.

"Alors ne serait-il pas plus facile pour toi de l'appeler au téléphone et de lui expliquer ce que tu proposes de faire ?"

C'était à mon tour de m'asseoir dans un bureau marron. Il ne serait pas facile, me rappelai-je, de faire comprendre à cet étranger les raisons pour lesquelles je ne voulais pas converser avec Mary Lockwood. Je me suis également rappelé que la situation à laquelle j'étais confronté était quelque chose qui devait transcender les simples problèmes personnels. Et j'étais dans un dilemme, jusqu'à ce que je pense au Benson, toujours fiable.

"Je vais demander à mon homme d'appeler la maison de Lockwood",
expliquai-je en me levant, "et d'annoncer que nous effectuons une visite
informelle dans ces bureaux."

"Mais à quoi sert cette visite ?"

"Dans le but de savoir si John Lockwood tape vraiment avec ses pouces
ou non !"

Le jeune au visage gris me regardait.

"Mais à quoi cela servira-t-il ?" il a ordonné.

"Eh bien, cela nous donnera la bonne mise en scène, les bons
'accessoires' - quelque chose à tendre la main et à tâtonner. Cela signifiera la
même chose pour votre imagination qu'un mur de briques pour un peu de
lierre." Et je me suis arrêté et je me suis retourné pour donner mes
instructions à Benson.

"Oh, ça ne sert à rien !" répéta l'homme qui ne s'en souvenait plus, de
sa voix plate et atone. Mais au lieu de lui répondre ou de discuter avec lui, je
lui ai mis son chapeau à la main et j'ai tenu la portière , attendant qu'il passe.

J'ai souvent pensé que si la silhouette convenable et quelque peu lourde
de M. John Lockwood avait envahi ses propres bureaux cette nuit-là, il aurait
été persuadé qu'il se trouvait face à deux fous.

Car, une fois que nous eûmes accès à ces bureaux et fermâmes la porte
derrière nous, je recommençai ce que j'avais si insuffisamment tenté dans ma
propre bibliothèque.

Au début de mes efforts pour transformer une idée mentale endormie
en une sorte de rapprochement avec la vie, j'ai essayé de me souvenir de mon
environnement et du fait que l'heure était inconvenante, presque deux heures
du matin. Mais alors que j'asseyais Criswell à son propre bureau et que je
faisais de mon mieux pour galvaniser son cerveau fatigué dans un semblant
de rôle que je lui avais assigné, je pense qu'il a plutôt perdu la notion du temps
et du lieu. Au bout de dix minutes, mon visage était humide de sueur et une
vague d'épuisement total m'envahit lorsque je vis qu'après toute ma lutte, rien
dans ce petit drame minutieusement joué n'avait touché une corde sensible
ni dans son imagination ni dans son esprit. mémoire.

"Tu n'as rien reçu ?" Ai-je demandé en me laissant tomber sur une
chaise à la fin de ma pantomime. Aucun metteur en scène, essayant de
projeter sa personnalité sur un acteur insensible , n'aurait pu lutter avec plus
de passion, de persuasion et de sollicitude. Mais cela avait été infructueux.

"Non, je ne peux rien obtenir !" dit Criswell au visage blanc. Et je voyais
qu'il avait honnêtement essayé, qu'il avait mis son âme à rude épreuve,

s'efforçant d'atteindre la lumière qui lui était refusée. Mais il ne s'agissait pas d'une simple volonté. C'était au-delà de son pouvoir. Cela dépendait de quelque chose d'extérieur, de quelque chose qui échappait autant à son contrôle conscient que s'il s'agissait d'un ange qui devait venir le toucher au front. C'était simplement que la porte de la Mémoire restait verrouillée et barrée. Nous n'avions pas trouvé la bonne combinaison. Mais je n'ai pas abandonné.

"Maintenant, nous allons essayer le propre bureau de Lockwood", lui dis-je avec un ton péremptoire qui le fit s'éloigner de moi.

"Je—je ne pense pas pouvoir revivre ça," balbutia-t-il. Et je voyais les rides de fatigue mentale se creuser sur son visage cendré.

Pourtant je ne lui ai offert aucune sympathie ; Je ne lui ai permis aucune évasion de ces quatre murs d'emprisonnement. J'avais déjà remué la piscine trop profondément. Je savais qu'une rechute dans le vieux désespoir impassible serait désormais doublement périlleuse.

J'ai regardé autour de la pièce. Trois côtés étaient bordés d'étagères à livres et chaque étagère était remplie de centaines de livres, des milliers d'entre eux au total, depuis des traités ennuyeux et sans intérêt sur la construction ferroviaire et l'ingénierie minière jusqu'à des rapports consulaires et des manuels encore plus ennuyeux. sur les questions de finances. Le quatrième côté de la pièce comportait deux fenêtres. Entre ces fenêtres, à environ six pieds du mur, se trouvait le bureau en palissandre de Lockwood. C'était un beau bureau, lourdement sculpté, mais, comme le reste du mobilier, le summum de la simplicité. L'histoire, je le savais, s'était écrite sur cet oblong de bois de rose. Cela avait été et serait encore une arène de querelles napoléoniennes. Pourtant, il se tenait devant moi, aussi nu et chauve que la plate-forme d'un combattant.

Je me suis assis dans le fauteuil pivotant sculpté à côté de ce bureau, j'ai rapproché ma chaise du bois de rose et j'ai levé les yeux vers Criswell, qui, je crois, se serait retourné et s'est enfui si on lui en avait donné l'occasion. Il commençait même, je crois, à avoir des soupçons quant à ma santé mentale. Mais je n'y voyais aucune objection. C'était, je le sentais, plutôt un avantage. Cela servirait à pousser ses nerfs à un niveau encore plus élevé – car j'espérais toujours, contre tout espoir, que je pourrais l'entraîner dans une forme de calenture mentale qui le pousserait à faire le saut en hauteur, ce qui lui permettrait d'une certaine manière de franchir le pas. mur aveugle.

"Maintenant, je m'appelle Lockwood, souviens-toi," criai-je en fixant mon regard sur lui, "et tu es Criswell, mon secrétaire particulier. As-tu bien compris ?"

Il ne m'a pas répondu. Apparemment, il cherchait faiblement un endroit où s'asseoir.

"Avez-vous compris cela?" Répétai-je, cette fois d'une voix presque tonitruante.

"Oui," dit-il finalement. "Je comprends."

"Alors retournez dans votre chambre. De cette pièce, je veux que vous m'apportiez une lettre. Pas n'importe quelle vieille lettre, mais une lettre particulière. Je veux que vous m'apportiez la lettre recommandée de Carlton pour laquelle vous avez signé. Je veux que vous m'apportiez voyez-le, ressentez-le et apportez-le ici.

J'ai mis toute l'autorité de mon être dans ce commandement. J'ai dû justifier à la fois mon parcours et mon intelligence. Je devais faire franchir le saut en hauteur à mon homme ou ramper humilié et vaincu.

J'ai regardé l'homme, car il ne bougeait pas. J'ai essayé de le forcer à obéir par la colère même de mon regard. Mais cela ne semble pas avoir réussi.

"Tu ne comprends pas," criai-je. "Je veux que tu m'apportes cette lettre recommandée, ici, maintenant !"

Il m'a regardé d'un air un peu vide. Puis il passa la main sur son front humide.

"Mais nous avons déjà essayé cela", se plaignit-il, hésitant. "Nous avons essayé, et ça n'a pas marché. J'ai apporté la lettre la première fois, et tu n'étais pas là."

Je me suis assis comme si on m'avait tiré dessus. Je pouvais sentir un picotement de quelque chose monter et descendre dans ma colonne vertébrale. Mon Dieu, ai-je pensé, cet homme est en fait en train de tomber sur quelque chose. L'obscurité se livrait à une idée.

"Oui, nous avons déjà essayé ça", ai-je cajolé. "Et ce qui est arrivé?"

« Vous n'étiez pas là », répéta-t-il avec un ton de détachement si langoureux qu'on aurait pu le croire sous l'influence d'un hypnotiseur.

"Mais je suis là maintenant, alors apporte-moi la lettre !"

J'ai essayé de parler doucement, mais j'ai remarqué que ma voix tremblait d'excitation réprimée. Que la contagion de mon hystérie lui soit parvenue ou non, je ne peux pas le dire. Mais il sortit brusquement de la pièce, avec la plus grande solennité.

Dès que j'étais seul, j'ai fait une chose à la fois ridicule et audacieuse. En ouvrant brusquement le tiroir privé de Lockwood, j'ai récupéré un perfecto dans une boîte à cigares que j'y avais trouvée. J'ai allumé ce perfecto avec impertinence et promptement, en soufflant son arôme, car je me suis soudain rendu compte à quel point certaines odeurs peuvent être un puissant aide-mémoire, comment, par exemple, la simple odeur d'une arche de Noé peut transporter un homme pendant quarante ans. retour à un Noël d'enfance.

Je restais assis là, occupé et distrait, à fumer tandis que Criswell entrait dans la pièce et s'avançait tranquillement vers mon bureau. Il tenait à la main une lettre. Il était assez solennel à ce sujet, sauf que ses yeux, remarquai-je, étaient aussi vides que s'il faisait une démonstration de somnambulisme. Il m'a fait penser à un acteur affamé essayant d'avoir l'air heureux devant une dinde *en papier mâché* .

"Voici une lettre pour Carlton, monsieur", m'a-t-il dit. « Est-ce que je ferais mieux de l'envoyer, ou vas-tu t'en occuper ?

J'ai fait semblant d'être préoccupé. Lockwood, je pensais, aurait été ainsi, si la scène s'était effectivement produite. L'esprit de Lockwood devait être occupé, sinon il aurait emporté un souvenir précis de ce qui s'était passé.

J'ai levé les yeux, rapidement et avec irritation. J'ai pris la lettre des mains de Criswell, j'y ai jeté un coup d'œil et j'ai commencé à tapoter distraitement le bout de mon pouce gauche avec tout en regardant la silhouette du secrétaire devant moi.

Le visage de Criswell devint vide lorsqu'il vit le mouvement. Son intelligence n'était même plus somnambulique. Cela m'exaspérait de penser qu'il allait me laisser tomber à un moment aussi critique.

"Pourquoi es-tu en panne ?" J'ai pleuré. "Pourquoi tu ne continues pas ?"

Il restait silencieux, regardant devant lui.

"Je— *je vois du bleu* ", dit-il finalement, comme pour lui-même. Son visage était moite de sueur.

"Quelle sorte de bleu ?" » ai-je demandé. "Tissu bleu ? Ciel bleu ? Encre bleue ? Bleu *quoi* ?"

" *C'est bleu* ", répéta-t-il, ignorant mon interruption. Et toute son âme semblait se tordre et se tordre dans un terrible travail d'accouchement mental.

"Je vois du bleu. Et tu le rends blanc. Tu le recouvres. Tu retournes du blanc-blanc-blanc ! Oh, qu'est-ce que c'est, nom de Dieu ?"

Ma colonne vertébrale me picotait à nouveau sous l'effet de milliers d'aiguilles électriques alors que je le regardais. Il se tourna vers moi avec un geste d'appel pitoyable.

"Qu'est-ce que c'était?" il a imploré. "Tu ne peux pas m'aider à l'obtenir – à l'obtenir avant qu'il ne parte ! Qu'est-ce que c'était ?"

"C'était bleu, bleu et blanc", lui ai-je dit, et en le disant , j'ai réalisé quel jargon insensé cela aurait pu paraître à n'importe quel étranger.

Il se laissa tomber sur une chaise et laissa sa tête tomber dans ses mains. Il ne parla pas pendant plusieurs secondes.

"Et il y a deux collines couvertes de neige", entonna-t-il lentement.

Mon cœur se serra un peu en l'entendant. Je savais que j'avais surmené ses forces. Il s'égarait encore une fois dans des situations hors de propos. Il avait raté le saut en hauteur.

"Tout va bien, vieil homme", ai-je essayé de le consoler. "Ça ne sert à rien d'en faire trop. Asseyez-vous là pendant un moment et calmez-vous."

Alors que je m'effondrais sur une chaise de l'autre côté du bureau, vaincu, regardant avec lassitude cette pièce tapissée de livres qui abritait une tragédie si indéterminée, la porte à ma gauche s'est ouverte. À travers elle entra une femme vêtue d'une robe de soirée teintée ivoire sur laquelle était jetée une cape en drap d'or.

J'étais assis là, à cligner des yeux, car c'était Mary Lockwood elle-même. Ce n'est pas tant son apparition soudaine que les mots qu'elle a prononcés à la silhouette recroquevillée de l'autre côté du bureau qui m'a surpris.

"Vous aviez raison", dit-elle avec une intensité de détermination qui s'efface. "Père tape avec ses pouces. Je l'ai vu le faire il y a une heure !"

Je restais assis à la regarder alors qu'elle se tenait au centre de la pièce, une tour d'ivoire et d'or se détachant sur les couleurs ternes et marbrées du mur tapissé de livres. J'ai attendu qu'elle parle. Puis, parmi les couleurs marbrées qui se présentaient à mes yeux, parmi les jaunes fanés et les bruns rouillés, les verts ternes et les rouges plus vifs, et les dorures d'innombrables titres, mon regard se posa sur un rectangle de bleu tout proche.

Je l'ai regardé sans vraiment le voir. Puis, capricieusement, je me suis rendu compte que le bleu était la couleur mentionnée par Criswell.

Mais après tout, le bleu n'est que le bleu, me dis-je d'un air vide en me levant et en traversant la pièce. Puis j'ai vu la ligne blanche en haut du livre et, sans raison valable, mon cœur a soudainement bondi dans ma gorge.

J'ai arraché cette chose bleue et blanche, comme un homme à la mer arrachant une corde de sauvetage. Je l'ai sorti de son lieu de repos et je me suis dirigé vers le bureau avec lui.

Sur sa page de titre bleue , je lis : « Rapport du commissaire de la Police à cheval du Nord-Ouest, 1898 ».

Le volume, que j'ai pu voir d'un coup d'œil, était un livre bleu du gouvernement canadien. C'était un volume que j'avais moi-même exploité, à mon époque et à mes propres fins. Mais ces fins, je m'en souvenais en prenant le livre et en le secouant, appartenaient désormais à un monde qui me paraissait très insensé et très lointain. Puis, après avoir secoué le volume comme un terrier secoue un rat, je l'ai retourné et je l'ai parcouru. C'est ce que j'ai fait avec un cœur qui s'affaissait lentement.

Cela n'avait rien d'important. Pourtant, je l'ai pris, je l'ai secoué et j'ai encore une fois fouillé ses feuilles, pour m'en assurer. Puis, entre ce que j'ai vu être les dix-huitième et dix-neuvième pages de cette section qui portait le titre « Le rapport de l'inspecteur Moodie », je suis tombé sur un encart photographique, une photogravure au bloc teinté. Il portait l'inscription : « Le sommet du col Laurier regardant vers l'ouest ». Ce qui m'a fait soudainement arrêter de respirer, c'est le fait que cette photographie montrait deux collines couvertes de neige.

« Criswell ! » J'ai crié si fort que cela a dû ressembler à un cri pour la femme abasourdie au manteau en drap d'or.

"Oui," répondit-il de sa voix lointaine.

" John Lockwood s'est-il jamais intéressé au nord de la Colombie-Britannique ? Avait-il des revendications, des intérêts ou des projets qui l'inciteraient à rechercher des pistes dans un rapport de patrouille de police ? "

"Je ne sais pas", fut la réponse lasse et indifférente.

"Réfléchis, mec!" Je l'ai interpellé. " *Pense!* "

"Je n'arrive pas à réfléchir", se plaignit-il.

« Ne devrait-il pas chercher des routes menant à un nouveau camp minier dans ce district ? J'ai persisté.

"Oui, je pense qu'il l'a fait," fut la réponse lente. Puis l'orateur m'a regardé. Sa stupeur était presque celle de l'ivresse. Son œil errant baissa les yeux sur le Livre Bleu alors que je feuilletais une fois de plus ses pages, de l'arrière vers l'avant. Je vis son regard hésitant se stabiliser, tout son visage changer. J'ai posé le livre sur le bureau, avec la photo du col Laurier en haut, sous la lumière blanche et plate.

J'ai vu les yeux de l'homme se dilater progressivement et son corps se soulever, comme si une machine hydraulique invisible l'élevait lentement et uniformément.

"Eh bien, il y a le bleu ! Il y a le blanc !" Il haletait.

"Continue!" J'ai pleuré. "Continue!"

"Et ce sont les deux collines couvertes de neige ! Ça y est ! Je le vois ! Je le vois, maintenant ! C'est le livre que John Lockwood était en train de feuilleter *quand je lui ai remis la lettre* !"

"Quelle lettre?" J'ai insisté.

"La lettre de Carlton", proclama-t-il.

"Alors où est-il ?" Ai-je demandé, le cœur malade. Mon regard allait de Criswell à la jeune fille au manteau doré alors qu'elle traversait la pièce jusqu'à l'étagère et se penchait sur l'espace d'où j'avais si fébrilement arraché le Livre Bleu. Je l'ai vue brosser la poussière du bout de ses doigts, se baisser plus bas et passer à nouveau la main entre les étagères. Puis je me tournai vers Criswell, car j'entendais sa voix s'élever presque jusqu'à un cri.

" *Je me souviens ! Je le vois maintenant ! Et il doit se souvenir ! Il doit se souvenir !* "

Je secouai la tête, désespérément, alors qu'il se jetait sur la chaise, sanglotant encore et encore ce cri idiot.

"Oui, il doit se souvenir", pouvais-je entendre Mary Lockwood alors qu'elle se tournait et nous faisait face.

"Mais qu'est-ce qui le fera ?" Ai-je demandé, alors que son regard studieusement impersonnel rencontrait le mien.

"Ce sera le cas", annonça-t-elle en lui tendant la main. Je vis alors, pour la première fois, que dans cette main elle tenait une enveloppe lourdement inscrite et estampillée R.

"Qu'est ce que c'est?" » demanda Criswell en le regardant fixement.

"C'est votre lettre perdue", répondit Mary Lockwood. " Comment cela s'est-il passé, je ne sais pas. Mais nous savons, maintenant, que mon père a enfermé cette lettre dans ce livre. Et les Lockwood , j'en ai peur, " continua-t-elle avec un étrange petit tremblement dans la voix. "J'aurai beaucoup, très beaucoup de raisons de vous demander pardon. Je suis désolé, M. Criswell, terriblement désolé que cela se soit produit. Mais je suis heureux, terriblement heureux, que les choses se soient passées ainsi."

Il y eut un moment de silence quasiment ininterrompu. Puis Criswell s'est tourné vers moi.

"C'est *toi* que je dois remercier pour tout ça", s'est-il finalement écrié, les yeux humides mais heureux, alors qu'il faisait de son mieux pour m'arracher la main. "C'est toi qui m'as... qui m'as réintégré !"

Nous étions là dans une sorte de triangle, très gênants et mal à l'aise, jusqu'à ce que je trouve le courage de briser le silence.

"Mais je ne semble pas avoir été capable de me réintégrer, Criswell," dis-je en me retournant et en rencontrant le regard égal de Mary Lockwood. Elle m'a regardé avec ses yeux intrépides et sans équivoque , pendant une demi-minute entière. Puis elle se détourna lentement. Elle n'a pas parlé. Mais il y avait quelque chose qui ressemblait étrangement à du malheur sur son visage alors qu'elle se dirigeait à tâtons vers la porte que Criswell, j'ai remarqué, lui avait ouverte.

CHAPITRE XI

LE ROADSTER VERT NIL

"J'espère que vous avez bien dormi, monsieur", a déclaré Benson, alors que je m'asseyais pour mon petit-déjeuner composé de Casaba glacé et d'œufs O'Brien, un long mois plus tard.

"Comme un toupie, merci", pus-je annoncer à mon vieux serviteur aux yeux anxieux.

"Cela ressemble au bon vieux temps, monsieur", osa Benson, caressant ses propres jointures comme s'il se serrait la main.

"C'est *comme* au bon vieux temps", reconnus-je vivement. "Et ce matin, Benson, j'aimerais que tu vides mon bureau et que tu retires tout ce fouillis de bronzes Shang et Ming de mon bureau."

"Tres bien Monsieur."

"Et commande une rame ou deux de ce Wistaria Bond que j'utilisais. Car j'ai à nouveau envie de travailler, Benson, et c'est un sentiment que je ne pense pas que nous devrions négliger."

"Tout à fait, monsieur", acquiesça Benson avec un mouvement de tête approbateur qu'il fit peu d'effort pour cacher.

C'était la vérité dont j'avais parlé à Benson. La sécheresse semblait terminée. La vieille inertie psychasthénique avait disparu. La vie, pour une raison ou une autre inexplicable, me paraissait encore une fois merveilleuse, touchée par quelque promesse indéfinie de grande aventure, couronnée une fois de plus par la lueur fugitive du vin de la romance. Gramercy Square, depuis mes fenêtres, ressemblait à quelque chose que Maxfield Parrish aurait pu dessiner. Un chariot à lait, juste au coin de la rue, me fit soudain penser à Phaéton et à ses coursiers des sentiers stellaires. J'avais envie de retourner à mon bureau, de secouer les ailes de la création. J'avais envie d'écrire une fois de plus. Il ne s'agirait plus jamais de ces impossibles demi-dieux d'Alaska des premiers jours, mais de vrais hommes et femmes, de gens que j'avais rencontrés, connus et que j'avais eu du mal à comprendre. La vie, j'ai commencé à le ressentir, était un jeu, un grand jeu, un jeu qui valait la peine d'être regardé, qui méritait doublement d'être essayé d'interpréter.

Alors , quand je me suis installé ce jour-là, j'ai écrit fébrilement et j'ai écrit avec joie. J'ai écrit jusqu'à ce que mes doigts soient à l'étroit et que ma tête soit vide. Je me suis rendu à une logorrhée joyeuse qui m'a laissé détendu et détendu et ayant besoin d'une heure ou deux de plein air.

Alors je suis sorti en fredonnant. C'était un après-midi étincelant du début du printemps, et tandis que j'arpentais les rues tranquilles , je retournais agréablement dans mon cerveau à moitié engourdi certaines idées sur la valeur de la surprise dramatique, ainsi qu'une prudence personnelle soigneusement enregistrée quant à l'attitude de l'auteur. utilisation excessive du bras long de la coïncidence.

Les coïncidences, me disais-je, étaient des choses qui apparaissaient trop souvent sur les pages imprimées et qui se produisaient trop rarement dans la vie réelle. C'était une manière d'homme paresseux d'atteindre sa fin, cette astuce consistant à monter sur les pare-chocs de l'Invention, à se balancer et à se suspendre au bras trop déchiré de la Coïncidence. C'était assez bien pour le côté désinvolte et trompeur des films, mais...

Et puis je me suis arrêté net. Je me suis arrêté net, confronté à l'un de ces accidents de rue calamiteux qui sont trop fréquents dans toutes nos villes du XXe siècle, où la vitesse et l'avidité pèsent si peu sur la vie.

Je sais à peine ce que j'ai remarqué en premier, le roadster impeccable en forme de trèfle étincelant dans sa couche d'émail vert du Nil, ou la jeune fille qui semblait se mettre directement sur son chemin alors qu'il bourdonnait sur l'asphalte lisse et poli. Mais par un de ces calculs miraculeusement rapides dont l'esprit humain est bien souvent capable, je compris que cette même voiture au ronronnement doux était prédestinée à entrer plus ou moins violemment en contact avec cette silhouette frêle et apparemment hésitante.

Mon premier réflexe fut de me détourner, d'éviter un spectacle dont mon instinct me disait qu'il serait horrible. Car encore une fois, je sentis le bec de la lâcheté transpercer mes entrailles. J'avais la peur du sang des odynéphobes . Cela m'a laissé sans pilote ; cela m'a rendu malade. Et j'aurais au moins couvert mon visage avec mes mains, pour effacer la scène, si je ne m'étais pas soudainement souvenu de cette autre occasion étrangement similaire où une voiture est entrée en collision violente avec un corps humain. Et c'était ma voiture. Cette fois-là, je le savais trop bien, je m'étais montré impardonnablement hésitant et lâche. J'avais fui l'horreur à laquelle j'aurais dû faire face comme un homme. Et j'avais payé ma lâcheté, au prix incroyablement exorbitant de mon estime de soi et de ma tranquillité d'esprit.

Alors cette fois, je me suis obligé à faire face à la musique. Je me suis préparé à rester là, alors même que la voiture en mouvement heurtait le corps hésitant et le jetait sur le trottoir. Mon cœur fit un bond dans ma gorge, comme un robinet à tournant sphérique, et j'ai crié à haute voix, dans une terreur mortelle, car je pouvais voir où le corps à jupe traînait sous les trains roulants du roadster vert Nil, traînant sur le trottoir comme les deux mains blanches s'accrochaient frénétiquement aux feuilles printanières peintes en vert. Mais je ne me suis pas enfui. En fait, au lieu de m'enfuir, j'ai fait exactement le contraire. Je me suis mis à côté de la fille tombée, qui s'est raidie dans mes bras alors que je la soulevais. Ensuite, j'ai étalé mon pardessus le long du trottoir et j'ai placé le corps inerte dessus, car dans ma première panique irraisonnée, j'ai cru que la femme était morte. Je pouvais voir de la salive striée de sang couler de ses lèvres entrouvertes. C'était horrible. Et je venais de m'assurer qu'elle était encore en vie, qu'elle respirait encore, quand j'ai pris conscience qu'un deuxième homme, qui avait couru à côté de la voiture en brandissant le poing vers son conducteur, se tenait tout près de moi. . C'était un homme âgé, d'apparence vénérable, avec des cheveux argentés et un aspect doux et élimé. Il se tordait les mains et gémissait de misère en regardant la jeune fille étendue sur mon pardessus.

"Ils l'ont tuée !" il a crié à haute voix. "Ô Dieu, ils l'ont tuée !"

"Connais-tu cette fille?" » ai-je demandé alors que je faisais de mon mieux pour desserrer la gorge de la taille de sa chemise.

"Oui, oui ! C'est ma Babbie. C'est ma nièce. Elle est tout ce que j'ai", fut sa réponse. "Mais ils l'ont tuée."

"Agir de cette façon n'aidera pas les choses !" Je lui ai dit, presque en colère. Puis j'ai levé les yeux, toujours en colère, pour voir ce qu'était devenue la voiture vert Nil. Il s'était rapproché du trottoir, à moins de dix mètres de là. Je pouvais voir une femme descendre du siège du conducteur. Tout ce que j'ai remarqué, au début, c'est que son visage semblait très blanc et que, tandis qu'elle se tournait et se dirigeait vers nous, sa main gauche était pressée contre sa poitrine. Cela m'a frappé, même dans ce moment de tension, comme un geste incroyablement dramatique.

Puis le long bras de la déesse connue sous le nom de Coïncidence s'est levé et m'a frappé en plein visage, aussi solidement qu'un marteau de forgeron frappe une enclume. Pour la femme que j'ai vue marcher, le visage blanc mais déterminé, vers l'endroit où je m'agenouillais au bord du trottoir, c'était Mary Lockwood elle-même.

Je me levai et lui fis face dans la clarté cruelle du soleil oblique de l'après-midi. Pendant seulement un instant, j'ai remarqué que ses yeux frappés se sont posés sur la silhouette de la femme allongée le long du trottoir. Puis ils se sont levés à mon visage. Dans ces yeux, alors qu'elle me regardait, je pouvais lire la question, l'horrible question, que ses lèvres laissaient muette. Pourtant, ce n'était pas la peur ; ce n'était pas de la lâcheté que je vis écrite sur ce front tragiquement incolore. Il s'agissait plutôt d'une protestation muette contre une injustice sans limites, d'un plaidoyer passionné et inarticulé en faveur d'une peine prononcée dont elle savait qu'elle ne pourrait pas lui être infligée.

"Non, elle n'est pas morte", dis-je en réponse à cette question tacite. "Elle n'est peut-être même pas gravement blessée. Mais—"

J'ai regardé la salive révélatrice striée de sang. Mais le vieil homme aux cheveux argentés à mes côtés a mis fin à ces tentatives de tergiversation.

"Elle est tuée", proclame-t-il avec enthousiasme.

"Elle n'est rien de tel", rétorquai-je avec autant d'enthousiasme.

"Mais tu as vu ce qu'ils lui ont fait ?" » demanda-t-il en s'agrippant à mon épaule. "Vous l'avez vu. Ils l'ont renversée comme un chien. Ils l'ont ruinée, ils lui ont brisé le corps, pour la vie !"

Je vis la main de Mary Lockwood se tendre, comme pour chercher du soutien. À ce moment-là, elle respirait presque aussi vite que la jeune fille qui revenait au bord du trottoir.

"Tais-toi", ordonnai-je sèchement au vieil homme alors qu'il recommençait ses déclamations, car la foule habituelle de la ville commençait déjà à se rassembler autour de nous. "Ce n'est pas une discussion que nous voulons maintenant. Nous devons amener cette fille là où on pourra prendre soin d'elle."

C'est alors que Mary Lockwood prit la parole pour la première fois. Sa voix était tremblante, mais la main gantée qui pendait à ses côtés ne tremblait plus.

"Je ne pourrais pas la ramener à la maison ?" elle me demanda. "Chez moi ?"

J'étais occupé à repousser la foule.

"Non", lui ai-je dit, "un hôpital, c'est mieux. Je vais la mettre dans ta voiture là-bas. Ensuite, tu l'emmèneras au Roosevelt. C'est encore mieux que d'attendre une ambulance."

Je me suis de nouveau penché sur la jeune fille blessée et j'ai senti son pouls. Cela m'a semblé un pouls incroyablement fort et régulier pour quiconque se trouvant dans une telle situation. Et sa respiration, j'ai remarqué, était très proche de la normale. J'ai examiné chaque côté de son visage et inspecté ses lèvres et même le bout de sa langue, pour voir si une coupure ou une abrasion ne pouvait pas expliquer cette inquiétante traînée de sang. Mais je n'ai trouvé ni coupure ni contusion, et à ce moment-là, le vieil homme se faisait de nouveau entendre.

"Vous ne l'emmènerez dans aucune maison antiparasitaire", proclamait-il avec enthousiasme. "Elle reviendra avec moi, ce qu'il reste d'elle. Il *faut qu'elle* rentre avec moi !"

Mary Lockwood le regardait de ses yeux tragiques et encore légèrement perplexes.

"Très bien", annonça-t-elle doucement. "Je vais la ramener à la maison. Je vous ramènerai tous les deux à la maison."

Et le vieil homme parut extrêmement soulagé.

"Où veux-tu aller ?" lui ai-je demandé avec une certaine impatience. Car j'avais décidé de les éloigner de là, pour le bien de Mary, avant que l'inévitable patrouilleur ou journaliste n'arrive.

"De l'autre côté de Brooklyn", expliqua celui qui était démuni, avec un vague signe de la main vers l'est. J'ai dû repousser à nouveau la foule avant de pouvoir récupérer la forme molle de son lieu de repos asphalté.

"Et quel est ton nom?" Ai-je demandé alors que le vieil homme arrivait à côté de nous en se dirigeant vers la voiture qui nous attendait.

« Crotty », annonça-t-il. "Zachary Crotty."

Ce n'est que lorsque j'ai placé la jeune fille blessée dans le siège d'auto au rembourrage doux que ce nom de « Crotty », envoyé comme une torpille à travers les espaces ouverts de la distraction, a explosé contre les plaques de coque de la mémoire.

Crotty! Le nom même de Crotty m'a fait soudainement revenir à l'esprit vers un énième accident de rue, un accident dans lequel j'avais moi-même joué un rôle si actif et si malheureusement. Car Crotty était le nom, je me souvenais, de l'homme qui avait confirmé le verdict de mon chauffeur Latreille quant à la victime de cette inoubliable affaire d'Halloween. Crotty était l'individu qui avait fait savoir à Latreille que nous avions réellement tué un homme. Et Crotty n'était pas un nom remarquablement courant. Et maintenant, curieusement, il était impliqué dans un autre accident presque de même nature.

Quelque chose m'a poussé à tendre la main et à sentir la main de la jeune fille encore dans le coma. Cette main, ai-je remarqué, était chaude au toucher. Puis je me retournai et inspectai le vieil homme à l'air vénérable qui pleurait maintenant avec volubilité dans un grand mouchoir de coton.

"Vous devrez nous donner votre rue et votre numéro", lui dis-je, comme masque pour couvrir mon inspection continue du mien.

Il l'a fait, entre deux sanglots. Et ce faisant, je n'ai détecté aucune trace de larmes réelles sur son visage. De plus, j'étais sûr que l'œil périodiquement dissimulé par le mouchoir bruyamment fleuri était un œil chroniquement errant, un œil instable, un œil qui semblait réticent à croiser votre propre regard honnêtement interrogateur.

Cette découverte, ou peut-être devrais-je dire ce soupçon, me poussa à me tourner vers Mary, qui était déjà à sa place au volant.

« Ne serait-ce pas mieux si je partais avec toi ? lui demandai-je, touché au cœur par la souffrance muette que je ne voyais que trop clairement sur son visage blanc de lait.

"Non", m'a-t-elle dit en faisant signe à l'oncle de la fille de monter dans la voiture. "C'est quelque chose que je dois faire moi-même."

"Et c'est quelque chose qu'il faudra payer, et bien payer", déclama notre vieil ami aux cheveux argentés en rangeant son mouchoir en coton et en prenant sa position légèrement triomphante dans ce roadster vert Nil.

Ce n'est pas tant cette déclaration, je pense, que le regard écrasé et désespéré dans les yeux de Mary Lockwood qui m'a incité à me pencher par-dessus la portière de la voiture et à croiser le regard de ces yeux alors qu'ils me regardaient sans me voir.

"J'aurais aimé que tu me laisses partir avec toi", suppliai-je, mettant ma fierté dans ma poche.

"A quoi cela servirait-il ?" » demanda-t-elle avec une touche d'amertume dans la voix. Son pied, je le voyais, appuyait déjà sur le bouton du démarreur.

"Je pourrais peut-être vous aider", ai-je hasardé de manière plutôt inadéquate. Cependant, alors même que je parlais, j'ai aperçu la silhouette d'un patrouilleur vêtu de bleu se frayant un chemin à travers la foule le long du trottoir. J'imagine que Mary a également aperçu cette silhouette, car une ombre est passée sur son visage et la pulsation du moteur s'est transformée en un bourdonnement.

"Je ne peux pas attendre", dit-elle avec une sorte de souffle coupable. "Cette fille a besoin d'aide. Et elle en a besoin rapidement."

Inconsciemment, mes yeux tombèrent sur l'autre fille assise si mollement dans le siège rembourré. De toute évidence, elle revenait à nouveau. Mais alors qu'elle dépassait mon champ de vision avec le mouvement de la voiture, j'ai fait une découverte triviale et pourtant légèrement déroutante. J'ai remarqué que la main détendue posée si impassiblement le long du dessus de la porte portait une tache jaune distincte entre le bout de l'index et de l'index. Cette tache jaune, je le savais, était habituellement provoquée par l'usage de la cigarette. C'était une marque particulière au fumeur habituel. Pourtant, la silhouette douce et terne que j'avais soulevée dans ce siège d'auto pouvait difficilement être acceptée comme consommatrice de « clous de cercueil ». Elle laissait une ride que le fer de la Raison avait du mal à effacer.

En fait, cela m'a laissé plisser les yeux après le départ de ce roadster, avec quelque chose de plus que de la perplexité qui me grignotait le cœur. J'étais opprimé par un sentiment de conspirations indéfinies qui se tissaient autour de la jeune fille aux yeux tragiques dans la voiture vert Nil. Et une soudaine envie de suivre cette fille, de s'interposer entre elle et certaines activités qu'elle ne pourrait jamais comprendre, s'est emparée de moi.

Cependant, une telle poursuite n'était pas aussi facile qu'elle le promettait. Car j'ai d'abord dû expliquer à ce patrouilleur curieux que l'accident était sans importance, que je n'avais même pas pris la peine de prendre le numéro d'immatriculation de la voiture et qu'on pouvait me trouver chez moi à Gramercy Square au cas où. toute information complémentaire pourrait être jugée nécessaire. Puis, une fois sorti du quartier, j'ai hésité entre deux parcours possibles. L'une consistait à prendre contact par téléphone avec le père de Mary, avec John Lockwood. L'autre était de me rendre au quartier général de la police et d'en discuter avec mon bon ami le lieutenant Belton. Mais l'un ou l'autre mouvement, je m'en souvenais, aurait été désagréable pour Mary elle-même. Cela signifiait de la publicité, et la publicité était une chose à éviter. J'ai donc résolu le problème en adoptant une approche totalement différente. J'ai fait ce que je voulais faire au fond de mon cœur depuis le début. J'ai hélé un taxi qui passait, je suis monté à bord et je me suis dirigé directement vers ce quartier de l'arrière-pays de Brooklyn où Crotty avait décrit sa maison comme étant debout.

Je ne me suis pas rendu directement à cette maison en voiture, mais j'ai renvoyé mon chauffeur à un coin voisin et je me suis approché de la maison à pied. Il n'y avait plus aucune voiture vert Nil en vue. Et la maison elle-même, j'ai remarqué, était nettement peu attrayante, délabrée, voire sordide. Je me tenais à l'ombre de l'entrée latérale d'un de ces salons d'angle aux lettres dorées qui surgissent comme des oasis aromatiques des Saharas les plus lugubres de l'homme , étudiant cette façade de maison tout à fait répugnante. Et tandis que je me tenais là, notant soigneusement ses caractéristiques les plus infimes, une silhouette descendit vivement ses marches de grès brisées.

Mais ce qui m'a fait reprendre mon souffle, c'est que la silhouette était celle d'un homme, et cet homme était Latreille , mon ex-chauffeur. Et encore une fois, je me souvenais, le long bras de Coïncidence se tendait et me tirait par la manche.

Mais je ne m'attardai pas là pour méditer sur cette abstraction, car je remarquai que Latreille , déambulant de l'autre côté de la rue, avait fait signe à deux autres hommes qui s'approchaient tranquillement de mon caravansérail du coin voisin. L'un d'eux, j'ai vu, était le vieil homme connu sous le nom de Crotty. Et il était évident que d'ici deux minutes, ils convergeraient vers un endroit désagréablement proche de l'endroit où je me trouvais.

donc reculé discrètement et tranquillement par l'entrée latérale de cette brasserie aux odeurs multiples . Là, j'ai rencontré un barman Hibernian avec un plateau vide et un œil exceptionnellement mauvais. Je l'ai cependant retenu d'une main fraternelle sur sa manche.

"Ma sœur," expliquai-je précipitamment, "j'ai un rendez-vous avec une côte ici. Pouvez-vous me mettre sous couverture ?"

C'était un patois, j'en étais sûr, qui parviendrait à sa compréhension. Mais ce n'est que lorsqu'il a vu le cinq points que j'avais glissé sur son plateau que l'expression de cynisme las du monde a disparu de son visage.

"Bien sûr", dit-il en empochant la facture rapidement et impassiblement. Puis, sans un mot ni un clin d'œil, il passa devant une pièce remplie de tables rondes sur des socles en fer, sortit la clé d'une porte s'ouvrant dans le mur du fond, la fourra entre mes doigts et me fit signe d'entrer avec désinvolture.

Je suis entré par cette porte, je l'ai fermée et verrouillée. Puis j'ai inspecté mes quartiers. Ils étaient assez éloquents sur les aventures sordides et laides. Ils sentaient la liqueur aigre et la fumée de cigare rassis, avec une vague note d'iris et de patchouli. D'un côté de la pièce se trouvaient un canapé imitation turc, de l'autre un lavabo en désordre et une table de jeu aux bords carbonisés. À mi-chemin entre ceux-ci, il y avait un « speak-easy », un petit panneau mural coulissant à travers lequel des rafraîchissements liquides pouvaient être servis sans aucune interruption indue de l'intimité de ceux qui y prenaient part. Ce talk-easy, je l'ai remarqué en le retirant un peu, s'ouvrait sur le « bar à bière », immédiatement à l'arrière du bar lui-même, le « salon » où l'invité assoiffé pouvait s'asseoir dans l'un des petits bars. autour des tables et consommer à loisir ses "suds" ou son whisky à l'huile de fusel . Et tout cet endroit m'a impressionné comme étant le genre de chose qui faisait encore de la civilisation une parodie et des loisirs de banlieue une vipère qui rampait sur son ventre.

En fait, j'étais encore en train de regarder par ma petite fente dans le mur lorsque j'ai pris conscience des trois personnages qui entraient dans cette pièce vide avec les petites tables rondes. Je pouvais les voir distinctement. Il y avait le vieux Crotty aux cheveux argentés ; il y avait Latreille ; et il y avait un individu plutôt négligé et aux yeux furtifs qui m'a immédiatement et sans équivoque impressionné en tant que toxicomane. Et aussi répugnante que puisse être pour moi d'écouter aux portes, je ne pouvais m'empêcher de me pencher près de la fente de mon talk-easy et d'écouter ce digne trio alors qu'ils s'asseyaient à moins de six pieds de là où je me tenais, Latreille et le vieux Crotty me tournant le dos, le individu en désordre à qui ils s'adressaient comme étant le Doc assis face au mur qui me protégeait.

« Ça va bien ! » » murmura avec contentement l'un des membres de ce trio, sortant de leur silence momentané. Et là-dessus, j'ai immédiatement dressé l'oreille, car je savais que la houle, dans la langue vernaculaire des enfers, signifiait une récolte facile.

"Qu'est-ce que ça va être, les garçons ?" interrompit une voix que je reconnus comme étant celle du barman .

"Bourbon", aboya Latreille .

"Une limace au visage carré, Mickey", annonça d'un ton amical le vieux monsieur connu sous le nom de Crotty.

"Bière profonde", soupira celui qui était désigné comme The Doc. Puis vint le bruit d'une allumette qu'on frappait, le frottement d'un pied de chaise et le coup de poing sur le dessus de la table, suivis d'un rire tranquille et satisfait.

"C'est une pipe !" » annonça une voix solennellement exultante. Et je savais que l'orateur était mon distingué ex-chauffeur. "C'est sûr, c'est un grand jeu d'enfant !"

"Rien n'est un jeu d'enfant tant que vous n'avez pas mis la marchandise dans votre jean", a soutenu Crotty, avec le scepticisme non anormal de l'âge.

"Mais n'a-t-elle pas donné ses cent dix dollars au Doc, juste pour couvrir les frais de fonctionnement ? Cela ne vaut-il pas la peine de s'en souvenir ? Et n'a-t- elle pas eu la peur de Dieu en elle ? Et n'est-ce pas ? elle revient ce soir avec cette gelée de vin, ce vieux porto et son propre chéquier ?

Cette allocution fut suivie d'un silence reconnaissant.

"Mais c'est le vieux Lockwood qu'il faut croiser", rappela finalement à ses confrères celui qu'on appelait The Doc.

Cela provoqua un grognement de mépris de la part de Latreille . "Je vous le répète, le vieux Lockwood se battra jusqu'au bout. La fille est votre viande. Elle est votre marque. Vous l'avez ! Et si vous avez seulement le cerveau pour la traire correctement , elle est bonne pour quarante ans. mille. Elle est déjà affaiblie. Elle est sur les dérapages. Et elle a sa propre pile sur laquelle tirer !

"Quarante mille?" » répéta l'autre avec un claquement de lèvres.

"Cela fait treize mille pièce", corrigea largement Latreille , "avec un de plus pour Car-Step Sadie."

"Éliminez ce nom", ordonna Crotty.

"Eh bien, Babbie, alors, si cela te convient mieux. Et c'est un glissement de terrain pour elle !"

" Elle ne l'a pas mérité ? " » demanda son vieux tuteur aux cheveux argentés.

"Cela me semble être un assez bon salaire pour se faire baiser avec une voiture de jeu et même pas une contusion au tibia."

"Eh bien, est-ce que sa formation ne vaut pas quelque chose, dans ce travail ?"

" Bien sûr , mais comment diable a-t-elle pu avoir ces traces de sang si belles et si réalistes sur son visage ? "

Le vieux monsieur aux cheveux argentés gloussa en posant son verre de visage carré.

"C'est sûr que notre Babbie est un petit jeu de grande tribune ! Vous voyez, elle garde la pulpe exposée dans l'une de ses dents du fond. Puis une petite succion avec sa langue dessus la fait saigner, avec un préavis d'une demi-minute. C'est comme ça elle a joué au jeu de l'hémorragie avec le vieux Bronchial Bill tout l'hiver dernier, avant que le bec ne l'envoie dans la rivière.

Je me tenais là, appuyé contre l'étagère sale sur laquelle avait dû passer tant de liquide qui réjouit l'humanité déprimée. Mais jamais auparavant, j'en suis sûr, quelque chose d'aussi encourageant n'avait été diffusé dans ce sordide petit talk-easy. Je n'avais plus peur de ce trio à l'air malin exultant si content de leur victoire mal acquise.

"Eh bien, c'est un jeu d'enfant," poursuivit la voix bourdonnante, "si seulement le Doc arrête la drogue pendant quelques jours et que ton Babbie n'arrive pas à se jeter par-dessus le marchepied !"

"Ce n'est pas Babbie qui m'inquiète ", expliqua le vieux Crotty. "Cette fille fera ce qu'on attend d'elle. Elle doit le faire. Je l'ai bien informée là-dessus. Ce qui m'inquiète le plus, c'est ce tireur de manchettes qui est intervenu là-bas sur l'île."

J'entendais encore une fois le petit grognement de mépris ouvert de Latreille .

"Eh bien, vous pouvez vous sortir ce bug de la tête", affirma doucement mon ex-chauffeur. "Vous semblez avoir oublié ce type, Zachy . C'est le sein sur lequel nous avons déchargé la voiture de ville du sénateur. Et c'est l'hindou que j'ai encadré, lors de la nuit d'Halloween. Vous vous en souvenez, n'est-ce pas ?"

Je me suis penché plus près, avec mon cœur battant sous mon ventre et un chant dans mes oreilles. Mais le vieux Crotty ne semblait pas s'en souvenir.

"La nuit d'Halloween ?" il ruminait à haute voix.

"Eh bien, le raide à qui je t'ai demandé de te tenir prêt à donner la bonne parole, s'il venait par ici pour un chant et une danse d'habeas corpus !" » fit la voix un peu impatiente de Latreille . "Ça ne vous dérange pas, lors de la dernière Halloween, comment les garçons de Big Hill ont bourré ce costume de vieux vêtements avec de la paille et des chiffons, puis l'ont collé dans la rue ? Et comment nous avons frappé ce mannequin, et comment J'ai fait croire à cet essuie-plume au cœur de poulet qu'il avait tué un homme et quitté la scène en coyote ?

Je ne sais pas quelle a été la réponse du vieux Crotty à ces questions. Sa réponse ne m'intéressait pas. Ce n'était même pas la rage qui m'envahissait alors que j'écoutais ces mots trop enrageants.

La première chose que j'ai ressentie a été un sentiment de soulagement, une vague mais vaste conscience de délivrance, comme un condamné à perpétuité endormi avec la grâce du gouverneur agitée devant son visage. Je n'avais plus peur pour Mary. Je n'avais plus peur de la vie, peur de moi-même, peur de mes semblables. Ma table était vierge. Et surtout, je n'avais plus du tout peur de Latreille . *J'étais* l'essuyeur de plumes au cœur de poulet – et je le détestais pour ce mot – qui avait été « piégé ». *J'ai* été la victime trop craintive de leurs conspirations parfumées. *J'étais* le sein qui avait été fait pour remuer, souffrir et transpirer. Mais cette époque était révolue, pour toujours. Et la grande vague de soulagement qui m'a submergé a de nouveau déferlé, cette fois renforcée par la colère, puis encore une fois s'est élevée et s'est brisée en un élan brumeux de pitié pour Mary Lockwood. Je la considérais comme quelque chose de doux et de plumes dans les triples enroulements de ces trois conspirateurs reptiliens , comme quelque chose de propre, de timide et de fragile, lentement recouvert par les crocs qui devaient s'attacher à son innocence, qui devaient se nourrir de sa bonté. de coeur. Et j'ai décidé qu'elle n'aurait jamais à vivre ce que j'avais été obligé de vivre.

Je n'ai pas attendu plus. En fait, il n'y avait plus rien à attendre, pour moi et pour mon monde. J'avais découvert tout ce que je voulais savoir. Pourtant, j'ai dû rester là pendant une minute entière, me forçant au calme. Ensuite, j'ai traversé la pièce sur la pointe des pieds jusqu'à une deuxième porte qui se trouvait dans le mur du fond, je l'ai déverrouillée et je suis sortie dans le couloir étroit et pas très bien éclairé. Cela menait à des toilettes qui à leur tour ouvraient sur un autre passage étroit. Et à partir de là, j'ai pu retourner dans le bar lui-même.

Je n'ai pas tardé à donner des explications au digne appelé Mickey, ni à annoncer mon départ à ses amis encore plus dignes. Je me suis glissé tranquillement et rapidement hors de cet endroit sale au coin de la rue, j'ai traversé la rue où le crépuscule du début du printemps s'installait déjà, et je suis allé directement à la maison que je savais être celle de Crotty.

Je n'ai même pas attendu pour sonner. J'ai essayé la porte, je l'ai trouvée déverrouillée et je suis entré. Là, aucun signe de vie ne m'a été confronté. Mais cela n'a pas un instant freiné mes explorations. J'examinai tranquillement le rez-de-chaussée, le trouvai aussi peu attrayant que son propriétaire, et montai sans bruit l'escalier étroit pour examiner les régions supérieures.

Ce n'est que lorsque j'ai atteint le haut des escaliers que je me suis arrêté. Car là, je pouvais entendre le bruit sourd mais indubitable de quelqu'un qui se déplaçait. Il m'a fallu plusieurs minutes pour déterminer la source de ces mouvements. Mais une fois assuré de mon terrain, je m'avançai vers la porte au fond de la salle à moitié sombre et l'ouvris.

De l'autre côté de la pièce dans laquelle je regardais, j'aperçus une jeune fille portant des pantoufles et un *peignoir rose délavé* jeté sur une chemise de nuit pas très propre en linge sale. Dans une main, elle tenait une cigarette allumée. De l'autre main, elle remuait quelque chose dans une petite marmite en granit au-dessus d'un réchaud à gaz. Ses cheveux étaient détachés et ses épaules étaient nues. Mais toute son attention semblait concentrée sur ce savoureux ragoût, qu'elle reniflait avidement, presque enfantinement, entre deux bouffées de sa cigarette. Puis elle se remit à remuer sa marmite, avec une satisfaction évidente.

En fait, j'ai fermé la porte derrière moi avant qu'elle ne se rende compte qu'il y avait quelqu'un d' autre dans la pièce avec elle. Et quand elle a levé les yeux et m'a vu là, ses yeux se sont lentement agrandis et elle a lentement et délibérément posé sa cuillère sur le dessus de la commode sale à côté d'elle. Ce n'était pas exactement la peur que je vis apparaître sur son visage. Il s'agissait plutôt d'un métier de fugitif longtemps harcelé et endurci.

"Bab", dis-je en m'adressant à elle dans le langage qui, j'imaginais, lui plairait le plus. "Je ne veux pas me mêler de votre bourbier. Mais le temps est précieux et je vais parler franchement."

"Tirer!" dit-elle après un moment d'hésitation suivi d'un autre moment d'évaluation silencieuse.

"Les flics arrêtent The Doc et le vieux Crotty pour avoir falsifié leurs affirmations. Ils viennent aussi ici, Bab, pour arrêter une fille appelée Car-Step Sadie pour s'être jetée sous la voiture de cette femme de Lockwood et l'avoir saignée pendant un moment. cent dix os, et—"

"Ces taureaux s'en prennent à moi !" » a éclaté la silhouette inquiétante et déshabillée en linge sale, alors qu'elle me regardait avec une sorte d'hostilité de souris dans ses jeunes yeux rusés.

"Mais ils amènent avec eux un chirurgien de la police " , continuai-je avec désinvolture, "car ils prétendent, Bab, que tu as une dent creuse, tu peux commencer à saigner à tout moment si tu as besoin de retarder cette blessure interne. Et ils ont déterré quelques affaires qui ne sembleront pas très bonnes au bureau du procureur de district. Maintenant, je ne suis pas ici pour donner des conseils. Ce n'est qu'un brouhaha. Et vous pouvez le faire. ce que vous aimez. Mais si vous êtes sage, vous glisserez tant que la glisse sera bonne.

Elle se leva une fois de plus pour m'étudier en silence.

"Qu'est-ce que ça te fait, de toute façon ?" » demanda-t-elle soudain.

"C'est si peu, ma chère," reconnus-je avec désinvolture, "que vous pouvez en faire exactement ce que vous voulez. Mais..."

"Où est le Doc ?" » était sa prochaine question rapide. "Où est Crotty ?"

Je devais réfléchir vite.

"Ils ont esquivé", affirmai-je, étonné par ma propre facilité nouvellement découverte en matière de fiction.

"Qui a dit qu'ils s'étaient esquivés ?"

"Tu connais Mickey, là-bas, au coin ?" Je me suis aventuré.

Elle hocha la tête en traversant la pièce en courant et jeta le *peignoir délavé* . Le mouvement m'a fait revenir à une autre scène plus ancienne, à la scène dans laquelle un certain Vinnie Brunelle avait joué le rôle principal .

" Latreille ", expliquai-je à la fille de l'autre côté de la pièce, "est passé chez Mickey et a prévenu Crotty et The Doc, il y a à peine un quart d'heure."

"Et ils se sont enfuis sans "Tu me fais un signe ?", s'est-elle indignée.

"Ils l'ont fait", ai-je tergiversé.

Elle s'arrêta brusquement, se retourna et me regarda avec une suspicion ouverte.

"Où as-tu connu ce type Latreille ?" » a-t-elle demandé.

« Latreille a travaillé avec moi pendant des mois », déclarai-je, parlant en fait avec plus de vérité que je ne l'avais voulu.

"Alors moi pour les grands bois !" » annonça cette petite aventurière au visage dur alors qu'elle commençait à enfiler ses vêtements.

"Tu ne veux pas que je te trouve un taxi ?" M'enquis-je en reculant discrètement jusqu'à ce que je me retrouve devant la porte ouverte.

"Taxi c'est fou !" rétorqua-t-elle à travers la pluie de tapis de lingerie souillé qui tombait en cascade sur ses épaules blanches se tordant. "Pourquoi tu me prends, de toute façon ? Une autruche ? Quand je me mets à l'abri, j'y vais à ma manière, et pas avec tous les Brooklyn qui me hurlent dehors !"

Et elle a suivi son propre chemin. Elle y est en effet allée beaucoup plus rapidement que je ne l'avais prévu, car en cinq minutes elle était habillée, bottée et coiffée et se précipitait à travers les rues maintenant sombres. Le chemin qu'elle prenait et la couverture qu'elle recherchait ne m'intéressaient pas du tout une fois que je m'étais assuré qu'elle allait dans une direction opposée à celle du caravansérail apaisant la soif de Mickey. Mais elle y est allée. Elle secoua la poussière de cette maison de ses jeunes talons fébriles ; et c'était la seule chose que je désirais d'elle. Car cette nuit-là, je le savais, me réservait encore un ou deux problèmes qui seraient déjà assez pénibles sans la présence de la redoutable Lady Babbie et de sa prémolaire sanguinaire.

Pourtant, une fois qu'elle a quitté cette maison, j'ai décidé de suivre son exemple. Mais cela n'a pas été aussi facile qu'on l'avait promis. Car j'avais à peine atteint le pied de l'escalier que j'entendis des bruits de voix devant la porte de la rue. Et je les ai immédiatement reconnus comme étant ceux de Crotty et de Latreille .

Cette découverte m'a fait reculer précipitamment à tâtons dans le couloir sombre. Au moment où la porte s'est ouverte, j'avais trouvé un deuxième escalier qui menait évidemment au sous-sol. Je pouvais entendre la voix de l'homme connu sous le nom de The Doc, car les trois hommes avançaient maintenant, et n'avançaient pas très doucement, vers leur refuge à l'air moisi. Mais ma propre descente dans les escaliers du sous-sol était assez silencieuse, car je réalisais maintenant l'opportunité de m'éclipser et d'appeler à l'aide.

Ce n'est cependant qu'après de nombreux tâtonnements que je parvins à atteindre la porte donnant sur le sous-sol, directement sous les marches de la rue. Heureusement, une énorme clé en laiton y était en place. Alors , alors que je m'évanouissais, j'ai pris la peine de reverrouiller cette porte après moi et d'empocher la clé.

En cinq minutes , j'avais trouvé une épicerie de rue avec un téléphone suffisamment caché. Et au moyen de ce téléphone, j'ai immédiatement appelé le quartier général et demandé le lieutenant Belton.

Il a écouté ce que j'avais à dire avec beaucoup plus d'intérêt que je ne l'avais prévu.

"Witter", a-t-il répondu par fil, "je crois que vous êtes tombé sur quelque chose d'important."

"Alors supposons que vous trébuchiez ici après cela", fut ma suggestion rapide. Mais Belton ne devait pas se laisser entraîner dans l'action trop précipitée de l'amateur.

" Si ce n'est pas ce groupe que le quartier général veut interviewer depuis trois mois, je rate mon meilleur pari. Mais dans cette affaire, Witter, vous devez le savoir . Alors je vais passer au Bureau. et recherchez des tasses et des disques. Si ce déverseur de lumière est Bab Nadeau, *alias* Car-Step Sadie, il n'y a aucun doute sur le fait que votre homme est Crotty.

"Elle *s'appelle* Car-Step Sadie", lui ai-je dit.

"Alors nous serons là-bas avec les cloches allumées", annonça-t-il calmement.

"Mais qu'attends-tu de moi en attendant ?" Ai-je demandé un peu maussade.

"Laissez- les deviner," rétorqua-t-il tranquillement, "laissez- les deviner jusqu'à ce que nous nous promenions là-bas et que nous les enlevions de vos mains!"

C'était assez facile à dire, je m'en souvenais en retournant vers la demeure au visage brisé de Crotty, mais le problème de maintenir ce trio peu recommandable en sujétion ne m'a pas semblé trop trivial. Pourtant, je suis reparti avec un nouveau courage qui raidit mon épine dorsale, car je savais que quoi qu'il arrive cette nuit-là, j'avais désormais la Loi de mon côté.

Cette petite lueur de confiance, cependant, n'était pas destinée à me soutenir longtemps. Une nouvelle complication s'est soudainement présentée à moi. Car, alors que je m'approchais prudemment de la maison d'où j'avais fait fuir Bab Nadeau dans la nuit, j'ai remarqué la voiture vert Nil déjà garée tout près du trottoir. Et cette voiture, j'ai en outre remarqué, était vide.

C'est donc avec un pouls sensiblement accéléré que je me suis faufilé dans la zone impure, que j'ai déterré ma clé en laiton et que je me suis introduit silencieusement dans le sous-sol non éclairé. Ensuite, j'ai piloté tout aussi tranquillement mon chemin à travers l'obscurité, j'ai trouvé l'escalier et je suis monté au rez-de-chaussée.

Au moment où j'ai atteint le couloir, j'ai entendu des voix à travers une porte sur ma gauche. J'entendais la voix de Mary Lockwood, puis les tons gutturaux de ce vieil imposteur opiacé connu sous le nom de The Doc.

... "Cela ne fait aucun doute, ma chère demoiselle. La colonne vertébrale a été blessée, très gravement blessée. Si cela entraînera ou non une paralysie, je ne peux le dire avant d'avoir consulté mon collègue le docteur Emmanuel Paschall. ... Mais nous devons compter sur la pauvre fille qui sera impuissante pour le reste de sa vie, Crotty, impuissante pour le reste de sa vie !

Cela a été suivi d'un moment ou deux de silence. Et je pouvais imaginer ce que ces moments ou deux coûtaient à Mary Lockwood.

"Mais je veux voir la fille", dit-elle d'une voix quelque peu désespérée. "Je *dois* la voir."

"Tout à l'heure, ma chère, tout à l'heure", tempora son vieux tortionnaire fade. Cela fut suivi par un marmonnement de voix plus grave dont je ne pus rien glaner d'intelligible. Mais ces trois conspirateurs ont dû se concerter, car après un moment de silence j'entendis un bruit de pas traversant le parquet.

"Il va juste faire une erreur et s'assurer que le patient peut être vu", ai-je entendu le vieux ton suave et coquin. Et j'eus à peine le temps de reculer et d'esquiver l'escalier du sous-sol lorsque la porte de la chambre s'ouvrit brusquement et que Latreille sortit dans le couloir. La porte se referma alors qu'il disparaissait au-dessus des escaliers.

À son retour, il ne revint pas dans la pièce, mais attendit dehors et frappa à la porte fermée. Cela fit sortir le vieux Crotty en réponse à la convocation. Ce qui s'est passé entre ce digne trio, emmuré dans leur consultation chuchotée dans ce couloir péniblement éclairé, n'est pas parvenu à mes oreilles. Mais cela ne me dérangeait en rien, car je savais bien que Latreille leur avait au moins fait part de la nouvelle alarmante que leur patient tant attendu n'était plus sous ce toit. Et qui plus est, je savais que cette découverte servirait à amener les choses à un point culminant un peu plus rapidement que nous ne l'avions tous prévu. En fait, il y avait une sorte de décision secrète dans leurs mouvements lorsqu'ils retournèrent dans la pièce et fermèrent la porte derrière eux. Alors je me suis rapproché, écoutant attentivement. Mais ce n'était que des fragments et des lambeaux de leur discours que je pouvais entendre. Cependant, j'en ai suffisamment capté pour savoir qu'ils protestaient en disant que leur patient était trop faible pour être interrogé. J'entendais Crotty s'exclamer avec émotion que ce n'étaient pas des mots gentils qui pouvaient aider ce pauvre enfant maintenant, mais seulement quelque chose de beaucoup plus substantiel et de beaucoup plus banal.

"Oui, seul l'argent peut parler dans un cas comme celui-ci", a clairement reconnu The Doc, clairement incité à une audace plus ouverte. Et il y eut d'autres pourparlers , arguments et énumérations lugubres de possibilités de la part de l'homme de médecine. Je savais assez bien ce qu'ils faisaient. Ils intimidaient et intimidaient conjointement et astucieusement cette jeune fille solitaire qui, même si elle devait avoir une idée de leur mondanité, ne comprenait rien du complot plus large qu'ils tissaient autour d'elle. Et je savais en outre qu'ils gagnaient leur point, car je pouvais entendre son petit soupir étouffé de capitulation finale.

"Très bien," dit sa voix tendue. "Je vais vous donner le chèque."

Cette phrase lourde de conséquences fut suivie d'un silence tout aussi lourd de conséquences. Puis vint une série de petits bruits, parmi lesquels je distinguai le frottement d'un pied de chaise et des pas traversant le parquet. Et j'ai supposé que Mary s'asseyait à un bureau ou à une table, pour lire et signer le précieux petit bout de papier pour lequel ils conspiraient si onctueusement. C'est donc à ce moment précis que j'ai décidé d'intervenir.

J'ouvris la porte aussi doucement que possible et entrai dans la pièce.

C'est Latreille qui m'a vu le premier. Les deux autres hommes surveillaient trop attentivement la jeune fille assise au bureau. Ils la regardaient toujours alors qu'elle se levait lentement de sa chaise, un oblong de papier bleuté entre les doigts. Et au moment même où Mary Lockwood se levait, Latreille faisait de même. Il se leva lentement, les yeux fixés sur mon visage, reculant tout aussi lentement tout en continuant à me fixer. Mais cette retraite, je l'ai très vite compris, n'était motivée par aucun sentiment de peur.

"Mary", ai-je crié brusquement à la jeune fille qui regardait toujours le bout de papier bleu.

Elle leva les yeux en entendant cet appel, me regardant avec des yeux à moitié incrédules et légèrement surpris. Je ne sais pas si elle était heureuse ou désolée de me voir là-bas. Peut-être que c'était les deux. Mais elle ne bougeait ni ne parlait.

"Mary", lui ai-je crié, "n'abandonne pas ça!"

Je me suis approché d'elle, mais elle s'est à son tour éloignée de moi jusqu'à ce qu'elle se tienne à côté du toujours vigilant. Latreille .

"C'est quelque chose que vous ne comprenez pas", dit-elle, beaucoup plus calmement que je ne l'aurais imaginé.

"Mais je *le fais* ", ai-je ardemment soutenu.

"C'est quelque chose que vous ne pouvez pas comprendre", répéta-t-elle d'un ton qui jeta un gouffre béant entre nous.

"Mais c'est *toi* qui ne le fais pas", essayais-je quand même de lui dire. "Ces trois-là sont des faussaires, rien que des criminels. Ils vous saignent ! Ils vous font chanter !"

Un silence bref mais sinistre tomba sur cette pièce alors que la jeune fille perplexe regardait d'un visage à l'autre. Mais cela n'a duré qu'un instant. Le tableau fut brusquement brisé par un mouvement de Latreille . Et c'était un mouvement rapide et semblable à celui d'un chat. D'un simple geste de la main , il tendit la main et arracha le rectangle de papier bleu des doigts de Mary Lockwood. Et lorsque j'ai observé ce mouvement, un petit avertisseur sonore , quelque part au sommet de mon cerveau, s'est déclenché avec un bruit sourd. Un de mes ancêtres lointains, hommes des cavernes, remuait dans sa tombe. J'ai vu du rouge.

D'un bond irraisonné et irraisonné, j'atteignis Latreille , en criant à la jeune fille en partant : « Sortez de cette maison ! Sortez, vite !

C'est tout ce que j'ai dit. C'était tout ce que j'avais l'occasion de dire, car Latreille accaparait soudain toute mon attention. Ce brigand suave, au lieu de battre en retraite, attrapa et tint le bout de papier entre ses dents et se prépara au combat. Et le combat, c'est ce qu'il a obtenu.

Nous nous sommes frappés, nous avons contré, nous nous sommes serrés les poings et sommes allés au sol ensemble, toujours en nous frappant aveuglément le visage pendant que nous nous battions et roulions là-bas. Nous avons fait tourner une chaise et une table s'est renversée comme une quilles. Nous avons respiré, haleté, nous nous sommes agglomérés contre la plinthe et nous nous sommes effondrés à nouveau dans l'espace ouvert. Pourtant, j'ai arraché ce bout de papier entre les dents de Latreille et je l'ai fait macérer entre les miennes, tandis que nous continuions à marteler, à cogner et à nous tordre sur le sol poussiéreux. Et je pense que j'aurais battu Latreille si on m'avait donné une demi-chance, car dans mon assaut s'est engouffrée la fureur refoulée de plusieurs semaines et mois de haine auto-corrodante. Mais celui qu'on appelle The Doc a jugé sage de prendre part à la lutte. Son intervention a pris la forme d'un coup de dossier de chaise, un coup qui a dû m'assommer un instant ou deux, car lorsque j'ai pu réfléchir à nouveau clairement, Latreille m'a cloué au sol, un genou sur la poitrine et le vieux Crotty posté à la porte avec un revolver Colt à la main. L'instant d'après, Latreille m'a forcé les poignets à descendre devant moi, a sorti un mouchoir de ma poche et avec lui a attaché mes mains croisées l'une contre l'autre. Puis il se tourna et fit un bref signe à Crotty.

"Ici", ordonna-t-il. "Apportez ce pistolet et gardez cette tête d'épingle ! S'il essaie quelque chose, laissez-le l'avoir, et bon !"

Lentement et délibérément Latreille se leva. Il s'arrêta un instant pour essuyer le sang et la poussière de son visage. Puis il se tourna vers Mary Lockwood, qui se tenait dos au mur et ses poings étroitement serrés pressés contre ses côtés. Elle était très blanche, blanche jusqu'aux lèvres. Mais ce n'était pas la peur qui la retenait là. C'était une sorte de chaleur incolore d'indignation, un mélange de rage et de vigilance qu'elle semblait incapable d'exprimer en paroles ou en actions.

"Maintenant," aboya Latreille en lui faisant signe de se diriger vers le bureau, "remplissez ce papier. Et faites-le vite!"

Mary l'examina silencieusement, attentivement, délibérément. Il représentait, apparemment, quelque chose d'étonnamment nouveau dans sa carrière, quelque chose qu'elle semblait incapable de comprendre. Mais il ne l'avait en aucun cas intimidée. Car, au lieu de lui répondre, elle me parlait.

"Witter", cria-t-elle en observant son ennemi pendant qu'elle parlait. "Witter, que veux-tu que je fasse ?"

Je me suis souvenu du lieutenant Belton et de son message. Je me suis souvenu de ma propre impuissance et du caractère des hommes qui nous faisaient face. Et je me suis souvenu que le temps jouait en faveur de Mary et en ma faveur.

"Faites ce qu'il vous dit", lui ai-je appelé. Et je savais qu'elle s'était de nouveau dirigée lentement vers le bureau. Pourtant, ce qu'elle a fait là, je n'ai pas compris, car mon attention était une fois de plus centrée sur le vieux scélérat qui me couvrait avec le revolver Colt et menaçait à plusieurs reprises et de manière blasphématoire de me percer le cœur si je faisais ne serait-ce qu'un mouvement du doigt pour obtenir. de cet étage. Alors je suis resté là à l'étudier. J'ai étudié sa posture. J'ai étudié la position de son arme. J'ai étudié ma propre longueur de membre. J'ai étudié les meubles renversés dans la pièce. Et puis j'ai étudié une fois de plus le vieux Crotty.

Puis j'ai ri à haute voix. Ce faisant, j'ai soudainement tourné la tête et j'ai regardé vers la porte.

" *Écrase-le, Sam !* " criai-je avec exultation et de toute la force de mes poumons.

Cela les a tous surpris, comme je l'avais prévu. Mais il a aussi fait autre chose que je m'attendais à ce qu'il fasse. Cela poussa Crotty à jeter un rapide coup d'œil par-dessus son épaule en direction de la porte en question. Et au moment précis où il essayait ce mouvement, j'osais un des miens.

J'ai levé ma jambe tendue, d'un coup de pied rapide et vicieux. J'ai porté la semelle de ma botte d'un seul coup cuisant contre la crosse de l'arme à feu et les doigts se sont rassemblés autour. Et le résultat était pratiquement ce à quoi je m'attendais. Cela envoya le revolver en cascade dans les airs, comme un tambour de cirque faisant une double vrille sur le dos d'un éléphant. Il y eut l'aboiement d'une cartouche qui explosait au fur et à mesure. Mais j'avais à la fois chronométré et placé sa chute, et avant que l'un ou l'autre de ce couple surpris ne puisse faire un mouvement , j'avais fait un rapide tour et roulé sur le sol poussiéreux et rattrapé l'arme tombée dans ma propre main droite à pignons. Une autre torsion rapide libéra mon poignet lié, et avant même qu'un deuxième cri d'avertissement puisse s'échapper de l'un d'entre eux , j'étais debout avec le revolver en équilibre dans ma main droite et le feu dans mes yeux.

"Reculez tous," ordonnai-je. Car j'avais chaud maintenant, chaud comme un frelon. Et si l'un de ce digne trio avait osé un mouvement non conforme à mes ordres , je suis moralement certain que j'aurais envoyé une balle à travers lui. Eux aussi devaient être également assurés de ma détermination, car côte à côte, ils reculèrent, les mains légèrement au-dessus de la tête, comme des brahmanes en prière, jusqu'à ce que le mur lui-même arrête leur retraite.

"Rapprochez-vous", leur ai-je dit. Et ils se traînaient et marchaient côte à côte, ridiculement, comme les recrues les plus brutes lors de leur premier jour d'exercice. Alors que je les contemplais, le dégoût sur le visage, j'ai été interrompu par la voix de Marie.

"Witter", demanda-t-elle d'une voix rauque d'excitation mais non exempte d'une étrange exultation que je ne pouvais pas prendre le temps d'analyser, "que dois-je faire cette fois ?"

Je ne pouvais pas me retourner et lui faire face, car je devais toujours garder ce trio peu recommandable sous inspection.

"Je veux que tu descendes jusqu'à ta voiture", lui dis-je par-dessus mon épaule, "et que tu montes dedans, puis que tu rentres directement chez toi. Et puis..."

"C'est absurde", l'interrompit-elle.

"Je veux que tu le fasses."

"Mais je n'en ai pas l'intention", dit-elle, ignorant ma maîtrise.

"Pourquoi?"

"J'ai déjà été trop lâche à ce sujet. C'est déjà assez grave, sans te laisser ici comme ça. Alors sois assez gentil pour me dire ce que je peux faire."

Je l'aimais pour cela, et j'étais sur le point de le lui dire, quand en bas j'entendis le piétinement rapide et le bruit des pieds. Et je sentais au plus profond de moi que ce devait être Belton et ses hommes. Puis je me suis souvenu de Mary et de sa question.

"Je vais vous dire ce que vous pouvez faire", dis-je en désignant Latreille . "Vous pouvez demander à cet homme pourquoi je suis tombé dans ma voiture à l'Halloween dernière."

Elle avançait, avec un visage tout à fait sans crainte à ce moment-là. Mais son front s'est assombri à ce discours, et elle s'est arrêtée brusquement.

"Je n'ai pas besoin de lui demander," reconnut-elle lentement.

"Pourquoi pas?"

"Parce que je le sais déjà."

" *Il* t'a dit?" » ai-je demandé, avec un coup vicieux et tout à fait involontaire de mon bout de canon dans l'un des espaces intercostaux de Latreille .

"Pas directement", répondit Mary, toujours véridique. "Mais c'est grâce à lui que je l'ai découvert. Je sais maintenant que c'est grâce à lui."

"Je le pensais," reniflai-je. " Et grâce à lui, tu vas maintenant découvrir qu'il était un menteur et un calomniateur. Alors, sois gentil de lui expliquer, Latreille , que c'est un mannequin en peluche que nous avons renversé, une frayeur à la foule. corbeau, et rien d'autre!"

Latreille ne m'a pas répondu. Il se contentait de rester là, les yeux studieux et mi-clos, un regard de serpent venimeux sur son visage incolore. C'est en effet le vieux Crotty qui rompit le silence.

"Nous parlerons , jeune homme, le moment venu. Et quand nous le ferons, vous allez payer pour un outrage comme celui-ci, pour une attaque non provoquée contre d'honnêtes citoyens!"

"Eh bien, le moment est venu maintenant", annonçai-je aussitôt, car j'avais entendu le bruit du pas rapide de Belton dans les escaliers. Et l'instant d'après, la porte s'ouvrit et ce fidèle officier se tenait debout, regardant attentivement mais prudemment le coin du montant. En fait, il resta là à plisser les yeux pendant plusieurs secondes, inspectant calmement chaque visage et chaque facteur de la situation. Cependant, ce n'est que lorsqu'il est entré par la porte ouverte que j'ai remarqué l'affreux revolver de service qu'il tenait dans sa main droite.

"C'est le groupe qu'il nous faut, d'accord", proclame l'officier de police en se tournant vers la porte encore ouverte. "Montez, les garçons, et descendez- les ", a-t-il appelé joyeusement et amicalement dans l'obscurité.

Mary, au tumulte de ces pieds rapides, se rapprocha un peu plus de moi. L'inquiétude, je suppose, avait fini par s'infiltrer et effondré ce qui restait de sa fierté de Lockwood. L'éclair des armes à feu, les visages étranges, les expériences encore plus étranges de cette nuit-là semblaient avoir provoqué une subjugation définitive et inattendue de son esprit. Du moins, c'est ce que je pensais.

"Tu ne pourrais pas m'emmener, Witter ?" » demanda-t-elle un peu faiblement et aussi un peu nostalgique. Pourtant, il y avait quelque chose dans le ton même de sa voix qui faisait vibrer mon corps fatigué. Et ce frisson m'a donné assez d'audace pour tendre un bras propriétaire et laisser le poids de son corps reposer contre lui.

"Tu ne voudras pas de nous, n'est-ce pas, Belton ?" » ai-je demandé, et ce jeune officier aux longues jambes nous a regardés distraitement pendant un moment ou deux, avant de répondre. Lorsqu'il se détourna , il le fit pour cacher ce qui semblait être un sourire qui s'élargissait lentement.

« *Ce* sont les gens que je veux », rétorqua-t-il en faisant un signe de la main vers ses trois prisonniers. Et sans perdre plus de souffle ni de temps avec eux, j'ai aidé Mary à descendre jusqu'au roadster vert Nil.

"Non, laissez-moi", dit-elle en remarquant mon mouvement pour monter sur le siège du conducteur. Mais elle resta silencieuse pendant plusieurs minutes tandis que nous nous faufilions dans les rues calmes et sombres.

"Witter", dit-elle enfin en déglutissant, "tu dois penser que je suis un— un terrible lâche."

« *J'étais* le lâche », proclamai-je dans mon soudain désarroi. Car il y avait certaines choses qu'il serait terriblement difficile d'oublier.

"Toi?" elle a pleuré. "Après ce que je viens de voir ? Après ce dont tu m'as sauvé ? Oh, comme tu dois me mépriser !"

"Non," dis-je avec une gorgée de ma propre gorgée. "Ce n'est pas le mot."

"Ce n'est pas le cas," acquiesça-t-elle distraitement.

"Ce n'est pas le cas", répétai-je, "car je t'aime!"

Elle n'a pas répondu à cette déclaration insensée et intempestive. En fait, toute son attention semblait dirigée vers sa conduite.

"Mais j'ai été si lâche dans cette autre chose", persista-t-elle, sortant de ce second silence. "Juger sans comprendre, condamner ce que j'étais trop prêt à faire moi-même !"

"Et ça t'a fait me détester ?"

"Non, non. Je me déteste !" Et son geste était une protestation, une protestation passionnée.

"Mais tu *as dû* me détester."

« Witter, » dit-elle, parlant assez bas et se penchant un peu plus près du volant tout en parlant, comme si toutes ses pensées étaient tournées vers la route sombre devant elle, « je ne t'ai jamais détesté – jamais ! moi-même."

"Pourquoi?" Ai-je demandé, sachant à peine que j'avais parlé.

"Parce que *je t'ai toujours aimé* ", dit-elle dans un murmure, pleine de courage. Et j'entendis une petite cloche argentée se mettre à sonner dans mon cœur, comme un oiseau dans un verger, annonçant le printemps.

"Arrête la voiture!" J'ai soudainement ordonné, une fois que le sens réel et glorieux de ces six mots de Marie avait pénétré dans cet étrange noyau de choses que nous appelons notre âme.

"Pourquoi?" » demanda Mary en relâchant machinalement l'embrayage et en abaissant la pédale de frein. Elle était assise, me regardant avec surprise alors que nous nous arrêtions. "Pourquoi *?* " répéta-t-elle.

"Parce que nous ne devons plus jamais rien détruire", l'informai-je solennellement.

"Mais je ne vois pas," commença-t-elle, "pourquoi—"

"C'est parce que je vais t'embrasser, ma bien-aimée," dis-je en la tendant la main. "Et quelque chose me dit, Mary, que ça va être terriblement long !"

LA FIN